该书的出版是基于WAPE和程恩富院士的个人推荐

重启

RELOADED

The Coming New Industrial State:
Reloaded

[俄] 谢尔盖·博德鲁诺夫 著

中国经济出版社
CHINA ECONOMIC PUBLISHING HOUSE
·北京·

图书在版编目（CIP）数据

重启：新型工业社会即将到来 /（俄罗斯）谢尔盖·博德鲁诺夫著. -- 北京：中国经济出版社，2025. 2
ISBN 978 - 7 - 5136 - 7602 - 1

Ⅰ. ①重… Ⅱ. ①谢… Ⅲ. ①工业社会学 - 研究 Ⅳ. ①F40

中国国家版本馆 CIP 数据核字（2024）第 009581 号

出版外国图书版权合同登记图字：01 - 2024 - 2656 号

责任编辑　严　莉
责任印制　李　伟
封面设计　任燕飞设计室

出版发行　中国经济出版社
印 刷 者　北京艾普海德印刷有限公司
经 销 者　各地新华书店
开　　本　710mm × 1000mm　1/16
印　　张　15. 75
字　　数　242 千字
版　　次　2025 年 2 月第 1 版
印　　次　2025 年 2 月第 1 次
定　　价　78. 00 元
广告经营许可证　京西工商广字第 8179 号

中国经济出版社 **网址** http://epc. sinopec. com/epc/ **社址** 北京市东城区安定门外大街 58 号 **邮编** 100011
本版图书如存在印装质量问题，请与本社销售中心联系调换（联系电话：010 - 57512564）

目 录

·第3部分·

新工业社会2.0

·第4部分·

再工业化、进口替代、积极的产业政策

引　言

20世纪末至21世纪初接踵而来的一系列危机清楚地表明，世界已经发生了变化。社会制度不稳定性增加，世界金融呈现动荡状态，世界经济开始结构性转变——所有这些都预示着我们的文明即将过渡到一个新的状态，公认的经济和哲学结构以及社会经济模型不适合充分描述这一过程。

什么是主力？什么是不断变化的源头？我们要去哪里？

卡尔·马克思（Karl Marx）把当代社会描述为“必然王国”，梦想着“自由王国”：“像野蛮人为了满足自己的需要，为了维持和延续自己的生命，必须与自然进行斗争一样，文明人也必须这样做；而且在一切社会形态中，在一切可能的生产方式中，他都必须这样做。这个自然必然性的王国会随着人的发展而扩大，因为需要会扩大；同时，满足这种需要的生产力也会扩大。”①

人的需求需要通过人有意识的行动才能被满足。有史以来，人就通过物质生产的过程来创造物质财富、物品、产出物，用以满足自己的需要。从某种意义上说，人类的历史就是为了满足人类日益增长的需要而发展物质生产的历史，或者用卡尔·马克思的话来说，就是“生产力的发展”。也就是说，不断增加物质生产以满足社会需求的可能性——而不仅仅是物质需求。此外，我们可以非常肯定地谈论物质生产状况对特定时代社会结构类型的决定性影响。技术开发使我们更接近马克思的“自由王国”，从需求中解脱出来，减少对需求的依赖，不再将大部分时间、资源和精力投入物质产品的生产中。

---

① 马克思. 资本论. 第3卷. 第1部分[G]//著作集25(1). 莫斯科:Политиздат 出版社,1962:387.

由此，一个自然而然的问题就产生了：物质生产状态本身的变化是什么原因引起的？为什么会这样以及如何引起的？其发展趋势如何？

围绕“社会生产”的主题，涉及以下基本问题：①物质生产与服务业的比例如何？经济体系的结构及其物质基础的发展模式如何？工业与后工业趋势的比例如何？②最重要的实际问题是再工业化、进口替代，以及高科技生产、科教、产业政策等的复兴/整合。本书致力于研究这一系列问题，或许这吸睛的书名也揭示了笔者的观点。本书超越了广泛存在的必要性，即需要在新技术基础上对经济进行再工业化，笔者也支持这一点。它不仅批评后工业主义的思想，并强调物质生产发展的重要性，而且没有重现约翰·肯尼思·加尔布雷思（J. K. Galbraith）关于新工业社会的思想。本书谈论的是一个更深层次的概念：首先是关于加尔布雷思 50 多年前提出的“新工业社会”的“否定之否定”，这种否定让现代技术和组织生产方式能够在新的技术基础上，以新的经济和体制形式，批判性地协同起来。其次是关于对后工业趋势的辩证否定——取其精华（人的作用的扩大、生产活动中环境和社会问题重要性的提升以及知识密集型社会生产的发展等）并同时去其糟粕。我们谈论的是社会向新的发展阶段过渡的必然性，即下一代工业社会，本书称之为第二代新型工业社会（NIS 2.0）。

尽管本书字数不算太多，但从构思到创作完成花了很长时间：一部分内容是笔者在 20 多年前理解的，一部分内容是基于近年来对现代物质生产技术发展趋势的分析和研究。这些研究由笔者和维特新兴工业发展研究所（圣彼得堡）的同事共同完成。书中的内容，笔者已以在不同科学论坛和会议上的报告、科学期刊文章、发言、独著专著和合著专著集、维特新兴工业发展研究所学报等形式发表了自己的观点。然而直到现在笔者关于现代社会发展方式及这种发展的基础（物质生产）的观点从未被完整地发表过。笔者对即将到来的文明变革的理解以及零散论点，与现有的概念不太矛盾，也没有引发任何反对。如果按照一定的逻辑来排序，它们将给出未来的前景描述，在我们看来，这与传统观念有很大不同。尽管如此，笔者还是希望读者能够对本书进行认真的分析以及善意的点评。

第1部分
物质生产与工业的基本概念：
技术、劳动力、产品

从20世纪下半叶开始，在发达国家的经济体中，服务业的份额开始大增，而物质生产的份额开始下降——无论是在雇员人数方面还是在占国内生产总值份额方面。经历了工业现代化进程的新兴工业化国家的经济也在发生类似的结构性转变。大多数科学家认为这些转变是明确的进步和向后工业发展阶段过渡的证据，尽管也有批评者谈到去工业化和资本主义文明的衰落①。

服务业的增长是否意味着物质生产的作用和重要性的下降？生产性服务业份额的增长总是一种福利和进步的证据吗？工业生产方式是否已成为过去？在分析发达国家经济的现代结构转变时自然会出现的问题促使我们转向研究与生产过程及其结果相关的基本概念。

① Heilbroner R. Economic problems of postindustrial society [M]. London: Ed. by D. Potter and Ph. Sarre Dimensions of Society, 1974: 234.

第1章

生产、产品及工业生产方式

1.1 生产之产品及生产过程

生产的产品是外在的物，是自然物质经过改造而获得的适应人类需要的物品。产品是应用知识满足人类需求的物化结果——主要是通过生产物质产品或提供基于物质产品使用的服务。这样，人创造的产出物（物品）就不一定为物质体现。部分需求是以生产具有无形性质的产品为代价来满足的。在这种情况下，应始终考虑两件事：

首先，任何服务（除了极少数例外）都是借助某些物质产品提供的。人不生产物质产品，就不能提供服务。

其次，只有通过生产物质产品，才能满足人的衣、食、住、行等基本需要。大量提供服务的人能够存在并开展他们的业务，只是因为有其他人为他们提供了必要的物质产品的生产。

随着生产的发展，人类所创造出的每一个新产品中，自然物质的占比越来越小，而技术的作用越来越大。在技术的发展中，发挥越来越重要作用的不是大量的劳动工具，也不是使用这些工具的技能，而是这些工具所蕴含的知识的力量。这种知识的力量决定了一个人使用劳动工具的能力，提高了一个人实现目标的效率。这些趋势决定了产品本身的演变。为了确定这种演变的衡量标准，我们引入了产品复杂程度的概念。这个概念可以给出一个纯粹的定量化表征，它用于确定原材料要经过多少个加工阶段才能转化成能够满足一定需要的最终产品。但更重要的是对产品复杂性的质量评估。

用哲学术语来说，任何产品都是物化的人类知识，体现为借助它创造出的物品，即物体。大大降低制造产品时所需要利用的自然资源、自然能量和自然力的消耗是生产发展的总趋势。这可以降低原材料的消耗率。与此同时，在其生产中使用的越来越复杂的劳动工具在产品结构中的作用急剧提高，最重要的是，获得更高水平产品所需的知识份额也在急剧提高。

产品的制造过程，即为满足人类需要而改造自然界的物质的过程，是一种生产过程。生产过程中的重要要素是人力、原材料、技术和生产组织。可是，最关键的是这些要素在制造产品的过程中的相互作用。

因此，在生产过程中，可以区分人类活动的基本要素有三个：劳动、技术、人力资源协调与技术充分结合。为了保证产品质量、数量等符合要求，必须对生产过程进行管理，换句话说，组织生产运作过程。从这个角度来看，产品可以被认为是生产过程中上述三个组成部分相互作用的结果。

1.2　工业生产方式

生产方式或生产运作类型至关重要，因为其是形成社会结构类型的决定性基础之一。

从历史的角度来看，社会生产过程的发展可以分为两个阶段：第一个阶段是基于使用简单（手动）工具和少量最简单的机械装置的生产方式，这些机械装置由人或动物的肌肉力量或者偶尔仅仅由另一种自然力（如风能或水能）驱动。所用工具复杂性低，产品主要使用自然能源制成，驱动生产过程中要素组合所需的知识量很少，并且不会随着时间的推移而发生太大变化。

第二个阶段是工业生产方式，主要工作依靠机器完成（复杂劳动工具，包括发动机、传动机构和器具）。用于工作的能量也由机器产生并转化为生产所需的形式。应用这些要素的组合所需的知识量要多得多。改进生产过程的组成部分需要不断更新知识。仅靠传统技能已经不够了，需要广泛应用科学知识。组织生产过程的方式也变得越来越复杂。

当然，工业生产方式的产生离不开以体力劳动和手工工具为基础的生产方式的发展。

最初，古代社会根本不知道机器是什么。古人所生产的一切产品，要么借助于人力，要么借助于动物的能量（用于需要付出巨大努力的生产过程，如犁地、运输货物等）。随着知识的演进和经验的积累，人类也开始积极利用无生命自然界的其他自然力量。有机物质氧化并释放热量（燃烧）的化学反应已广泛应用于陶器（焙烧）、冶金（金属冶炼）、金属加工（锻造、铸造）、烹饪和食品制备（烹饪、烘烤、熏制）。风力开始被用来推动帆船，启动风车和水车。对于磨坊和水车，还使用了流水的动力。

值得一提的是，在前工业化阶段，机械中应用最广泛的是各种类型的磨坊。

随着工厂的发展，新的生产方式向前迈进了一步，这是基于以前统一的生产过程的划分（零部件专业化或者工艺工序专业化）。这创造了潜在的机会，基于将生产过程划分为简单的组成部分，不是在手工劳动的基础上，而是在使用机械工具的基础上，进行这些简单的操作。

大约从 17 世纪末开始，食品生产领域出现了性质不同的情况。人们在产品生产、能源的使用和转化、力学定律等领域积累的知识量，导致产品生产进入一个性质不同的新阶段——机械制造生产。蒸汽机的发明、电的三大定律的发现、机械能传递、电能传输、能量转换和储存技术等的发展，使得大规模使用这些设备生产高质量产品成为可能。

如果早先复杂机器和机械的使用与可能获得风力或流水的自然力的区域相关联，那么现在情况发生了性质不同的变化。产品的生产几乎可以在任何可以为热机（蒸汽机或内燃机）输送燃料的地方进行，或者在可以传输别处产生的电能的地方进行。这也确保了前所未有的生产可靠性，摆脱了变幻莫测的自然力量。

此外，由新能源驱动的复杂机器使大规模生产同质产品成为可能。也就是说，具有一组大致相同特征（尺寸、质量水平等）的产品的生产量急剧增加，范围明显扩大，质量提高。在机器技术的基础上，生产过程的标准化和统一化得到了发展。由于复杂机器设备的作用取代了人类技能，产生了后续生产自动化的潜力。

使用这种生产方式，大大减少了产品生产对“自然”能量和自然力的需求。与此同时，材料的具体消耗量总体上有所下降，但在产品成本结构中利用复杂机器的占比明显提升，同时也使工业产品生产中使用的知识量出现了性质不同的增加。

知识的技术应用，或技术本身作为生产过程的一个要素包含两个方面：物质的（物体，包括具有适当资格的工人、设备、装置、仪器、原材料）和非物质的（一些知识，关于如何合理利用技术的信息）。正是这些运用在产品中的知识确定了产品的等级、属性和特征，或者使其能够满足人们不断增加的需要。

除了前工业化和工业化以外，至今没有别的生产方式，因此产品也可以分为工业产品或非工业产品。目前，非机器技术（例如生物技术）已经诞生并得到利用，但它距离成为一种全新的社会生产方式的基础还差得很远。

如前所述，生产产品在本质上既可以是物质的，也可以是非物质的（服务）。工业生产的产品也是这样。服务可能具有工业性质，例如在提供服务的过程中使用了来源于工业的产品，或者该服务旨在支持工业生产过程，后者属于那种不能在非工业生产中提供的服务。工业产品和工业服务都是为了满足人们在工业生产方式成为主体的社会发展阶段所产生的需求。从这个角度来看，工业类服务与工业产品在本质上没有区别。

1.3 工业劳动

将生产的主要组成部分组合成统一整体的过程的主动力量是人类劳动。劳动“……首先是人和自然之间的过程，是人以自身的活动来引起、调整和控制人及自然之间的物质变换的过程。人自身作为一种自然力与自然物质相对立。为了以对自身生活有用的形式占有自然物质，人就使他身上的自然力——臂和腿、头和手运动起来。当他通过这种运动作用于他身外的自然并改变自然时，也就同时改变他自身的自然。他使自身的自然中沉睡着的潜力发挥出来，并且使这种力的活动受他自己控制”[①]。

因此，工作首先是一种合理之计：人在劳动过程中追求一定的目标，

① 马克思. 资本论. 第 1 卷[G]//著作集(23). 莫斯科:Политиздат 出版社,1962:188－189.

努力达到一定的最终结果。为此，人必须清楚地知道自己要达到什么目的，即在脑海中形成最终产品的形象。此外，人应该想象如何以及使用什么技术可以达到预期的结果。而这需要一定的知识。除了知识之外，人还必须具备将这一理想理念付诸实践的技能和能力。人的意志力在劳动中发挥着重要作用，这使他能够为着目标工作，具有集中和调动知识、技能、精力的能力以获得最终结果，这便是劳动的成果。

劳动过程的内容还取决于人工作的物质条件：取决于初始自然材料、原材料和工具的可用性。工业劳动以使用机器技术为基础，旨在创造一种工业产品，即具有统一（标准）特性的高级（高复杂性）产品，适合大规模生产，以获得各种同质产品。工业劳动与非工业劳动的不同之处在于应用的知识差距很大。这种知识在劳动过程中的参与者之间可能分布不均，他们必须一起拥有全部这种知识。

工业生产工人的任职资格不但与其经验有关系，而且与培训、特殊技能和知识有关系。作为一般规则，工业劳动是经过适当培训的人的活动。作为该培训的一部分，人将获得生产工业产品所需的知识。产业工人必须知道和理解所用技术的内容、所用设备的特性、其能力的限制及最适当的使用方式，以及所用原材料的特性及其加工方法以获得中间和最终结果。产业劳动的效率本质上取决于工人的知识水平。

1.4 技术

在其最简单的定义中，技术是指将原材料转化为成品的一系列生产方法和过程。在探讨技术概念时，从词源学意义上看：……技术是由来自希腊语的“techne”（艺术、技能、工艺）和“logos”（罗格斯、言辞、说话）结合而成的。技术是在制造产品、加工材料、装配成品、质量控制和管理等过程中进行物质、能量、信息转换的一种方式。技术体现了方法、工艺、操作方式、操作顺序和程序，它与所使用的手段、设备、工具、材料密切相关。技术操作总和便是工艺流程[①]。

---

① 赖兹伯格，洛佐夫斯基，斯塔罗杜布采娃. 现代经济辞典[G]. 莫斯科：ИНФРА－М 出版社，1999：479.

没有技术知识，没有技术开发和应用所必需的知识，就不可能保证实现目标的正常生产过程。“自然科学或多或少地使人们了解客观的自然过程，而技术则根据这些信息或多或少地有效地管理它们，将它们变成有目的的，即技术过程”①。

工业技术从一开始就需要越来越多地应用科学知识。那时第一台机器及其使用可能仍然是自学成才的业余爱好者的发明活动的产物。但是之后，只有将科学知识运用到工艺流程中，机器技术和整个工业生产方式才能系统化地发展。17—18 世纪理论力学、物理学和化学的发展为工业生产方式的变化和后来的突破奠定了科学基础。19 世纪，出现了机械原理。机械的应用范围越来越广泛，同时很多领域的科学知识也得到了很好的发展。

此时由于工业生产过程的复杂性不断提高，就有必要开展以下研究：研究各种材料的特性，以便采取适当的加工方法并开发具有所需性能的新材料；研究各种能源（机械、热能、电能）的特性，了解其在生产中的获取、转化、传输和利用方式。只有通过广泛的研究，才能够深入了解利用什么工具对什么材料进行处理时会发生哪些物理和化学变化，以便运用于建造并使用较为复杂的机械。其实劳动本身已经成为科学研究的主题，旨在找到更有效地利用人类劳动能力的方法。技术作为生产中必不可少的要素，具有复杂的结构。其具有物质内容——借助该技术付诸行动的设备、设施、装置和器材，并在其中得到实质性体现；同样，其具有重要的非物质性部分——关于如何使用上述技术中的物质部分的知识。“技术”一词不仅用于指代技术过程本身，还用于指代研究技术过程的知识领域。

可以说，技术水平直接取决于在特定技术中实现的知识量。广泛使用的“高科技”一词就是指基于最新科学知识应用的技术。

工业技术的复杂性和多样性预示了专业化和劳动分工的最广泛发展。结果是生产过程中的大多数参与者不再拥有生产特定产品的全部技术，而只是在该技术的框架内执行部分功能。

---

① 阿巴奇耶. 机器和无机器技术：本质、历史、前景［J/OL］. 科学学，2012（3）：12－34. http://naukovedenie.ru/sbornik12/12－34.pdf.

1.5 生产组织

对于工业生产方式，生产组织尤为重要，这主要有两方面原因：首先，上文已提及生产的复杂性，其组成部分的合理组合和相互作用，都需要深厚的专业知识。其次，生产过程从以个人为主转变为以集体为主，即是以多人劳动互动为基础的过程。由于专业化和劳动分工，在工业生产方式中管理人与人之间的互动是生产组织的必要要素。

这样，生产组织解决了两个最重要的问题：以最合理的方式组织技术过程和以最合理的方式组织人与人之间的互动。同时，这两个问题的解决方案之间应相互匹配协调，以免出现技术效率与人的利益冲突。

与工业生产的其他要素相比，生产组织方式的发展相对较晚。然而，早在19世纪，人们就自发创立了大量流水生产方式，开始使用生产线和流水线类型的生产组织形式，以保证生产过程的连续性。但我们仅在20世纪初首次观察到有意识地建立的生产组织形式：泰罗制（泰勒制）、福特制、装配传送带等。

传送带形式源于流水线的生产（装配对象通过传送带由一个工作地点移向下一个工作地点，在各个工作地点进行不同的装配工序，作业人员的工位固定在岗位上），需要对生产组织进行重大改进。这涉及及时将准确数量的零件和组件交付到每个装配点。而这不仅需要改善物流功能，还需要提供必要元器件的车间和场地不间断、有节奏地工作。这种生产组织方法的发展是“just in time”（严格按时）交货的方法，这使得无须大量库存零件、组件、原材料和材料成为可能。

然而，传送生产形式没能避免技术效率与作业人员的利益之间的矛盾。流水线工作被认为是单调和令人麻木的（并且有充分的理由）。与传送带系统相对应的强硬的生产管理等级体系也造成了工人间的排异。针对这些矛盾，各种生产组织方法应运而生并缓解了这些矛盾。例如，成功地使用了分组分件作业法，替代了基于传送带系统的分工。管理等级体系辅之以“生产中的人际关系”学说，从而可以更好地考虑各种激励因素。

随着技术、劳动力和产品的不断复杂化，组织在提高生产效率方面发挥着越来越重要的作用。工业技术改进的每一步都需要生产组织的相应改进，旨在越来越有效地提供工业产品和工业服务。同时，生产组织的复杂性取决于组织方法的开发所涉及的知识量以及基于这些方法的生产运作过程中使用的知识量。

1.6　知识

由此可见，产品所体现的知识的性质最终决定了产品等级。知识的应用决定了我们可以赋予该产品哪些消费者属性，以及其操作的技术特征。增加产品制造中应用的知识可以提高产品满足日益多样化的人类需求的能力。

产品中知识份额的增加或减少分别导致产品等级的提高（复杂化）或等级的降低（去复杂化）。同样，技术中知识含量的提升会促进技术发展，降低会导致简陋化；员工知识的增加会提升其能力，反之会导致其能力的丧失。

知识在工业生产方式中的巨大作用引发这样一个事实，即 19 世纪末开始出现了各大趋势，即知识的生产和转移及其技术应用成为社会生产的一个特殊产业。科学、教育、研究和开发投入在国家预算支出和国内生产总值中所占的份额越来越大。知识的生产和转移领域与直接生产领域的相互作用越来越密切。这些趋势催生了这样一种观念，即未来社会将成为（或已经成为）一个主要基于知识生产而非基础物质产品的社会。真的如此吗？——让我们试着弄清楚。

我们考虑了生产过程的主要组成部分，并展示了它们在工业生产方式中的特征，以此为基础，可以继续考虑工业生产方式的历史演变问题，并研究各国在这种演变过程中出现的种种问题。当然，最重要的是我们要关注俄罗斯的经验和不足。但我们不能完全忽视世界发展的趋势，因为其无疑会对俄罗斯的经济地位及其发展前景产生影响。

我们现在可以回到本章开头所提到的问题。过去半个世纪工业生产发展是最明显的趋势之一，也是许多其他变化的征兆，是深刻的结构转变，其特点是物质产品生产的份额下降，服务的作用提升。如何解释正在发生的变化对未来经济战略的确定有相当大的影响，从而也影响确定相应经济战略的国家的命运，我们当务之急是要弄清楚现实中的实际结构性转变是怎样的及其有何种现实意义。

第 2 章

服务业与物质生产：现代经济中的关联问题[①]

俄罗斯经济形势的特点是大部分物质生产部门明显退化或停滞，这迫使我们更加关注服务业与物质生产之间的关系。服务业的增长在多大程度上体现了技术和社会进步的客观趋势？物质生产份额的减少是否总是对经济体系有利？需要以明确的标准来回答这些问题。这将使在可靠的科学基础上优先考虑结构性政策成为可能。

2.1 服务和物质生产：区分标准

在经济理论中使用“服务”类别的创始人是法国经济学家让·巴蒂斯特·萨伊（Jean－Baptiste Say），他在 1803 年撰写的《政治经济学论文》中谈到了机器服务（第 4 章[②]）和资本论（第 7 章）[③]。然而，萨伊认为服务的经济意义是由亚当·斯密（Adam Smith）和大卫·李嘉图（David Ricardo）在他之前提出的，萨伊拜他们为师。萨伊对“服务”概念做的定义较为宽泛，因此，可以称他为对“服务”一词作广义解释的创始人。

与政治经济学经典不同，萨伊提出了劳动、资本和土地生产三要素论（萨伊也成为生产三要素理论的奠基人）。劳动、资本、土地这三要素形成

① 博德鲁诺夫，科尔加诺夫．服务业与物质生产：其在现代经济中关系的问题[J]．俄罗斯经济复兴．2016(1)：9－30.

② 萨伊．政治经济学概论［M/OL］．［2016－01－10］．http://udik.com.ua/books/book－1310/chapter－44991/.

③ 萨伊．政治经济学概论［M/OL］．［2016－01－10］．http://udik.com.ua/books/book－1310/chapter－44991/.

了“生产性基金”，在它们的直接“参与”下，打造一切国家财富，它们的总和构成国家的主要财富。每个基金都提供一种“生产性服务”，通过这种服务可以生产出真正的产品①。

因此，劳动、资本和土地提供萨伊所说的生产性服务。在市场上，这些服务被“交换”为工资、利息或租金。供求规律调节服务的价格——工资、利息和租金的高低，以及产品的价格。由于有了企业家，产品的价值才分配到“各种生产性服务”中。各种服务根据生产的需要在生产之间分配。财富分配理论与交换和生产理论协调配合②。

后来，另一位法国经济学家弗雷德里克·巴斯夏（Frederic Bastiat）在萨伊“服务理论”的基础上，更加关注个人服务及其在协调利益方面的作用。他所说的“服务”不仅是生产过程中的实际劳动消耗，还有人所贡献的力量或接受服务的人节约的力量（社会服务的概念）③。巴斯夏提倡的市场经济是真正的自由与和谐的境界，因为市场社会的所有成员“为了一个共同的目标，被迫相互服务、相互协助”④。

尽管萨伊和巴斯夏在对“服务”的解释上存在分歧，但他们通过某种方法实现了统一，即资本主义社会是一个互惠互利的服务交换社会，任何有益的影响人类的活动都可以归入“服务”范畴（按照萨伊的解释，还包括物品的效用）。此外，人们之间的任何经济关系都可以解释为相互服务。

现代“服务”的概念起源于亚当·斯密。他将劳动成果分为两种：一种劳动成果是通过物质生产劳动而制造出来的商品，即使在劳动结束之后，至少在一段时间内还会存在；还有一种劳动成果在使用的瞬间就会消失。后者属于服务类别⑤。

亚当·斯密的服务观被马克思继承和发展，其中几个论点也被纳入现

① 伯姆-巴韦尔克. 资本与利息(1884—1889):价值、利息与资本文论[M]. 莫斯科:Эксмо 出版社,2009:373.

② 日德. 经济思想史[M]. 莫斯科:Экономика 出版社,1995.

③ 布尔缅科. 现代社会中的服务业:经济学、管理学、营销学(讲座课程)[M]. 伊尔库茨克:贝加尔国立大学出版社,2004.

④ 媞托娃. 经济学史:教程[M]. 莫斯科:ВЛАДОС 出版社,1997.

⑤ 斯密. 国民财富的性质和原因的研究[M]. 莫斯科:Соцэкгиз 出版社,1962:244.

代科学流通理论。马克思对“服务”问题给予了相当大的关注，他尖锐地批评萨伊和巴斯夏的立场。在马克思看来，将资本主义生产关系表述为一种相互和谐的服务交换体系，不仅掩盖了资本主义社会经济关系的真实本质，而且使“服务”这个概念变得空洞无意义，因为任何事情都可以用这个概念来概括。

马克思从生产过程的结果的角度来描述服务的概念，他写道：“这个表述通常无非是指这种劳动像其他任何劳动一样提供的特殊使用价值；但这种劳动的特殊使用价值在这里被赋予了特殊的名称‘服务’，因为劳动提供服务不是作为一种物，而是作为一种活动……”①

马克思对体现在产品中的服务和不留下有形结果的服务进行区分，为现代服务分为物质性服务和非物质性服务的观点奠定了基础：“某种服务，换句话说，使用价值作为某些类型的活动或劳动的结果，体现在商品中，而相反，其他服务不会留下与这些服务的执行者分开存在的有形结果；也就是说，它们的结果不是适合销售的商品。”②

按照马克思的观点，社会生产结构的构建应该使物质生产提供足够的资金来支付非生产性服务。物质生产中的工人从根本上支撑着整个社会：“……所有生产性工人，首先，提供支付非生产性工人工资的手段，其次，提供不从事任何劳动的人所消费的产品。”③

有些服务的作用不同于其他服务，因为它们是劳动力再生产过程的一部分。马克思是这样解释这种区别的：整个“商品”世界可以分为两大部分：第一，劳动能力；第二，不同于劳动能力本身的商品。有一些服务是训练、保持劳动能力，使劳动能力改变形态等的，总之，是使劳动能力具有专门性，或者仅仅使劳动能力保持下去的，例如学校教师的服务（只要他是“产业上必要的”或有用的）、医生的服务（只要他能保护健康，保持一切价值的源泉即劳动能力本身）——购买这些服务，也就是购买提供“可以出卖的商品等”，即劳动力本身④。在马克思的时代，这些类型的劳动

① 马克思. 剩余价值理论[G]//著作集 26(1). 莫斯科：Политиздат 出版社，1962：414.

② 马克思. 剩余价值理论[G]//著作集 26(1). 莫斯科：Политиздат 出版社，1962：413.

③ 马克思. 剩余价值理论[G]//著作集 26(1). 莫斯科：Политиздат 出版社，1962：169.

④ 马克思. 剩余价值理论[G]//著作集 26(1). 莫斯科：Политиздат 出版社，1962：149.

在劳动力再生产总成本中所占的份额微不足道。然而，今天这种服务在劳动力（尤其是高技能人才）再生产中的重要性明显增强，并引起了经济学家的关注，这反映在“人力资本论”的概念中。

从资本主义生产方式的角度来看，根据马克思的观点，任何劳动，无论其特征如何，如果与资本交换，即为资本家带来利润，那么它就是生产性的：“例如一个演员，哪怕是丑角，只要他被资本家（剧院老板）雇用，他偿还给资本家的劳动，多于他以工资形式从资本家那里取得的劳动，那末，他就是生产劳动者；而一个缝补工，他来到资本家家里，给资本家缝补裤子，只为资本家创造使用价值，他就是非生产劳动者。”①

因此，马克思分别从经济角度和生产方法的角度解释服务。从经济角度（按照马克思的观点），服务劳动是与收入交换的劳动，而不是与资本交换的。这种解释与生产性劳动和非生产性劳动的经济定义密切相关。

个人服务在价值创造方面（它们可能会影响价值创造劳动的生产力，但它们本身并不属于价值创造过程的一部分）和对购买者而言（净成本）都是非生产性的。然而，如果这个服务是资本主义企业所提供的，那么它对企业家来说就是生产性的（因为它给企业家带来了资本回报）。

对与生产过程直接相关的服务（例如，会计）的认定就更加困难。马克思采用与个人服务相同的标准——它们可以或多或少地促进那些创造价值的劳动生产力（或节省生产成本），但它们本身并不参与价值创造过程。不过，对上述两种活动马克思并没有进行明确的区分。

同时，这个问题与科学转化为直接生产力和现代“信息革命”的概念密切相关。

目前在经济理论中存在服务与物质产品有何不同的争议。然而，经济学家（或法学家）在这个问题上并没有完全达成共识，许多人抱怨现代科学中“服务”概念缺乏确定性。比如，A. 佩列佩尔金（A. B. Перепелкин）指出“即使在经济学详解词典中，给出的定义在内容上也相去甚远”②，并

---

① 马克思. 剩余价值理论[G]//著作集 26(1). 莫斯科：Политиздат 出版社，1962：139.

② 佩列佩尔金. 经济理论中的“服务”概念[J]. 萨马拉国立大学学报，2009(69)：38.

列出了这些定义①。

在国外实践中，对服务概念的解释也没有达成共识②。按照 H. 沃拉瑟可（X. Ворачек）的观点，没有单一的服务概念可以涵盖这种现象的所有多样性，关于这个问题的意见范围相当广泛③。

服务作为一种特殊类型的生产活动结果，其定义通常是与物质产品相对立的（本质上，给出了否定的定义）。“科学文献中几十年来一直在讨论服务的含义，迄今为止导致某种负面定义的发展，该定义通过将服务与物质商品（货物）分开来定义，而不是创造揭示经济类别‘服务’深层本质的积极内容的定义”④。

区分这些服务类型的现有方法是基于马克思的定义。根据这种方法，其结果体现在商品中的服务称为物质（生产）服务，不留下有形结果的服务称为无形（非生产）服务⑤；后者通常旨在满足个人需求（所谓的个人服务）⑥。

需要特别强调的是，20 世纪 70 年代科学家们对“服务”概念的兴趣达到了高峰，那时一个明显的特征是服务业份额迅速提升。从那时起，对服务的研究更侧重于私人和应用方面，侧重于探讨与新兴服务业（例如信息）加快发展相关的问题。对此，一些研究人员表示，在对“服务”类别的一般理论描述中，仍然存在不一致和模糊的地方，无法给出一个可以扩展到所有服务类型的精确定义。

我们认为，这种情况是在给“服务”下定义时，生产工业和经济方法被同时使用（或忽略后者）、惯性思维等原因造成的。如前所述，长期以

---

① 洛帕特尼科夫. 经济数学辞典[M]. 莫斯科：Наука 出版社，1993：448；贝尔纳. 经济学辞典：共 2 卷. 第 2 卷[M]. 莫斯科：Международные отношения 出版社，1994：770.

② 科罗尔. 服务：定义与分类[J]. 太平洋国立大学学报，2014(5/4)：1323 – 1328.

③ 沃拉瑟可. 关于“服务营销理论”的现状[J]. 管理理论与实践的问题，2002(1)：3 – 10.

④ 洛帕特尼科夫. 经济数学辞典[M]. 莫斯科：Наука 出版社，1993：448；贝尔纳 И. 经济学辞典：共 2 卷. 第 2 卷[M]. 莫斯科：Международные отношения 出版社，1994：720；Woll A. Wirtwschaftslexikon [M]. München Wien：Oldenbourg，1994：770.

⑤ 索洛德科夫. 在社会主义制度下非生产领域服务的理论问题[M]. 莫斯科，1972：107 – 108；谢苗诺夫. 服务行业及其工人[M]. 莫斯科，1966：4.

⑥ 西特蒂科娃. 根据俄罗斯联邦法律规定的服务理论基础[J]. 法学教育与科学，2008(1)：28 – 32.

来，任何作为个人服务（在经济意义上）产生的工作，无论其结果如何（无论是否体现在物质产品中），都被准确地视为服务。随着这些工作从个人服务范畴过渡到创业活动领域（适用于各种类型的修理、烹饪、裁缝等），它们保留了传统的“服务”名称。同时，对于修理、烹饪等，更准确的说法是物质生产过程在消费领域的延续。

正是这种服务和物质产品的相互渗透，使得区分“服务”和“物质生产”比区分“服务”和“物质产品”更加困难。

服务和物质生产领域可以被视为经济部门，前者集中提供服务生产，后者集中生产物质产品。然而，在同一个行业，提供服务和创造物质产品的过程可以紧密地交织在一起。例如，餐饮结合了烹饪过程，产生了物质产品，并提供接单、上菜等服务。同时，任何物质产品的生产过程也会有一些以间接形式表现的服务，比如设备维护保养或会计等服务。在大多数物质生产过程中，信息和电信服务起着重要作用。

正因如此，在某些情况下划分传统服务业和物质生产业似乎颇具争议。

2.2　转变服务业和物质生产在经济发展中的相对作用

决定服务和物质生产比例发生重大变化的因素是技术进步、工人教育水平和资格的提升、经济关系的演变（全球化、金融化）以及消费模式转变和其他社会变化。20 世纪 50 年代，服务业开始在发达国家稳步发展，正如马克思预测的，该发展在提高生产率的技术发展的影响下依靠人在物质生产过程中被机器取代。此外，资本主义全球化使一些工业部门从发达国家转移到发展中国家，从而降低了生产成本和产品价格。当这些商品被进口时，进口国的生产成本和雇用劳动力成本相应下降。

总部位于伦敦的《经济学家》杂志（*The Economist*）指出：“……制造业在国内生产总值中所占份额的下降在很大程度上反映了与服务业相比制造业价格的相对下降。以不变价格衡量，自 20 世纪 80 年代以来，美国和整个发达国家的制造业占国内生产总值的份额基本保持不变。”①

① Industrial metamorphosis: Factory jobs are becoming scarce. It's nothing to worry about [J]. The Economist, 2005, 377 (8446): 69 – 70.

俄罗斯著名后工业社会问题研究者弗拉基斯拉夫·伊诺泽姆采夫（Владислав Иноземцев）的研究表明，后工业社会的理论家并没有将这个社会的所有问题都归结为服务业份额的变化。然而，他们在这种结构转变中看到了向后工业阶段过渡的最重要标志①。同时，他指出，服务业在欧洲文明国家中一直发挥着重要作用。即使在19世纪末，家庭佣人在英国是第一大雇员群体，在法国是第二大雇员群体（仅次于农业工人），其人数超过产业工人②。在美国，产业工人的数量从未超过服务业工人③。

服务业对现代经济发展发挥的作用不同。传统上将经济分为三个部门，这是基于A. 费希尔（Alan Fisher）和科林·克拉克（Colin Clark）的社会生产结构模型。根据这个模型，第一产业是采掘业和农业，第二产业是制造业，第三产业是服务业④。根据科林·克拉克的说法，每个国家都会经历三个发展阶段：农业（生产力增长缓慢）、工业（生产力增长达到最大值）和服务业增长主导阶段（生产力增长速度向下）。农业部门就业比例稳步下降，工业部门就业比例先增后减，服务业部门就业比例不断增加⑤。

今天，人们认识到，服务业内部的明显差异不允许我们将其笼统归为第三产业。反映工业社会向后工业社会过渡的丹尼尔·贝尔（Daniel Bell）的五产业模型已经流行起来，将三产业模型扩展到五产业模型。根据该模型，服务分为三个部门：第三产业包括运输和公用事业，第四产业包括贸易、保险、房地产、金融服务，第五产业包括医疗保健、教育、研究活

① 贝尔. 即将到来的后工业社会：社会预测实验[M]. 莫斯科：Логос出版社，2000；Bneynski Zb. Between two ages [M]. New York, 1970: 9-10; Naisb M. J. Megatrends. The new directions, transforming our lives [M]. New York, 1984: 7-9; Judy R. W., C. D'Amico. Workforce 2000: Work and workers in the 21st century [M]. Indianapolis (In.), 1997: 4.

② Delaunay J. -C. Services in economic thought. Three centuries of debate [M]. Boston - Dordrecht - London, 1992: 13, 66.

③ Spulber N. The American economy. The struggle for supremacy in the 21st century [M]. Cambridge, 1997: 156.

④ Fisher A. Production, primary, secondary and tertiary [J]. Economic Record, 1939, 15 (1): 24-38; Fisher A. The clash of progress and security [M]. London: Macmillan, 1935; Clark C. The conditions of economic progress [M]. London: Macmillan, 1940.

⑤ 政治经济学：经济百科全书[M]. 莫斯科：Советская энциклопедия出版社，1980(4)：176-178.

动、公共管理、娱乐①。但是，贝尔没有将特定服务行业划分到某部门的明确标准。通常，在服务业，推动社会发展的行业都发挥着关键作用。包括计算机科学和电信、研发、教育、医疗保健、金融和商业服务及管理等②。

近年来，发达国家经济结构出现企稳迹象，部分发达国家不再以服务业比例持续提升为特征。如表 2－1 所示，在美国国内生产总值中，分产业来看，服务业和物质生产的占比连续多年基本保持稳定，尽管物质生产中就业率持续下降（见图 2－1、图 2－2）。或许这体现了美国政界和商界对向发展中国家转移工业生产的超前进程的担忧，认为在一定条件下可能对美国的经济安全形成威胁。其还使美国经济的多元化程度降低，因此更容易受到产出周期性下滑的影响。

表 2－1　2008—2014 年美国各行业增加值占 GDP 的比例　（%）

序号	行业	2008 年	2009 年	2010 年	2011 年	2012 年	2013 年	2014 年
1	国内生产总值	100.0	100.0	100.0	100.0	100.0	100.0	100.0
2	私营工业部门	86.4	85.7	85.7	86.0	86.4	86.6	86.9
3	农业、林业、渔业、职业狩猎	1.0	1.0	1.1	1.3	1.2	1.4	1.2
6	矿业	2.7	2.0	2.2	2.6	2.5	2.6	2.6
11	建筑	4.4	4.0	3.6	3.5	3.6	3.7	3.8
12	生产	12.3	12.0	12.2	12.3	12.3	12.2	12.1
40	运输及仓储	2.9	2.8	2.8	2.9	2.9	2.9	2.9
49	信息	5.0	4.9	4.9	4.7	4.6	4.8	4.8
54	金融交易、保险、房地产交易、出租和租赁	19.1	19.9	19.7	19.7	20.0	19.8	20.0
55	金融交易和保险	6.2	6.7	6.7	6.7	7.1	6.9	7.0
60	房地产、出租和租赁	12.9	13.2	13.0	13.0	12.9	12.9	13.0
65	专业和商业服务	11.9	11.5	11.6	11.7	11.8	11.7	11.9
74	教育、医疗保健和福利	7.8	8.4	8.3	8.3	8.3	8.2	8.2

① 贝尔. 即将到来的后工业社会：社会预测实验［M］. 莫斯科：Логос 出版社，2000：158.

② E. 哈桑诺夫（Eyvaz Gasanov）在一篇评论性文章中提到了一个很复杂的问题，即如何结合国外现代化的方法将服务业结构化以及确定其各个领域所起到的作用。详见：哈桑诺夫. 信息经济的结构及其主要功能［J］. 哈巴罗夫斯克国立经济与法律学院学报，2005（1）.

续表

序号	行业	2008 年	2009 年	2010 年	2011 年	2012 年	2013 年	2014 年
75	教育	1.0	1.1	1.1	1.1	1.1	1.1	1.1
76	医疗保健和社会支持	6.8	7.3	7.2	7.2	7.1	7.1	7.1
81	文化休闲活动、酒店业	3.6	3.6	3.6	3.6	3.7	3.8	3.8
89	政府	13.6	14.3	14.3	14.0	13.6	13.4	13.1
99	私人企业	20.5	18.9	19.1	19.7	19.6	19.9	19.8
100	私人服务	65.9	66.7	66.6	66.4	66.8	66.8	67.1
101	信息和通信技术的生产	6.0	5.9	5.9	5.8	5.7	5.9	5.9

注：发布日期为 2015 年 11 月 5 日。

资料来源：http：//www. bea. gov/iTable/iTable. cfm？ ReqID = 51&step = 1 # reqid = 51&step = 51&isuri = 1&5114 = a&5102 = 5.

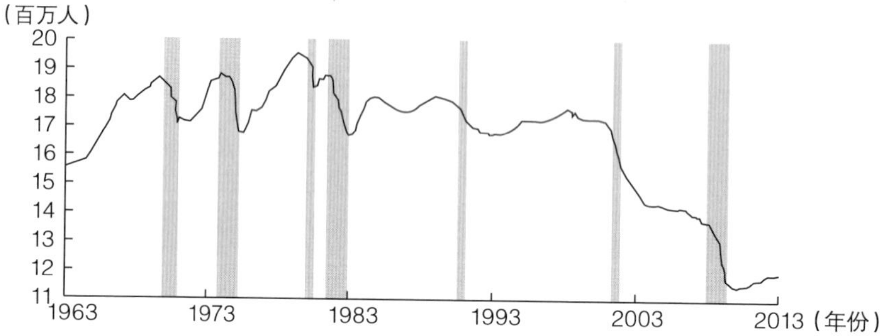

图 2－1　1963—2013 年美国制造业就业人数的变化（所有员工：生产）

注：阴影区域标志着美国经济衰退时期。

资料来源：http：//ftalphaville. ft. com/2013/02/15/1387262/manufacturing － vs － construction － revisited/1360785091128 － png － crop － rectangle3 － large.

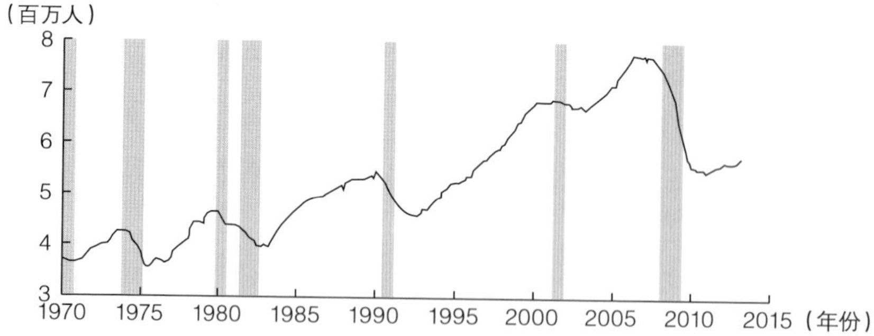

图 2－2　1970—2015 年美国建筑业就业人数的变化（所有员工：制造业）

注：阴影区域标志着美国经济衰退时期。

资料来源：http：//ftalphaville. ft. com/2013/02/15/1387262/manufacturing － vs － construction － revisited/constructionfredgraph/.

如表 2 –2 所示，增长最快的行业往往裁员最多。这是完全可以理解的：毕竟，正是物质生产部门劳动生产率的提高确保了劳动力的释放并流入服务业，而服务业通常没有这种生产率的提高。

表 2 –2 美国各行业生产力增长和就业增长 （%）

行业		截至 2008 年的占比		对就业增长的贡献		生产力增长①	
		就业	国内生产总值	1990—2000 年	2000—2008 年	1990—2000 年	2000—2008 年
商品	生产	8.8	10.0	–4.5	–66.5	36.7	19.2
	建筑	6.5	4.3	6.9	12.4	–0.5	–11.0
	自然资源	1.9	3.3	–2.5	–0.5	1.6	0.2
	计算机产品和电子设备	0.9	1.4	–1.0	–11.1	—	22.5
	房地产、出租和租赁	1.8	13.0	1.9	4.1	19.8	18.4
	批发商业	4.3	5.7	2.7	4.2	17.5	11.2
	信息	2.1	4.5	4.2	–12.5	7.4	21.6
服务业	运输及仓储	3.4	2.9	4.2	3.3	3.8	3.9
	零售	10.4	5.8	9.0	7.5	9.8	1.5
	管理及其他服务	6.0	2.9	18.1	–1.7	–4.7	5.6
	酒店业	7.0	2.8	8.5	18.7	–2.8	–3.2
	其他服务（公共行政机构的服务除外）	5.1	2.4	5.5	7.6	–1.7	–4.8
	文化休闲活动	1.5	0.9	3.5	5.4	–0.7	–0.8
	金融交易和保险	4.4	7.7	1.9	8.5	16.9	9.9
	专业、研究和技术服务	6.3	7.6	11.1	22.2	7.3	9.7
	企业经营	1.3	1.8	0.4	3.9	0.7	–0.6
政府和公共部门	政府	14.8	12.9	9.5	—	–4.1	1.0
	卫生和社会福利	11.0	7.0	17.6	—	–8.1	–1.7
	教育	2.2	1.0	3.4	13.2	–1.5	–3.1
	公用事业	0.4	1.8	–0.6	–0.8	2.5	0.5

资料来源：http：//ftalphaville. ft. com/2013/02/15/1387262/manufacturing – vs – construction – revisited/mckinseyprodchart2/.

值得一提的是，如图 2 –3 所示，2008 年世界经济危机之后，制造业在

① 资料来源：美国经济分析局；穆迪经济网（Moody's Economy. com）；麦肯锡全球研究所生产力模型（McKinsey Global Institute Sunrise Productivity Model）。

国内生产总值中所占的份额不仅在美国趋于稳定，在意大利、法国和英国也是如此。而在德国和中国，自20世纪90年代以来呈现上升趋势。然而截至目前，这种趋势呈现的时间还不足以得出结论。

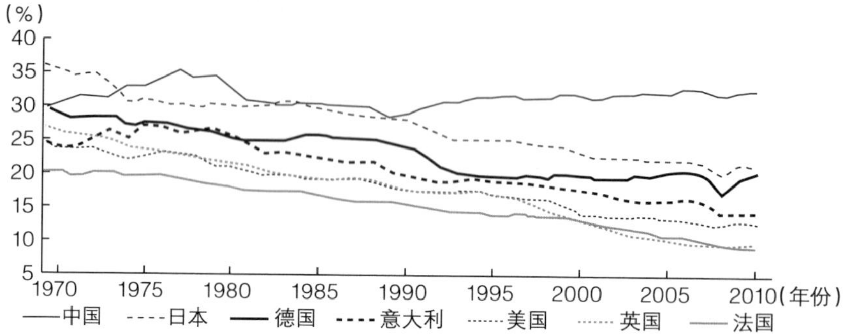

图2-3　1970—2010年制造业占国内生产总值的比重

资料来源：http：//ftalphaville. ft. com/files/2013/04/Mfring - share - of - GDP - Minack. jpg.

同时，在全球范围内，近30年来，工业的作用并没有明显减弱。尽管这一现象发生在大多数发达国家，但许多发展中国家（尤其是新兴工业化国家）都在大力发展工业生产，如表2-3所示。

表2-3　世界主要国家（地区）工业实力对比

排名	1980年	1990年	2000年	2010年
1	美国	美国	美国	美国
2	德国	日本	日本	中国
3	日本	德国	德国	日本
4	英国	意大利	中国	德国
5	法国	英国	英国	意大利
6	意大利	法国	意大利	巴西
7	中国	中国	法国	韩国
8	巴西	巴西	韩国	法国
9	西班牙	西班牙	加拿大	英国
10	加拿大	加拿大	墨西哥	印度
11	墨西哥	韩国	西班牙	俄罗斯
12	澳大利亚	墨西哥	巴西	墨西哥
13	荷兰	土耳其	中国台湾	印度尼西亚

续表

排名	1980 年	1990 年	2000 年	2010 年
14	阿根廷	印度	印度	西班牙
15	印度	中国台湾	土耳其	加拿大

资料来源：http：//topforeignstocks. com/wp - content/uploads/2013/01/Top - manufacting - countries - by - decade. gif.

2.3　现代服务业发展与物质生产领域的矛盾及其解决途径

在分析现代经济结构时，要注意的是，基于国民核算方法论评估各行业对国内生产总值创造贡献的方法会曲解真实的生产结构。这一评估结果反映了部门之间的收入分配，而不是各部门对生产的贡献。如在评估金融服务对国内生产总值创造的贡献时尤其存在很多不确定性。金融市场投机交易量的简单增加会自动增加金融部门对国内生产总值的贡献，这一点已经司空见惯。

服务业就业的增长表明，工业增速超过大多数服务业增速，因为服务业的技术基础更加简陋，餐饮业、酒店服务业、娱乐业、贸易和其他行业依赖于手工劳动或差于工业工艺的技术。因此，现代社会顺理成章地属于那种“服务型社会”，但却很难称其为后工业社会。

伊诺泽姆采夫在 1998 年采访了美国几位著名的社会学家和经济学家——彼得·费迪南·德鲁克（Peter Ferdinand Drucker）、莱斯特·瑟罗（Lester Carl Thurow）、约翰·肯尼思·加尔布雷思（John Kenneth Galbraith）、马歇尔·戈德曼（Marshall Goldman）和弗朗西斯·福山（Francis Fukuyama），以了解他们对后工业社会的理解。所有受访者都对“后工业社会”的理念持否定态度，他们认为自己生活在一个工业社会中，尽管近几十年来已经发生了变化。例如，戈德曼非常明确地说：“我认为使用‘后’一词已经成为一种时代错误……我不认为我们真的处于后工业时代。原因是工业生产不仅仍然非常重要，而且在某种程度上变得比以往任何时候都更加重要，尽管其技术基础正在发生变化。我们不能忘记，即使是软件生产，尽管它与设备或汽车的组装有很大不同，但仍然是行业之一。”①

很明显的是在全社会营造鼓励、实现信息和电信革命的氛围时，也不能掩盖一个事实，那就是在过去的几十年里，没有一种技术能够脱离工业生产模式得到广泛应用。利用新兴的非工业技术（例如生物技术）的行业产量在总产量中占比还较小。有人提出工业和信息混合技术（笔者采用马歇尔·戈德曼的观点，认为其是一种工业技术），例如使用3D打印机生产产品，哪怕其处于试验应用阶段，可能会取代工业生产技术，也表现出截然不同的特性，即工业生产方式本身发生了质的变化，但也并没有被“非工业”生产方式所取代。因此，科学研究、信息技术、通信行业等服务业，主要是希望生产过渡到一个根本性的新发展阶段，而且也确实取得了令人瞩目的进展。然而，我们并不是在谈论彻底跃升到一个新的水平。

服务业与物质生产关系中的另一个严重问题是过度的金融化（金融业过度扩张）及其对实体经济发展的模糊影响。最初，金融业确保流通现金的筹集，并将货币资本重新分配给经济中最有效率的部门（尽管除了这一功能，金融部门一直具有纯粹的投机功能）。

从前，投机操作可以被视为（正如经济学教科书仍然认为的）一种收益最高的投资理财方式，然而，当财产所有权和未来收入所有权（以各种证券业务的形式）的流通与它们所代表的实际资本的流通多重分离时，就出现了严重的问题：形成了一个由虚构需求构成的庞氏骗局（商品和服务）；股票市场的高波动性，为投资者提供了扭曲的价格指导；投资资本从实体部门转移到金融部门。在经济危机性地发展下，这些要素在一起会构成重大的风险，将对实体经济产生毁灭性的影响。

2.4 俄罗斯经济现状以及特征

如前所述，在发达国家和新兴工业化国家，服务业的超前增长与物质生产领域（包括农业、采矿业、加工业、建筑业等）劳动生产率增速有关。从物质生产领域解放出来的工人进入了服务业，而物质生产本身也在不断

---

① 重新思考未来：美国主要经济学家和社会学家论现代发展的前景与矛盾[J]. 世界经济与国际关系，1998(11).

发展壮大。

但俄罗斯和其他联邦国家在 20 世纪 90 年代的市场改革期间出现了不同的情况。在这些国家，服务业比重的提升很大程度上依赖于物质生产领域产出的绝对下降。此外，金融市场、房地产市场、批发和零售贸易、资源管理、商务咨询、审计服务等行业不发达或还不够发达导致经济中产生的收益被再分配，以便满足非物质生产部门的发展。因此，长期以来俄罗斯国内生产总值中的贸易份额长期大大超过发达国家，而零售商的毛利率仍然偏高。

由于商品和服务的价格不成比例，服务业的盈利水平远高于工业和农业（自然垄断行业、石油和天然气行业除外）。在部分加工业没有盈利的情况下，投资者更愿意投资餐饮酒店业或房地产市场。这种情况很难保证服务业和物质生产之间的平衡。此外，20 世纪 90 年代长期的投资饥荒导致固定资产老化（设备的平均使用年限几乎翻了一番），现在情况已经稳定下来，但却没有明显的好转——大部分制造业的竞争力正在下降。

同时，金融市场某种程度脱离于生产需求，金融市场获得了独立的价值，损害了符合实体经济利益的信贷业务。出现这种情况部分归因于前面已经提到的制造业普遍低盈利水平和物质生产领域重要部门的低竞争力——缺乏具有经济吸引力的投资项目。货币当局实施的自由保守政策加剧了这个问题，他们没有做出任何特别努力来建立有针对性的机构以引导低息资金用于制造业和农业的技术现代化。

由于结构性失衡如此严重，想要走出僵局或许很慢，也不能保证破局方案一定会成功，或许需要出台调动资源以及推动经济发展的紧急措施。

2.5　生产（工业）服务

目前，工业服务在提高生产效率方面的重要性越来越大。摩立特集团（Monitor Group）的一项研究指出："在成功实施传统的产品导向战略数十年后，资本货物行业的主要参与者现在被迫将注意力转移到服务业务上，是推动业务增长和提高盈利能力的好机会。"① 克里斯蒂安·科瓦尔科夫斯基（Christian Kowalkowski）认为提高工业服务作用具备的要素是增加竞争优势，在供应商和消费者之间建立稳定的关系，提高获得重复订单的机会，保持技术领先、高盈利、对商业周期的依赖性弱、在生产领域拥有先进知识和技术的工业公司具备将这些知识转化为可销售服务的能力等②。

工业服务市场是一个庞大且不断增长的细分市场。以英国为例，2009年商业服务市场总额为3290亿美元，其中工业服务市场总额最高，占比18%③。在德国，同年仅工业设备的维护费用就达311.4亿欧元④。

这一问题还有待进一步研究。国内外大多数致力于研究工业服务的著作中，都试图解释其经济性质，一方面将其与物质产品的生产过程分开，另一方面将其与其他类型的服务分开。基本上，这项努力被简化为寻找能够区分工业服务和其他活动的定义，这对于适当的征税和会计核算是必要的。例如，"生产性的劳动（服务）是指为生产（制造）产品而完成的各道工序，比如提供服务、加工原料、进行技术合规监督、维护固定资产等活动，以及运输服务，包括由外部单位或个体企业家和（或）单位的内部机构提供的，用于单位内物料的搬运，特别是原料、工具、零件、半成品等货物的内部储位移动，比如从基地（中央）仓库到车间（部门），以及按照合同规定的送货服务"⑤。或参考《税法典》的类似定义：

"生产性的劳动和服务

——根据《税法典》第254条第1款第6子款，生产性的劳动（服务）

① Industrial Services Strategies. The quest for faster growth and higher margins [R]. Research Study Monitor Group, Zürich, 2004:7.

② Kowalkowski Ch. Enhancing the industrial service offering: New requirements on content and processes [D]. Dissertations from the International Graduate School of Management and Industrial Engineering, IMIE №. 104; Licentiate Thesis. Linköping studies in science and Technology [Z]. Thesis №. 1261. LiU - TEK - LIC, 2006:42; Department of Management and Economics, Linköping University, SE - 581 Linköping. Printed by: LiU - Tryck, Linköping, 2006:2.

③ Herbert R. The business services sector: Calculating the market size [R]. Lloyds Bank, 2012:4,6.

④ Eick, Chr. Instandhaltung des kapitalstocks in deutschland [R]. Chr. Eick, J. Reichel, P. Schmidt. Rolle and Volkswirtschaftliche Bedeutung, VDI Forum IH, 2011:5.

⑤ 卢卡什. 生产性质劳务（服务）：企业经理人参考手册[M]. 莫斯科：Книжный мир 出版社，2004:1504.

包括：

——完成产品生产（制造）的各道工序，进行工作，提供服务，加工原料，进行技术合规监督、维护固定资产等活动。

——以及运输服务，包括由外部单位或个体企业家和（或）纳税单位的内部机构提供的，用于单位内物料的搬运，特别是原料、工具、零件、半成品等货物的内部储位移动，比如从基地（中央）仓库到车间（部门），以及按照合同规定的送货服务。支付生产性的劳动费和服务费属于制造费、销售费用一组的开支”①。

值得一提的是，出于会计核算和征税的目的，这些定义几乎没有意义。其中句末用“等活动”表示列举未完，因此此现象的正式解释缺乏明确性，必然会导致解释变得很随意。

还有一些科学家进行分类，争取将生产性服务与其他服务种类区分开并列出相当完整的清单。在教育文献中可以查到基于不同标准的各种分类。有人提出如下分类，生产性服务包括“设备的设计、租赁、维护和修理”②。下面笔者还将运输服务归入生产性服务。一般来说，运输服务被认为是生产性服务，在正式定义中也不例外。目前尚不清楚租赁按什么标准被归类为生产性服务，而不是专业（金融）服务，后者包括“银行、保险、金融、咨询、广告”服务。

ABB 联合企业研究小组的③专家拉尔夫·吉策尔（Ralf Gietzel）提出了如下分类标准：① 按所用设备的特征（工业设备的维护）④；② 按公司类型

---

① 托尔库什金. 生产性工务和服务：俄罗斯和国际税收百科全书[M]. 莫斯科：Юристъ 出版社，2003.

② 弗罗洛娃. 社会文化服务和旅游领域的经济学和管理：课程提要[M]. 塔甘罗格：南部联邦大学工程技术学院出版社，2010.

③ Gietzel R. ABB corporate research [R]. Service Solutions, 2014－06－06. Industrial Service as a Research Discipline. Slide 7.

④ Rogelio O., Kallenberg R. Managing the transition from products to services [J]. International Journal of Service Industry Management, 2003, 14(2): 160－172.

（工业公司的服务）①；③按应用的技术（工业技术）②。

还有许多仅出于实用目的对正式服务的分类，这些分类的缺点③是对工业服务定义的科学阐述不够，以及缺乏明确的标准将其与商业（专业）服务区分开来。

然而，从经济学角度分析，在以工业服务为研究对象的理论探讨中，已有几个研究方向。最初这些描述是从工业营销的任务开始的。从这个角度来看，工业服务包括"工业"客户可能需要的一切："……责任和财产保险、银行和其他金融服务、建筑物流服务、审计、数据处理，以及所有的咨询服务类型（包括建筑和工程）、运输组织、广告和营销机构服务。"④

这一概念的发展是按客户与服务提供者之间的性质和关系特征来研究工业服务。从这个角度来看，工业服务包括企业和组织（商业、非商业、国家、市政等）相互提供的任何服务。此定义涵盖了企业与企业之间（B2B，business to business）的任何服务。在这种情况下，工业服务清单不仅包括传统上属于这一类别的技术和运输服务，还包括许多事务性和专业性（知识密集型）服务（会计、审计、财务分析、咨询等），以及一些"认知"服务（工业领域信息化服务、工业领域应用研究开发）⑤。

另一种观点的依据在于工业服务方式的演变，历史上，最早的工业服

① Homburg C., Garbe B. Towards an improved understanding of industrial services: Quality dimensions and their impact on buyer – seller relationships [J]. Journal of Business – to – Business Marketing, 1999,6(2): 39 –71; Cooper P. D., Jackson R. W. Applying a services marketing orientation to the industrial services sector [J]. Journal of Business & Industrial Marketing, 1988(3):51 –54; Quinn J. B., Doorley T. L., Paquette P. C. Beyond products: Services – based strategy [J]. Harvard Business Review,1990,68(2):58 –60.

② Woodside Arch G., Pearce William G. Testing market segment acceptance of new designs of industrial services [J]. Journal of Product Innovation Management, 1989,6(3):185 –201; Kowalkowski Ch. Enhancing the industrial service offering: New requirements on content and processes [D]. Dissertations from the International Graduate School of Management and Industrial Engineering, IMIE №. 104; Licentiate Thesis. Linköping Studies in Science and Technology. Thesis №. 1261. LiU – TEK – LIC,2006:42; Department of Management and Economics, Linköping University, SE – 581 83 Linköping. Printed by: LiU – Tryck, Linköping 2006. [2016 –01 –10]. http://www. diva –portal. org/smash/get/diva2:22258/FULLTEXT01. pdf.

③ 波沃里娜. 确定向给企业和组织提供服务的市场地位和结构的方法[J]. 服务 +,2011(2): 9 –10.

④ http://www. raskruting. ru/nature/nature3. html.

⑤ 波沃里娜. 确定向给企业和组织提供服务的市场地位和结构的方法[J]. 服务 +,2011(2): 11 –12.

务是一套售后服务的措施，包括备件供应、调试、维修、人员培训、设备技术更新、技术工艺控制等服务。这种源自工业营销的方法缩小了工业服务的范围。“工业服务是指在销售/安装实体产品之后，旨在维护和/或优化运营流程，提升业绩并满足其整个生命周期中的资源需求的所有业务交易”①。根据这个定义，工业服务也包括：备件供应、维修、功能改进（升级）、修复、技术检查和测试、工作能力维护、技术支持、技术咨询、用户培训、设备组织经营、资金支持②。

从生产过程及产出物的具体情况来看，工业服务仅包括那些在工业生产领域内，以工业维护和工艺过程为目的的服务。然而，在这种方法的框架内，有一种趋势是将任何影响工业生产过程的服务都纳入工业服务的范围：“……维修和保养、研究、开发、信息服务、工程、预加工类型——销售和售后服务，与主要生产活动相关的实体化的服务，生产厂房、场所、建筑、区域、技术园区的租赁。”③

有人试图通过区分工业服务与业务外包，根据两者的区别给工业服务下定义，有两个标准：客户与服务提供商之间关系的存续期和外包业务活动的完整性④。两者之间确实存在一些差异，但从根本上来说是相同的。

在探讨工业服务的本质时，可以尝试从它们在再生产过程中的作用的角度进行理解：“从经济关系的角度来看，工业服务是为产品的消费价值正常持续存在创造条件的生产过程。工业服务保证部分再生产和价值转移的实现。”⑤ 但是，在这个定义中，没有考虑到工业服务的特殊性，这种定义范围太广了，任何物质性服务都可以属于其范围，比如餐饮服务。

---

① Industrial Services Strategies. The quest for faster growth and higher margins [R]. Research Study Monitor Group, Zürich, 2004: 10. http://skyadvisory.ch/wp-content/uploads/2015/03/2004-Monitor-Group_Industrial-Services-Strategies.pdf.

② 波沃里娜. 确定向给企业和组织提供服务的市场地位和结构的方法[J]. 服务+, 2011(2): 11-12.

③ 马米舍夫. 奥格利. 经济现代化背景下工业服务业的发展：经济科学副博士学位论文摘要[D]. 圣彼得堡：圣彼得堡国立经济大学, 2013: 3.

④ 库德莫夫. 仪器制造和机器制造企业中的外包认定标准[J]. 俄罗斯企业经营, 2009(10), 第2册, (145): 43-47.

⑤ 扎多里娜. 运输工业服务企业的组织与经济发展管理：经济科学副博士学位论文摘要[D]. 科斯特罗马：科斯特罗马国立 H. A. 涅克拉索夫大学, 2010.

随着服务成为工业过程的一个组成部分，科学文献中普遍认为服务和物质生产之间的界限日益模糊。工业服务其实是产品生产出来后生产过程的一种延续，因为售后服务本身也是一种生产过程：安装、调整、维修、技术升级等。科瓦尔科夫斯基引用了大量例子①。彼得·希尔（Peter Hill）早在1977年就指出，工作既可以被视为服务，也可以被视为工业生产，这完全取决于谁来执行这项工作——是工业企业还是服务公司②。

因此，生产（工业）服务有广义和狭义之分。狭义上的生产（工业）服务仅包括工业机械和工业工艺过程的服务。然而即使在这个定义中，服务的范围也非常广泛。广义上的生产（工业）服务包括支持工业公司活动所必需的任何服务。除了技术工艺服务、人员培训、厂内运输等，还包括保险、设备租赁、工业研发、信息服务等领域的服务，甚至餐饮服务，换句话说，属于企业之间（B2B）关系的所有活动。

工业服务是可持续发展并可获利的市场，发展工业服务是保持国家竞争力和技术领先地位的前提，这对俄罗斯来说非常重要。

通过对现代工业生产方式中生产过程的主要组成部分的分析，以及对服务业与物质生产之间关系的研究，得出技术发展（科学知识的技术应用）在技术秩序形成中发挥决定性作用的结论。在一定的生产力发展水平上，这些技术秩序旨在对生产过程的部分进行整合。技术渗透到整个生产过程，包括原料的选择（或创造）、通过劳动力素质和所使用的劳动资料生产过程的组织以及成品的制造。所用技术的性质也决定了其在宏观层次以及社会生产力总体规模上的相互作用的方式，同时在生产力发展中达到的阶段决定了工业化生产方式的技术秩序。

需要补充说明的是，技术秩序的性质在很大程度上决定了工业生产方式向社会结构的其他层次发送的脉冲，从而改变了社会本身的性质。当然，这种影响是复杂的、间接的、多阶段的，与社会各领域、各阶层的发展规律相互作用。不过科技进步的驱动力起着决定性的作用。

---

① Fölster S. J. Gr. Göran. Industri och tjänster – båda behövs för tillväxt, Svenskt Näringsliv (The Confederation of Swedish Enterprise) 2005 [J]. The Economist. London: The Economist Newspaper Ltd., 2005(8446): 69 – 70.

② Hill T. P. On goods and services [J]. Review of Income and Wealth, 1977, 23 (4): 315 – 338.

技术路线的选择至关重要。从历史发展看，从依赖经验和技能到应用经验观察模式再到基于科学知识应用的技术发展的转变是合乎逻辑的。知识对技术的作用日益增强，正在改变以工业生产方式为基础的社会特征——开始向社会生产领域的新发展阶段过渡。这个阶段与“传统”工业社会（甚至“新工业社会”——根据加尔布雷思的说法）有很大不同，在生产方式方面仍然是工业社会，由此可见，或将形成新一代的工业化社会，我们称之为第二代新型工业社会（NIS 2.0）。

崭新技术秩序（第五代和第六代）、新的组织结构、劳动者的新形象、更新的生活方式将成为这个社会的基础。

不能将新工业社会理解为加尔布雷思所描述的 20 世纪中“晚期工业体制”的再创造。只有当目光短浅的政客无法找到摆脱后工业主义僵局的出路，并且他们的国家注定将走向一种新的（或者更确切地说，非常古老的）后发先进模式时，这种情况才会发生。“追上者”最终将无可救药地落后于发达经济体。

第2部分

俄罗斯经济体系：去工业化现象

第3章

社会发展的因素之一
——经济工业化及现代经济体系中的去工业化现象

3.1 工业化

经济的工业化传统上被理解为工业生产的发展过程，其伴随着主要要素的改进。在生产组织领域，表现为生产结构的复杂化和管理方式的创新；在技术开发中，表现为生产基地的复杂化和增加，以及通过机械和技术的普及与革新，使用的设备技术水平的提升；在人力资源领域，表现为不断发展员工，深化工人的技术专业化，提高劳动生产率。最终表现为产出物的复杂化、加工程度和科技含量的提升。以上所有过程导致经济结构发生变化，工业制品和服务业在生产总值中的份额急剧提升，因而工业成分在国有经济、国民经济中的地位得到提升，甚至成为其基本构成要素。

在工业生产过程中，按照一定流程投入物质对象（工业技术、技术设备）和人力，结果产生了旨在满足人们物质需求的财富——工业产品。

向工业生产方式的转变或工业革命，标志着物质生产的技术基础发生了深刻变化，整个社会关系体系也发生了同样重大的变化。从这个意义上说，荷兰的经验很有启发性。荷兰共和国时期①国家的支柱产业是渔业，其雇用了很大一部分人力。其中鲱鱼的捕获加工和贸易所占份额最大。荷兰甚至有一句谚语：阿姆斯特丹是“建在鲱鱼骨头上的城市”。同时捕鲸业也

① 尼德兰联省共和国，俗称荷兰共和国，成立于1581年，1795年灭亡，是荷兰资产阶级革命的产物。

发挥了重要作用。在 17 世纪斯瓦尔巴群岛探险中，“每年有 200 ~ 250 艘船从事捕鲸，收获 1300 ~ 1400 头鲸鱼，有些年份的净收入超过 1000 万荷兰盾”①。此外，荷兰还组织了前往冰岛海岸的捕鲸探险。

荷兰制造业依赖于两个主要行业——纺织业和造船业。纺织厂和手工艺作坊因生产染色布、棉、亚麻和丝织物、丝带、线和花边而闻名于整个欧洲。印染、练漂等与纺织相关的业务也发展起来。

莱顿成为荷兰乃至整个欧洲最大的布料生产中心。在数十家大型纺织厂周围，聚集了数百家小型作坊，为数以万计的工人提供了工作岗位。莱顿的生产高峰出现在 1664 年，当时共生产了 14.4 万件各种织物②。阿姆斯特丹和鹿特丹也生产了大量的织物。在当时政治独立的哈莱姆城，丝绸和亚麻织物的生产得到发展，聚集了大量的漂白车间。

荷兰造船业处于世界领先地位，彼得一世曾到荷兰学习并寻找专家帮助自己建造造船厂。这一时期（17 世纪末至 18 世纪初）荷兰造船业兴盛，数十个造船厂建造了数百艘船，生产成本明显低于欧洲其他国家，获得了国外大量订单。即使是荷兰人的主要竞争对手英国人，也经常下订单在荷兰建造船只。

造船业带动了制造业的发展——绳索作坊、风帆作坊、锯木厂和木工厂变得非常普遍。洲际航行所必需的荷兰航海仪器因其有保证的质量而闻名。主要工业的繁荣促进了人口需求的发展和对多种工业产品需求的增长。在荷兰，书籍印刷业积极发展，造纸厂也随之得到发展；房屋建筑业的发展导致砖厂和玻璃制造厂的扩张。食品工业发达——啤酒厂、奶酪乳制品厂、糖和烟草生产厂日益发展。随着工业繁荣，人口增加，富裕阶层扩大，相应地，对奢侈品的需求也增加了。荷兰的艺术瓷砖、瓷器、手表和珠宝的生产也随之得到发展。

然而，当时荷兰经济在迅速发展的同时也得了一种“疾病”——这种“疾病”现在广为人知，但那时主要在当地范围有所显现：工业增长和与之相关的贸易为国家提供了大量资本积累，这些资本越来越集中在贸易和高

① http://www.studfiles.ru/preview/3493421/.

② http://www.studfiles.ru/preview/3493421/.

利贷领域，并带来最大化利润。那时荷兰在欧洲金融市场占据主导地位，阿姆斯特丹证券交易所和银行吸引了全欧洲的资金，荷兰成为欧洲的“高利贷商人”。

荷兰似乎进入了鼎盛强大的时代。然而，恰恰是商业和高利贷资本给当时极具优势的工业资本开了一个残酷的玩笑。“……荷兰资产阶级为了商业利润，使更便宜的外国产品充斥国内市场，从而扼杀了国内工业。由于这种政策的延续，到17世纪末，荷兰失去了工业优势，之后又将贸易地位拱手让给了工业资本主义迅速发展的英国”①。工业资产阶级试图实行与其竞争对手（英国、法国、普鲁士……）相同的保护主义政策，但这又与重利的商人寡头的利益相冲突。

通过分析荷兰的经验可以得出的结论是，荷兰工业发展的最终失败（尽管最初非常成功）是由于缺乏经济和制度条件来继续实施生产技术更新政策。在最初阶段荷兰的经济实力建立在当时先进工业的发展基础之上，但是荷兰上层资产阶级抢占了欧洲的很大的市场份额，在金融服务业占据了稳固的地位，于是就调整了经济优先发展策略。荷兰统治阶级的重新定位是利用贸易和金融垄断优势获得财富，忽视物质生产利益并在很短时间内导致工业衰退——荷兰变成了一个二流强国。

而英国则选择了一条不同的工业发展道路：土地革命和工场手工业的广泛发展为工业革命奠定了坚实的基础。在争取占经济主导地位的斗争中，英国统治阶级依赖于与工业相关的贸易保护主义措施（向自由贸易政策的过渡是在英国具有工业垄断地位之后发生的）。这鼓励了企业家引进技术创新，以提高在国内外市场的竞争地位。

在英国，向工业生产方式的转变并非一帆风顺。改变旧的手工业方式和发展制造业生产方式进程缓慢，困难重重，遭遇了陈腐的车间规章制度、人具有惰性并难以接受新技术、刚开始技术本身不够有效等阻碍。约翰·凯伊（John Kay）于1733年发明的飞梭并没有立即在棉织物的生产中得到广泛应用。直到18世纪60年代，飞梭才开始普及，带动了对纱线需求的增加，从而刺激了纺纱技术的改进。

---

① http://www.studfiles.ru/preview/3493421/page:2/.

约翰·怀特（John Wyatt）于 1738 年发明的机械纺纱机，由于设计不完善，从未被广泛使用，甚至有关其设备的详细信息也没有保存下来。仅在詹姆斯·哈格里夫斯（James Hargreaves ）于 1764 年发明了设计简单且非常实用的珍妮机之后，真正的工业革命只剩下最后一步——将通用机械发动机连接到发明的纺纱机上。在历史上，这最后一步与理发师理查德·阿克莱特（Richard Arkwright ）的名字联系在一起。他采用了不少其他人的发明，并设法将其成功地运用到纺纱行业中，首先是水车，然后是蒸汽机。因此，第一个真正意义上的工厂创建了。“到 1780 年，英格兰有 20 家纺纱厂，又过了 10 年——有 150 家纺纱厂，都是按照阿克莱特的企业模式创建的”①。19 世纪上半叶，纺织工业的所有子行业都掀起发明的浪潮，这确保了技术的改进以及产品质量和劳动生产率的提高。

詹姆斯·瓦特（James Watt ）对蒸汽机的改进，使活塞的往复运动变为旋转运动成为可能，冷凝器的使用使蒸汽机的广泛使用成为可能，在经济上也具有优势。这产生了革命性的后果——工厂工业实现了能源（风、水）自由。

机器使用数量的增长不可避免地导致对金属需求的增加和冶金生产技术的改进。由于使用石煤冶炼铸铁，英国在铸铁生产方面领先于俄罗斯。这一领域的进一步改进（尤其是搅炼的发明）导致钢铁产量的增加。

其他行业也发生了变化。由于在铁路运输中使用蒸汽机［乔治·斯蒂芬森（George Stephenson ）发明运行了第一台蒸汽机车］，人员和工业产品（主要是煤炭和铁矿石）的运输量急剧增加。基于将大量货物从一个地区快速运送到另一个地区的铁路运输能力，很多产业中心发展起来。第一条蒸汽动力铁路连接了利物浦和曼彻斯特的工业中心。1812 年，“彗星”号汽船在克莱德河试航成功②。

基于实现了大规模机械化的工业革命，英国确立了工业垄断、“世界工厂”的地位，以及拥有随之而来的巨大政治影响。不仅经济结构发生了变

---

① 世界历史百科全书. 第 5 卷［M］. 莫斯科：社会经济科学文献出版社，1958.

② http://www. istmira. com/drugoe - novoe - vremya/7394 - promyshlennaya - revolyuciya - v - anglii. html.

化，整个社会结构也发生了变化。工业革命的第一个明显影响是城市人口的增长。“工业的迅速崛起导致新工业城市的创建和经济活动中心的形成。因此，伯明翰在1696年只有4000人，100年后，已经有7万人。曼彻斯特人口从1717年至1773年增长了5倍。在该国北部兴起的靠近煤矿和铁矿的新工业城市和地区吸引了该国南部和西南部地区的人们”①。工业革命也给英国社会的整个社会结构带来了深刻的变化。作为统治阶级的一部分，工业资产阶级的影响力越来越大，排挤了地主阶级。独立小生产者的数量减少了，工厂中无产阶级的比例增加了。工业工作对熟练劳动力的需求导致义务教育的引入。

随着新产品的开发和新需求的出现，人们的生活环境发生了变化（房屋中的下水道和供水、煤气，然后是电照明），服装和鞋类生产的标准化改变了人们的面貌，新的交流方式和运输种类影响了日常社会交往的性质，铁路邮车的问世大大加快了个人和商业信件的周转速度。

与此同时，新的经济和政治制度得到发展，反映了经济发展的需要和社会力量平衡的变化。“从保护主义到自由贸易的转变正在变得不可避免。在19世纪20年代，制成品的关税从50%降低到20%。18世纪30年代和40年代也取消和减少了关税，直到1853年最终取消了对原材料和半成品的所有关税，并大幅降低了成品关税。1846年，《谷物法》被废止，1845年的作物歉收加速了该法的废除。1849年，克伦威尔《航海条例》被废除，1851年，对沿海贸易的限制也被废除”②。

这些变化是非常剧烈的，并伴随着尖锐的社会政治矛盾。深刻的社会转变导致大规模人口被边缘化和贫困化。贫民阶层为其利益而进行的斗争往往采取暴力形式：勒德运动、争取普选权的斗争、宪章运动、群众罢工，往往伴随着武装冲突等。这迫使统治阶级通过立法规定工作日和其他工作条件。

大多数国家的工业化历史都充满了戏剧性甚至悲剧性的篇章。考虑到

① 世界历史百科全书.第5卷[M].莫斯科:社会经济科学文献出版社,1958.

② 波利扬斯基,扎明.资本主义国家经济史:教程[M].莫斯科:莫斯科国立大学出版社,1986:191-199.

人类社会为进入新的发展阶段所付出的代价，任何可能导致失去原有地位、产业退化或去工业化的行动都应更加谨慎。

3.2 诊断：去工业化

去工业化现象是众所周知的。去工业化在不同国家都有自己的历史和民族特征。让我们举一些例子。

我们已经谈到了荷兰，荷兰在17世纪中叶是领先的工业强国，但随后经历了影响整个实体部门的典型去工业化。最大的羊毛工业中心莱顿的布料产量减少了75%，造船产量减少了90%～93%，捕捞产量减少了85%～90%，贸易逆差出现。本地工业的崩溃伴随着工业资本的外逃，工业资本主要流向英国——荷兰最危险的竞争对手。

不仅工业资本逃离了荷兰——到18世纪末，非常住居民（大部分也是荷兰人）拥有英国最大公司（英格兰银行、东印度公司、南海公司）20%的股份。这些公司通常是荷兰公司的直接竞争对手。此外，这些非常住居民拥有14%的英国公共债务，这些债务主要是因与荷兰的战争形成的。去工业化导致荷兰经济发展停滞，这种停滞持续了整个18世纪，就业者收入下降，其中很大一部分人陷入贫困，政治局势长期不稳定。结果，民众欢迎法国军队前来将自己从政府手中解放出来。

在美国，去工业化进程始于20世纪60年代中期。例如，在里根总统和老布什总统时代，整体就业人数平均每年增长1.4%，但工业领域却发生了相反的情况。钢铁行业每年流失6.1%的工人，金属加工业每年流失4.5%的工人，汽车和设备制造业每年流失1.5%的工人，服装和纺织业每年流失2%的工人。结果，克林顿任总统之前，有近200万个制造业工作岗位和50万个采矿业工作岗位被淘汰。1997年，约有1750万人受雇于美国工业。

美国工业就业人数连续出现了急剧下降——2000—2003年和2007—2009年，目前美国工业有1200万人就业，就业总人数约为1.43亿人。美国的就业人数反而从1990年的1.22亿人增加到2008年的1.43亿人，创造了2100万个就业岗位，其中40%在国营企业和医疗保健行业，其余主要在零售业、建筑业、酒店业和餐饮业。总体而言，98%的就业岗位来自“不对外经营的行业”，就是说来自境内销售的商品和服务。换句话说，2008年，在美国医疗保健行业就业人数比在工业就业人数多，而为政府工作的人数几乎是医疗保健行业就业人数的1.4倍（2200万人对1600万人）。在出口业务中，工业不如服务业。

因此，到2010年，美国去工业化率创下了新纪录，仅次于中国香港，但中国香港经济实际上有中国内地庞大工业的支持。与此同时，美国服务业没有（也不可能）取代工业创造出口。这个过程将导致以下后果：

第一，美国出口增长迅速，但越来越落后于进口。因此，美国工业实际上失去了国内市场，无法弥补外部市场的损失——工业产品贸易逆差不断扩大，从1992年的-2%增长到2008年的-8%。美国贸易平衡迅速恶化（自1976年以来一直处于逆差状态）。同时，如果说1997年的逆差是1000亿美元左右（这相对于美国经济规模微不足道），那么到2000年就接近4000亿美元，2007—2008年达到约7000亿美元。

贸易逆差导致国际收支出现逆差，只好通过对外贷款和发行美元来弥补。美国外债1989年为2.7万亿美元，2001年增至5.7万亿美元，2009年增至13万亿美元，2011年增至15万亿美元。目前，美国外债已达到17万亿美元，其中政府债务占近1/3。

第二，去工业化导致内需“突变”，内需一直被认为是美国的强项，历史上很少依赖国外市场。可是自里根担任总统以来，美国一直依赖特殊金融工具作为内需增长的主要动力。实际工资在20世纪70年代达到顶峰，到20世纪90年代中期下降，并在经过90年代后半期和21世纪初短暂上升后，跌至之前的水平。同时，按照著名经济学家菲尔普斯（Phelps）的观点，美国1983年后的实际通胀水平高于官方公布的通胀水平（尤其是1996年以来）。如果这是事实，增长就不是真的，21世纪初的景象则更差。

财富和国内需求的增长是由日益增加的贷款推动的，这些贷款门槛低，申请容易通过。结果导致民众负债累累，而银行则出现了大量坏账。由此造成国内需求的波动和银行体系的不稳定性。但是由于个人所得税是美国联邦预算收入第一来源，收入停滞意味着税基没有积极增长。在这种情况下，预算赤字和公共债务的快速增长只是时间问题。

所有这些现象的本质显然是去工业化。服务行业的工资平均比生产行业的工资少一半；但与服务员相比，技术熟练工人更难以招到；在服务行业，临时就业和兼职就业很普遍，在过去20年出现了巨大的增长；由于显而易见的原因，工会运动发展欠佳。工业收缩伴随着实际工资的停滞或下降，但即使是后者也没有导致美国经济竞争力的提高——廉价劳动力主要集中在非贸易行业。

第三，去工业化在很大程度上加剧了美国自1980年以来观察到的社会不平等现象。如果当时按收入计算，美国最富有的千分之一（0.1%）的人口占有1%多一点的国民收入，现在则提高到5%。这部分人口占有的财富比20世纪70年代和80年代精英阶层还要多。现在的收入不平等状况与20世纪20年代大致相同。究其原因，就是前面提到的服务业劳动力的特殊性，没有数量众多、有凝聚力、积极主动的“无产阶级”。同时，高度的社会不平等导致国内需求下降。

第四，去工业化的后果是股票、抵押贷款和其他市场“泡沫”的产生以及银行系统的扭曲。与服务业和其他行业相比，工业的资本密集度更高。由于去工业化，迟早会出现“钱多得没地方花”的情况。金融当局的行动可以使这种情况得到改善或进一步恶化，但总的来说，这是不可避免的。造成的后果一是前面提到的逐步提供信贷，包括抵押贷款；二是金融市场投机资本极大膨胀。结果发生众所周知的2008—2009年的经济危机。

如此来说，美国已经意识到什么是危机的根源，也知道坚持“老荷兰”模式的话会面临哪些风险挑战。经济注入金融活水，但经济增长还是难以恢复，这在很大程度上是因为这些资金实际上投向了外国工业和碳氢化合物生产商。

不过，美国也有优势。第一，美国拥有科技优势——在这方面德国、日本与美国的差距仍然很大。第二，美国拥有独特的机会来提升其在国外市场的经济利益。第三，（作为前两者的结果）美国拥有具有竞争力且快速增长的出口。第四，美国拥有强大的资源基础，其国内能源、电力等价格远低于欧洲和日本。第五，美国人口年轻化（与欧盟和日本相比），不会对养老金体系和预算造成巨大的负担，能够为工业提供劳动力。

大家可以看到，即使是工业潜力强大、技术领先的美国，也会面对去工业化的难题。俄罗斯的去工业化道路更危险，因为其为了追赶最先进国家的工业发展水平，已经付出相当大的努力。

大约 30 年前，研究去工业化现象的英国科学家阿莱克·凯恩克劳斯（Alexander Cairncross）指出，工业生产普遍下降①，工业产品占国内生产总值的比重下降，甚至工业产品出口减少是去工业化的主要特征。同时，他指出，这些并不是这种经济病的全部症状，并提到了其他一些症状：从以商品生产为主向以服务生产为主转变；工业产品出口减少，且持续时间足够长，导致贸易收支出现逆差（请注意并非总是如此）；等等。在此基础上，笔者分析经济对进口的依赖度及其退化并提出一系列前因后果。维特研究新兴工业发展所采取的方法与上述方法不同，认为去工业化可能在凯恩克劳斯提到的指标没有下降的情况下发生。

在我们看来，基于对表征工业化的四个基本组成部分（生产组织、技术保证、生产劳动性质和生产的产品）的负面趋势的分析研究去工业化现象似乎更有成效。去工业化伴随着劳动力和所用技术的简化、生产知识密集度的降低、生产潜力的破坏等。换句话说，工业生产和整个经济都在原始化，科学、技术和经济没有进步，甚至发生倒退。

随着去工业化的发展，原材料加工深度以及生产系统的设备、机床、机器和装置的技术水平都在降低，同时还伴随着人员素质下降、技能和能力丧失、资格水平下降、职业消失等。

以上所描述的现象即维特新兴工业发展研究所所称的“4D 效果”（类推众所周知的“4I 效果”）。这种现象导致的经济结果是整个生产活动领域、生产行业和工业普遍衰退，而且往往没有能力恢复。

“4D 效果”的主要特点是：

——无组织的生产过程（低水平的组织和生产控制）。

——使用技术的退化（生产技术水平下降）。

——生产劳动资格的丧失。

——被生产产品的非复杂化（简化）。

这些过程不可避免的后果：

① Cairncross A. What is deindustrialization? [R]// Deindustrialization. London: Pergamon, 1982: 5 - 17.

——制造企业的财务和经济状况不稳定。

——产业结构和组织的解体，以及许多其他的“非”（D）。

进一步发展，进口产品取代国内产品占领国内市场，成为满足人口需求的主要方式（由于国内商品短缺），国内人口收入转移到国外生产者。这破坏了国民经济的稳定性，导致经济退化和崩溃，经济结构发生扭曲，社会稳定性下降。

俄罗斯经济现状（原则上）是深度去工业化的结果，这不仅导致工业总产值下降，而且导致工业结构发生负面变化：采掘业份额增加，制造业份额减少。机械工程萎缩尤其严重，而机械工程产品是各种经济活动和社会领域的技术基础。

第 4 章

俄罗斯的工业发展：过去的教训

4.1 俄罗斯艰难的工业化之路

从历史的角度看，与最发达国家相比，俄罗斯帝国的工业化起步较晚。由于经济体制普遍落后，18 世纪至 19 世纪上半叶，俄罗斯帝国工业化步伐非常缓慢。尽管俄罗斯帝国的工业化在 19 世纪后 1/3 的时间里获得了巨大的推动力，但在 1861 年的农民改革和随之而来的其他一系列改革之后，工业革命迟迟没有进展。到 20 世纪初，俄罗斯帝国仍然是一个以农业为主的国家，尽管其建立了可观的工业体系。

苏联成立后，在两次世界大战期间，国家工业化进程加快，部分原因是恢复了在第一次世界大战和苏俄国内战争期间被摧毁的工业潜力，以及创造新的大规模工业生产。俄罗斯苏维埃联邦社会主义共和国电气化计划（简称“全俄电气化计划”）通过，这实际上成为苏联第一个恢复和综合发展工业的国家目标计划。随后，工业化进程是在有远景的国民经济发展五年计划的基础上进行的，这些计划具有集中性和指导性。这种工业化是被迫进行的，伴随着重大的人员伤亡和经济损失。然而，其保证了工业革命的完成，建立了完整的现代工业体系，并提供了必要的军事和经济基础，最终在与欧洲最强大的军事机器——纳粹德国的战争中取得胜利。

卫国战争后，工业化仍在继续。直到 20 世纪 80 年代，苏联才将工业作为经济的主导行业，体现在国家经济政策的导向上。因而创造了强大的生产力，那是现在仍在使用的生产力。

俄罗斯经济，取得过成功，也遭遇了危机。先后在很多经济重大项目中扮演着领头羊的角色或成为后进国家，历经多次变革。俄罗斯发展是自相矛盾的，是时候深刻反思并吸取教训了。

教训一：俄罗斯经济体系的所有根本变化都基于物质生产技术的质的进步。

18 世纪，俄罗斯帝国开始工业化。在许多技术的发展上，俄罗斯与世界上最先进的国家并驾齐驱：新的金属冶炼技术和第一台蒸汽机车是在俄国和英国同时发明的。20 世纪初，在第二次工业化浪潮中，俄罗斯和西方的科学家和工程师创造发明了收音机和飞机。20 世纪中叶的科技革命时代，苏联率先进入太空，建造了世界上第一座核电站……

历史经验表明，俄罗斯经济制度进步的基础是超前于时代的科技进步。根据古典政治经济学的规律，社会生产的物质技术是经济社会进步的根本基础。但是这个普遍的真理，现在已经被国内的一些改革者所遗忘，为此俄罗斯付出了技术落后和去工业化的代价（而且未来似乎也将不得不付出代价）。

从俄罗斯的历史事实中却可以得出相反的结论。

教训二：需要形成一种经济关系和制度体系，不仅要确保技术进步，还要持续产生强大的物质（而且不仅仅是）更新动力。

对此俄罗斯历史上有正反两方面的经验和教训。最早的例子是俄罗斯经济现代化的成功，当时国家与私营企业的共同努力推动了强大技术的发展，并在此基础上提高了劳动生产率、产品质量，因而提高了生活水平，增强了国家的地缘政治力量。

很多例子众所周知，如著名的彼得改革、在谢尔盖・尤利耶维奇・维特（Сергей Юльевич Витте）主持下进行的改革（笔者所在单位——维特新兴工业发展研究所）以及彼得・阿尔卡季耶维奇・斯托雷平（Петр Аркадьевич Столыпин）的改革，然而，这些改革既不彻底也不完整。同时这些改革如苏联现代化一样也伴随着巨大的代价。20 世纪 30 年代苏联的工业实力与军事实力是数百万囚犯的鲜血浇灌的，20 世纪 50—60 年代，苏联因科技腾飞而闻名于世，也因“玉米狂热”而被世界铭记……

俄罗斯历史上也有无数经济体系和整个公共生活的保守制度阻碍现代

化的例子。让我们回顾一下农奴制度，农奴制度在被欧洲废除的几个世纪后仍保留在俄罗斯帝国。苏联时期高度集权、官僚的国家行政体制减缓了生产和社会的进步。在苏联解体后的俄罗斯联邦历史中，我们看到了另一种极端——市场原旨主义——对经济的负面影响。

为了不重蹈覆辙，在经济改革中，不能把一些理论教条化和绝对化，特别是那些倡导中央计划和国家所有制的全能性或自由市场和私人企业都具有完全的先进性的理论。至于转型的教训，知名俄罗斯经济学家米哈伊尔图根·巴拉诺夫斯基（Михаил Туган－Барановский）和谢尔盖·格拉泽夫（Сергей Глазьев）曾多次提到，俄罗斯经济体系和机构应该创造极大的发展空间，促进技术进步、物质生产发展和人类素质提高。

教训三：现代史尚未完全形成。

21 世纪全球经济和国内经济面临史无前例的深层次矛盾的挑战。随着技术、制度等多样性和复杂性的增加，俄罗斯面临越来越多的基本不可预测的威胁。无论是自由市场的自我调节机制，还是之前的官僚体系，都无法应对这一过程。在经济领域，这种矛盾表现为欧盟不受控制的金融化和离心倾向，以及“边缘地区的叛乱”和世界经济危机等。

在社会政治领域，一方面，对这种自相矛盾的反应是对民主制度的拜物教化，这不仅破坏了道德底线，也影响到人类生存的基本条件；另一方面，这种反应使人类回到中世纪的蒙昧与黑暗。

俄罗斯也在努力通过制定经济和社会政策应对近代历史上的挑战。但很多时候，“鸵鸟”政策成为应对日益激烈的地缘经济和政治矛盾以及新技术挑战的反应。说得都挺好听，但到了关键时候，他们就把头埋进了沙子。俄罗斯同时坚持两种极其互相矛盾的方针：俄罗斯经济正在转向自由市场，地缘政治和意识形态以带有保守主义和大国主义色彩的方针为主。

毫无疑问，俄罗斯必须重生为世界强国，这对人民、国家和国际社会都是福利。可是大国不能当泥足巨人。

对于俄罗斯历史的第三个教训，现初步分析如下：21 世纪的俄罗斯经济，首先的基本要素包括以高科技、科学、教育和文化的进步与发展为依托的现代物质生产。

4.2　俄罗斯的工业潜力：维特的教训

在俄罗斯的某些地方，您会不由自主地感到自己被卷入历史。在圣彼得堡，几乎每一栋房子都有一段历史。但对我这个毕生致力研究经济学的学者来说，谢尔盖·尤利耶维奇·维特（Сергей Юльевич Витте）的房子变得尤其特别。不仅因为它离维特新兴工业发展研究所很近，而且因为 19 世纪末和 20 世纪的俄罗斯帝国经济学家们也面临同样的难题：寻找实现经济和社会现代化的方法，从而增加俄罗斯帝国的工业和知识财富。

不幸的是，在 19 世纪末维特的改革时代，这些问题也只是部分得到了解决。20 世纪末，俄罗斯联邦走上了完全不同的道路：经历了全面去工业化的时代。100 多年后，我们再次面对这所房子的主人所面临的问题。我不断进行自我提问：我所在的研究所以他的名字命名并非偶然，这位著名的改革者提出的理论哪些是对的，哪些又是错的。

我们可以从维特的遗产中，从前一个世纪的理论实践中汲取什么经验，以解决 21 世纪俄罗斯经济再工业化的问题？根本解决方案是：在经济领域，我们要培养最先进的技术和人才力量，否则我们的经济前景将绝不乐观。这就是维特改革的第一个教训。其既正确又抽象，现实让我们给出比较可行的一些针对性的解决方案。为此，重要的是要批判性地思考并运用已获得的成果，不要重蹈覆辙。

众所周知，在 19 世纪后 1/3 时间的俄罗斯，以机器生产为基础的工业飞速发展。这很大程度上得益于担任 11 年俄罗斯帝国财政部长的维特的一系列改革。

维特从新罗西斯克大学（敖德萨）毕业后开始了在经济领域的职业生涯。1870 年 5 月 1 日，维特开始在敖德萨铁路从事管理工作，并很快成为负责这条铁路的俄罗斯航运和贸易协会主席尼古拉·古奇哈乔夫（Н. М. Чихачев）的得力干将。1880 年 2 月，维特被任命为西南铁路协会行政部门的运营服务负责人，并移居基辅。此后维特的职业生涯发展迅速：1886 年，他担任西南铁路协会经理，1892 年 2 月，成为铁道部部长。在新官上任的几个月里，维特设法消除了已经司空见惯的大量未运输货物的堆积，并进行了铁路关税改革。一系列成功的改革使这位年轻领导人受到推崇，1892 年年底，维特被任命为财政部部长，1903 年辞职后，他转任有名无实的“大臣委员会”主席职位（1903—1906 年），但在俄国 1905 年革命这个很艰难的时期，1905 年 10 月维特重返政府担任俄罗斯帝国大臣会议主席。维特是《十月十七日宣言》的起草者。对这份沙皇俄国第一部宪法的前身，评价却极其分化，有人称赞，也有人指责，前者提出发表《十月十七日宣言》是沙皇俄国迈向民主决策的第一步，后者则指责其前后矛盾和局限性……

维特开始他的政治家生涯时，俄罗斯帝国已经经历了快速的工业增长。然而，其并不是真正意义上的工业发展，在很大程度上依赖于小型手工业或半手工业企业。工业在国民经济中的比重很低，与先进工业强国（英国、德国、美国）的差距极大。1861 年的农民改革在一定程度上重振了农业生产，但在农业领域中，能够为粮食产业、原材料工业的增长奠定坚实的基础，从而为工业解放劳动力的变革到最后没有成功。

为促进该国工业发展，维特提议加强铁路建设。这也有个人原因：维特在铁路管理领域拥有丰富的经验，被认为是铁路运费计算原则方面的专家。1883 年，他出版了《铁路运费计算原则》一书，后又重印两次（1884 年和 1910 年的增补版）。本书讲述的是市场定价原则。他认为，在确定铁路运费的大小时，不应从运输企业的成本入手，而应该考虑始发地和目的地的运输货物的价格水平，因为供给与需求对价格起决定性的作用。

维特的另一个重要意见是：如果没有足够的铁路线网络，就不可能有内部市场的有效运作。铁路连接全国各经济区，促进了生产的合理布局，保证了新资源参与经济流通。此外，铁路建设刺激了蒸汽机车、货车、铁轨、枕木、桥梁金属结构、车站建筑和构筑物等许多相关行业的发展。

维特成为财政部新成立的铁路司司长后，建议政府全面收购私营铁路公司，他认为这样可以大大提高俄罗斯铁路的运营效率。维特在这一职位的短暂任职期间推出的一系列改革影响深远，有趣的是，1889 年第一次在俄罗斯客运列车上出现的带把手的金属杯托至今仍在使用。

维特积极推动了西伯利亚大铁路建设。西伯利亚和远东偏远地区的铁路交通不仅具有重要的军事和政治战略意义，而且是保证自然资源储量最丰富的新领土经济发展的必要条件。没有铁路，就不可能确保在可预见的未来必要的人口迁移。因此，这其实是国家通过对基础设施项目的大量投资，以确保整个国民经济的渐进结构转变。在维特担任交通大臣、财政大臣期间，铁路建设飞速发展，铁路增加里程如表 4－1 所示。

表 4－1　1889—1912 年俄罗斯境内欧洲和亚洲部分国有与私营铁路公司的铁路营业里程（不包括芬兰铁路和中东铁路）

时间	期间铁路通车里程（俄里）	期末铁路营业里程（俄里）
1889—1891 年	1202	28389
1892—1894 年	4013	32402
1895—1897 年	5520	37922
1898—1900 年	10643	48565
1901—1903 年	4526	53091
1904—1906 年	4850	57941
1907—1909 年	2539	60480
1910—1912 年	2296	62776

资料来源：泰里 Э. 俄罗斯的经济转型［M］. 莫斯科：РОССПЭН 出版社，2008：100.

但俄罗斯仍然面对交通基础设施发展不足的问题。货运和客运铁路交通的运行速度远未达到世界标准。尤其是航空运输业，落后于世界先进水平，如同 100 年前的铁路运输业。交通不便仍是导致各地发展不平衡的因素之一，决定了俄罗斯经济解体和去工业化的趋势。对交通基础设施领域的投资活动不仅会对货物和人员流动产生积极影响，而且还能创造对高科技产品的国内需求。19 世纪末，维特清楚地意识到了这一点，而 100 多年后，并不是所有的俄罗斯经济学家和政治家都明白这一点。

维特也注重俄罗斯帝国经济发展的外部经济条件。维特坚持德国经济学家［包括弗里德里希·李斯特（Friedrich List）］经济发展理论，主张为了保护国内市场实行关税保护制度，这一立场与自由贸易政策相左，自由贸易政策主张商品自由进出口，在国际市场上自由竞争，并建议降低直至完全取消关税。历史实践表明，在民族工业发展的初期和复兴时期，几乎所有国家都通过保护性关税来保护其本国制造业免受来自经济强国的商品竞争。对发达国家来说，自由贸易政策有利于提高市场竞争力。

保护性关税使制成品难以进入关税保护国，从而鼓励制造商将生产转移到关税保护国，以便保护国内市场。因此，实行保护性关税吸引外资，而且关税也是俄罗斯预算的重要来源之一。

维特的理论思想得到了实施。1891 年，在维特与德米特里·伊万诺维奇·门捷列夫（Дмитрий Иванович Менделеев）的积极参与下俄国颁布了新的进出口税则。该关税率的推出在俄罗斯对外贸易政策中发挥了重要作用，成为国内发展中产业的保护性壁垒。结果，由于进口从 1892 年的 4.039 亿卢布增长到 1901 年的 5.934 亿卢布以及部分商品关税增加，海关收入从 1892 年的 1.305 亿卢布增长到 1901 年的 2.1217 亿卢布①。

从这个角度来看，这与俄罗斯为了尽快加入世贸组织已失去保护国内市场的不少机会息息相关。然而，即使在这种情况下，如果有政治意愿，也可以采取以非关税方式为主的灵活政策来保护国内生产（由于历史条件的改变）。

俄罗斯帝国预算的另一个重要收入来源是维特于 1895 年引入的国家酒类专卖。原酒的私人生产和贸易被允许，但精制酒精的生产权和烈性酒的生产贸易权都被转移到国家。对于维特来说，正在进行的改革的主要目标之一是提高烈性酒的质量。中央化学实验室和科学家团队［D. 门捷列夫（Д. И. Менделеев）、V. 小门捷列夫（В. Д. Менделеев）、N. 塔维尔达罗夫（Н. Тавилдаров）、M. 库切洛夫（М. Г. Кучеров）、A. 韦里戈（А. А. Вериго）、V. 克日扎诺夫斯基（В. Ю. Кржижановский）等］与财政部部长一起商讨解决了俄罗斯酒类专卖的所有问题。

改革的主要原则之一（连同伏特加的整个生产都集中在国家以及为全国建立单一的国家质量标准）是强制消除乙醇中的人工杂质，完全由谷物制成。20 世纪 90 年代初取消国家酒类专卖后，在工业普遍衰退的背景下，伏特加的产量稳步上升，而其无证生产却在增加。也许它是唯一的工业产品，其产量没有减少。但是这对俄罗斯预算和俄罗斯公民都不是好事。因此，以一种或另一种形式恢复国家酒类专卖的问题值得认真讨论，特别是在考虑到预算困难的情况下。

维特的改革之一是在 1897 年引入可自由兑换黄金的卢布，这对俄罗斯

① 勃兰特，谢尔盖·尤里耶维奇·维特. 文章补充［M］//布罗克豪斯，埃夫隆. 百科词典. 圣彼得堡：布罗克豪斯—埃夫隆出版社，1890－1907.

帝国经济产生了严重影响。这一措施加强了货币流通，促进了卢布的稳定，简化了对外经济交易流程，并促进了外国投资的流入。与此同时，卢布流通向金本位制的转化方便了俄罗斯帝国资本外逃，在经济困难时期加大了资本外逃的风险。

此外，这项改革需要大量的黄金储备，提升了维持货币流通的成本。因此，1899 年，黄金流通量为 4.514 亿卢布（比 1898 年增加了 3 倍，比 1897 年增加了 12.5 倍），纸币数量下降到 6.618 亿卢布。1900 年，黄金流通量又增加了 1.42 倍，之后增长趋于稳定，但总的来说，4 年多来，黄金流通量增加了近 18 倍。与此同时，纸币数量减少了 54%，导致民众流通货币供应量严重不足。1899 年，俄罗斯人均纸币数量为 10 卢布（25 法郎），奥地利为 50 法郎，德国为 112 法郎，美国为 115 法郎，英国为 136 法郎，法国为 218 法郎。作为对比，我们引用 1857 年的数据，当时俄罗斯还没有从自给经济过渡到货币经济，比率为 25 卢布（62.5 法郎）[①]。经济学家和政治家对向金本位制的过渡做出了模棱两可的评估。

在现代条件下，金本位制看似不合时宜，但扩大卢布的可兑换性似乎并非遥不可及的梦想，扩大使用卢布的外贸业务规模是有现实可能性的。然而，我们的经验（以及其他国家的经验）表明，可靠的、多元化的出口货物流结构将是维持卢布汇率稳定的最佳保证。

维特以直接投资和贷款形式广泛吸引国外投资的政策也引发了矛盾的趋势。一方面，俄罗斯国内工业资本积累基础薄弱，外商投资提高了国内工业增长的可能性。维特对此描述道："……使俄罗斯拥有经济实力，从而加强其对外国列强的独立性，并使俄罗斯有机会根据自然财富来满足需求。这是我们最大的任务。"[②] 解决这个问题需要国外资本的流入，"因此，我深信外国资本家涌入俄罗斯不应受到阻碍，相反，应该为他们敞开大门，因为他们向国家的经济机体注入必要的力量"[③]。此外，外国资本为俄罗斯提

---

① 涅奇沃洛多夫. 从破败走向繁荣[M]. 圣彼得堡,1906.

② 财政部部长 C. Ю. 维特和外交部长 M. H. 穆拉维约夫在皇帝尼古拉二世主席的关于俄罗斯现行贸易和工业政策基础的部长会议上的发言记录[R]. 圣彼得堡,1899 - 03 - 17.

③ 财政部部长 C. Ю. 维特和外交部长 M. H. 穆拉维约夫在皇帝尼古拉二世主席的关于俄罗斯现行贸易和工业政策基础的部长会议上的发言记录[R]. 圣彼得堡,1899 - 03 - 17.

供了现代工业设备，尤其是化学工业和电气工程。另一方面，国外资本几乎占据了俄罗斯所有现代工业部门的关键位置，不希望俄罗斯工业竞争力的增长，阻碍当时最先进技术的传播。

维特时期，对外国（主要是法国）金融资本的债务依赖没有达到严重威胁国内经济、引发支付危机的程度，然而，在他的继任者的领导下，外债的积累仍在继续。这导致俄罗斯帝国对法国的依赖，并影响了俄罗斯在第一次世界大战前夕和期间的立场，1914 年俄罗斯帝国作为协约国成员参加了第一次世界大战。

现代俄罗斯经济也需要吸引外国投资——出于与维特政策推出同样的考虑。但是我们不应该对其不利的一面视而不见：国家可能失去对国民经济关键领域的控制和外债增加的风险。今天，国内资本来源短缺问题并不像 19 世纪末和 20 世纪初那么严重，这在很大程度上取决于能否通过国内信贷和银行系统为工业发展提供优惠和负担得起的信贷。

1898 年，维特进行了工商业税收改革。在他担任财政部部长期间，国家预算增加了一倍多（1892 年约为 10 亿卢布，1903 年超过 20 亿卢布）。平均年预算增长率为 10.5%，而在过去 10 年为 2.7%，在接下来的 10 年为 5%。预算的增长主要是由于国家收益的增加、间接税的增加（在 19 世纪 90 年代增加了 42.7%）以及更广泛地对企业利润征收累进税（取代了以前的工业税制）。直接税的增加并不明显，主要包括住宅和城市房地产税。此外，一些直接税也减少了，例如土地税减半①。

如今，维特的税收政策很难被借鉴推广。在过去的 100 多年里，收入产生和税收征管的条件发生了数次重大变化。但我们应该向维特学习的是，税收制度要适应经济在特定发展阶段的运行状况。

由于认识到农业和工业之间的密切关系（农业的落后阻碍了工业的发展），维特寻求采取促进农业生产发展的措施。他认为有必要改革农民社区，鼓励自由退出。他认为，在集体土地使用中存在的“农户成员财产权的模糊性以及与户主相关义务的模糊性削弱了劳动的活力和生产力。由于在个人、家庭和财产关系方面缺乏强有力的和明确的法律秩序，农民人口

① http://www.xserver.ru/user/vitmr/1.shtml.

经历了很多困难”。因此，维特主张将农民经济转移到一般私法基础上：“现在，在解放改革的主要规定已经实施的情况下，绝对需要对农民进行最后的安排。要提升农民的人格，赋予他们与沙皇及所有臣民所享有的权利相对应的权利。”①

维特的这一立场在很长一段时间都得不到统治集团的支持。在他努力推动政策实施的过程中，我们注意到了为移民安置政策分配额外资金和减少俄罗斯东部地区农民移民安置的行政障碍。1903 年 2 月 12 日还通过了一项关于废除集体负责制、根据乡法院判决对农民进行体罚以及简化农民护照制度的法律。在维特的参与下，农民土地银行的活动得到了支持，小额信贷方面的法律法规也相继出台。

总的来说，维特未能在农业生产领域实现重大变革，他提出的方案在斯托雷平的改革中得以落实。

今天，国家的经济增长和经济安全仍然依赖于农业生产的发展水平。因此，农业状况的改善是保证俄罗斯再工业化战略有效实施不可或缺的条件。

维特在争取“财产权的规范和保护”（用现代术语来说）的斗争中的教训同样与俄罗斯现实情况具有相关性；就像 100 年前一样，这个问题与过去的残余有关：当时——封建土地使用权，现在——行政命令管理体制。

维特并没有将国家工业和整体经济增长问题仅仅局限于财政政策、货币和信贷政策以及金融政策的制定和实施。他注重社会问题的解决及劳动力（包括专家和普通工人）的维护和培养（包括主要专家的参与和人员的大量培养）。在维特的积极参与下，通过了劳动立法，特别是出台了企业工作时间限制的相关法律（1897 年）。

1902 年，在财政部的领导下，俄罗斯第一家国家新闻社——“贸易电报社”成立，即后来的“彼得格勒电报社”。在维特的邀请下，德米特里·伊万诺维奇·门捷列夫（Д. И. Менделеев）担任度量衡局局长，这位伟大的科学家很快对该机构进行精简改革。

---

① 维特. 1900—1902 年给米哈伊尔·亚历山德罗维奇大公殿下所作的关于国民经济和国家经济的讲座提纲[M]. 圣彼得堡,1912:112.

以维特为首的财政部在技术和商业教育领域做了大量工作。根据 1894 年 5 月 9 日的法律，商业学院隶属于财政部；1896 年 4 月 10 日，《商业教育机构条例》颁布，规定社会、城市、庄园和地方自治机构最广泛地参与商业知识的传播。与此同时，为建立最低类型的商业教育机构——贸易学校、商业知识班和课程奠定了基础。1894 年，只有 8 所商业学院；1896—1902 年共开办 147 所商业学校，在校学生 2 万余人（其中包括 51 所商业学院、43 所商业学校、30 个商业课程班和 23 个商业知识班）。1897 年 3 月 10 日关于农村实习工厂的法律为在农村人口中传播技术知识奠定了基础。1902 年 3 月 19 日的法律鼓励在工作环境中发展实践和技术教育。财政部采取一系列措施推动工艺美术和妇女职业教育。为了传播高等技术教育，成立基辅、华沙和圣彼得堡理工学院。1902 年财政部学制学生总人数突破 3 万人①。

但奇怪的是，在维特之后 100 多年，俄罗斯“突然”不得不面对人才短缺的问题。国内外历史经验一再表明，经济发展前景在很大程度上取决于普通和职业教育发展状况。我们绝对不能忘记维特的教训，不要将教育视为一个耗资巨大并会摧毁国家金库和商人钱包的项目。顺便说一句，维特领导下的商业学校网络部署的成功在很大程度上不依赖于预算支出，而是依赖于企业投资，而企业并没有试图将人员培训所有成本转移到国库中。

维特的一系列改革无疑对俄罗斯工业发展产生重大影响。然而，其计划的实施受到由俄罗斯帝国社会经济结构决定的经济发展条件的狭窄框架的阻碍。因此，短暂且引人注目的复苏很快被危机所取代。如表 4－2 所示，尽管俄罗斯的整体经济增长率超过了英国和法国，但事实证明还不足以与最具活力的工业强国——美国和德国竞争。

表 4－2　俄罗斯帝国（1887—1913 年）主要工业产品产量统计　单位：普特

产品	1887 年	1900 年	1913 年
铸铁	36.1	176.8	283
煤炭	276.2	986.4	2215

① 勃兰特・B. 谢尔盖・尤里耶维奇・维特. 文章补充[M]//布罗克豪斯，埃夫隆. 百科词典. 圣彼得堡：布罗克豪斯—埃夫隆出版社，1890－1907.

续表

产品	1887 年	1900 年	1913 年
钢铁	35.5	163	246.5
石油	155	631.1	561.3
棉花（加工）	11.5	16	25.9
糖	25.9	48.5	75.4

资料来源：Portal R. The industrialization of Russia [M]. Cambridge：Cambridge Economic History of Europe，1965：837，844.

显然，维特明白这一点，并在维持君主制稳定（他认为这是稳定经济发展的关键）和进行紧迫的社会经济变革之间做出了很多努力（尤其是1905—1906 年）。但是，他没有做出任何妥协，最终以革命的方式解决了这一问题。这个教训也不应该被遗忘。

第5章

俄罗斯的去工业化与新型工业化的挑战[①]

长期以来，俄罗斯奉行的经济政策原则上具有正确的战略目标——建立提供现代化发展战略的现代社会市场经济。然而，为实现这一目标而选择的手段——主要是“市场性的原教旨主义”意识形态和影子市场与政府“人工管理”实践的结合——造成俄罗斯经济的停滞以及引发随之而来的各种负面后果。

如前所述，俄罗斯的工业发展道路艰难，也经历了几个去工业化时期。

众所周知，在第一次世界大战之前，俄罗斯经济增长速度非常快，其是以不断发展的工业为基础的。“随着进入以第二代技术秩序为主导的成熟阶段，在已有技术基础上，独立的第三代技术秩序工艺链条已经形成并正在迅速蔓延。”俄罗斯院士谢尔盖·格拉济耶夫（Сергей Глазьев）这样描述俄罗斯的这段历史。

然而，世界大战，然后是内战、社会经济崩溃、经济关系断裂导致俄罗斯经济状况急剧恶化。俄罗斯退出了继续沿着科学、技术和工业进程道路前进的国家行列，进入长期去工业化时代。

众所周知，经济复苏的第一个重要步骤是通过了俄罗斯国家电气化计划。该计划是一项全国范围的长期计划，旨在恢复和发展基于那个历史时期第三代技术秩序的工艺的国内工业。然而，事实证明，过去五年出现的经济破坏和去工业化的影响是如此之强烈，以至于布尔什维克政府被迫宣布新经济政策（首先是恢复小规模经济和小规模生产），实际上是推迟了俄

① 本章根据《俄罗斯自由经济协会成立250周年庄严会议》报告编写。

罗斯国家电气化计划的工业部分。当时政府无法否定战前经济结构的自发恢复，因此，在战前技术基础上恢复了工业，与第二代技术秩序相对应。这导致这样一个事实，即到 20 世纪 30 年代，苏联发现工业效率低下（大部分为国有化企业），即使拥有 21 世纪初的技术，也无法在苏联经济体系中取得决定性的突破。国民经济需要的是工业化，但是苏联从 20 世纪 30 年代初才开始实施这一举措。

众所周知，在工业化的两个选项中——所谓的“印花布”（加速发展轻工业）和“机器制造”（强制发展重工业）——选择了第二个。这代表俄罗斯国家电气化计划以加速度回归。

在一定程度上（我们不会在这里分析以什么为代价）国内经济的工业化已经实现，在许多行业中，形成了第三代技术秩序的要素。

然而，苏联国民经济的工业发展进程再次被战争人为打断。工业遭到破坏，国家便不得不经历初级去工业化的另一个阶段。战后复兴走的是精确复原和复制（即事实上的冻结）全国广大地区战前第三代技术秩序的道路，虽然第四代技术秩序已经在发达国家经济中积极形成。这其实预先确定了俄罗斯工业运动的未来发展道路，即大约滞后一代技术秩序，近几十年来这种滞后情况在持续增加。

俄罗斯通过非常大的努力缩小了与较发达大国的长期差距（工业化领域）。尽管在 20 世纪下半叶，苏联凭借不断增长的工业和技术潜力成功发展为工业强国，但也有很多后遗症。20 世纪 80 年代，苏联在技术上落后于世界经济领先国家的现象越发明显。该政权的批评者将这种滞后与计划经济体系的缺陷联系起来。然而，随着市场改革的开始，国家对于工业的态度发生了巨大变化。“工业政策”一词从官方词汇中消失，具有强烈后工业主义意识形态的自由主义经济发展观占了上风。他们认为人类（无论如何所谓经济发达国家）已经进入了“后工业社会”阶段。在这样一种社会经济结构中，工业（以及相应的就业人员）的份额不断下降，而服务业的相应份额增加。

这种变化也反映在国家经济政策的调整上（连同私有化），结果俄罗斯遭遇自“二战”结束以来最大的工业衰退（苏联解体、传统经济关系破裂等也发挥了重要作用）。俄罗斯工业生产指数（占上年的百分比）1992 年为

84.0%、1993 年为 86.3%、1994 年为 78.4%、1995 年为 95.4%、1996 年为 95.4%、1997 年为 92.4%、1998 年为 101.0%、1999 年为 95.2%①。如果以 1991 年为基准年，根据俄罗斯联邦国家统计局数据计算的 1998 年累计工业生产指数为 48.2%，即全国工业生产总量下降了 50% 以上。俄罗斯经济经历了大规模的去工业化，其原因是所谓的“休克疗法”。与此同时，相关的执政者没有考虑到工业系统最重要的特征——它的惯性，它假设只有在开始经过一段时间（有时是相当长的时间）后才会产生需要的结果。国家没有给企业时间，也没有创造条件来适应共和国间经济关系的破裂和新的“市场”经济模式的产生。

我们再次强调，这种忽视民族工业的理论依据是基于信奉自由主义的国家应尽量减少对经济的干预以及世界经济向“后工业阶段”发展的思想。今天，这些观点的错误是显而易见的。然而，在 20 世纪 90 年代，关于俄罗斯经济政策的讨论基调是由自由派经济学家设定的。在其基础上，制定并实施了相关政策（不幸的是许多政策延续到今天）。

俄罗斯已经开始了人为的经济去工业化。由于国内生产大幅减少，进口份额占比逐渐提高，如今机床制造和轻工业进口份额超过 90%，重型工程、无线电电子和医疗设备进口份额为 80%。在其他一些基础行业（食品、矿业、能源、通信等），情况虽然相对好点，但也呈现类似趋势。因此，如果 2000 年俄罗斯进口了价值 100 亿美元的机械、设备和车辆，那么 14 年后它的价值就已经达到 1500 亿美元（多出 14 倍）。如今，俄罗斯严重依赖进口。

这在客观上增强了产业政策在现代经济体系中作用的发挥，产业政策成为解决经济和社会发展中积累的问题和矛盾的主要工具之一②。近年来，俄罗斯经济社会面临的地缘政治和地缘经济挑战，严重加剧了前几十年经济演进中发生的矛盾。同时，我们认为，这些矛盾已经达到威胁国家安全

---

① 下文中除非另有说明，否则均使用来自俄罗斯联邦国家统计局、俄罗斯经济发展部、俄罗斯财政部和俄罗斯银行的数据。

② 博德鲁诺夫. 俄罗斯经济再工业化：准则、潜力、风险［J］. 俄罗斯经济复兴，2013（1）：19－49；波波夫. 创建新的发展模式：现代化和向创新型经济转型的条件［J］. 圣彼得堡国立经济大学公报，2012（4）：18－26.

的程度。因此，今天迫切的任务是找到一种能充分利用自身能力和资源的经济增长新模式。

先前宣布的经济监管方法和原则需要修改。长期以来，国家奉行的经济政策名义上具有正确的战略目标，即建立提供现代化发展战略的现代社会市场经济。大家不得不同意许多国家战略、计划和其他文件中确定的目标、目的和优先事项。然而，为实现发展目标而选择的手段——首先是“市场性的原教旨主义”意识形态与维持影子市场和政府“人工”管理机构的做法相结合——引发经济停滞，以及随之而来的所有负面后果。20 多年货币政策开放模式的实施导致工业生产的崩溃。此外，这种模式还导致经济稳定性下降，进口依存度急剧上升，在高科技行业尤为明显。根据世界银行网站提供的数据，2003—2013 年，俄罗斯工业出口中高科技产品份额减少了 50% 以上，从 18.3% 降至 8.4%——在所有发达国家和发展中国家中是下降最严重的（数据在指定来源中给出）。俄罗斯的出口模式仍以低加工度产品（原材料和能源载体）的出口为主。例如，根据俄罗斯联邦国家统计局的数据，俄罗斯八家主要石油天然气公司的出口份额占 2014 年年初俄罗斯出口总值的 60% 以上，而非资源领域的出口份额下降到 25%。

就资源潜力而言，俄罗斯是世界上最富有的国家之一。俄罗斯人口仅占世界人口的 2.4%，领土面积占世界领土面积的 10%，拥有世界上 45% 的天然气储量、13% 的石油储量和 23% 的煤炭储量。俄罗斯人均耕地面积为 0.9 公顷——比芬兰多 80%、比美国多 30%。同时，根据专家研究①，国民经济中资源利用效率如下：自然为 25%、人力为 15%、金融为 10%、智力为 3.3%。俄罗斯资源潜力的开发水平估计为 18%，相比之下，美国为 76%、欧盟为 78%、日本为 88%。因此，现有经济体系依赖于自然资源的出口，不允许组织有效利用和使用出口收入进行技术现代化和经济结构更新。

可以肯定地说，目前的衰退——原则上——是我们经济深度去工业化的结果。

---

① 布利诺夫. 俄罗斯工业的创新和技术现代化——国家安全的基础 [J]. 可持续发展经济学，2013(13):44－50.

如果不注重现代技术的运用和转化，不发挥机器设备的使用潜力，就不可能谈及经济发展（特别是创新发展）的质的飞跃。对此，我们注意到以下几点：

第一，包括高新技术产业在内的去工业化进程与俄罗斯市场转型的特点密切相关。私有化和宏观经济政策选择过程中的许多扭曲，为燃料和原材料行业、金融市场、贸易和中介活动以及其他一些服务业的发展创造了相对有利的条件。苏联的制造业在某种程度上落后于世界水平，处于“投资饥饿”的境地，并没有实现现代化和提高竞争力的资源。这个问题没有得到解决，因为其不属于当前政策关注的重点。症结不在于没有引进国外投资来更新技术，而在于技术更新的内部资源没有被利用，因此退化了。国家研发经费大幅缩减，新兴业务不仅没有成为研发资金的来源，还“淘汰”了80%以上的企业内部研发机构。这根本与俄罗斯奉行的“市场原教旨主义”政策有关。

第二，至于如何解决去工业化及相关的一系列问题，通常谈论的是创造竞争环境的必要性。与此同时，经济理论教科书层面对“竞争环境”的研究盛行，其中理想竞争环境的主要特征之一（呈现以说明理论推理）是存在大量小型企业。这就是引导俄罗斯“私有化者”分裂大型企业的思想。市场经济当然需要竞争，但苏联企业的组织结构和资产构成与西方企业有很大区别。在打破经济联系的背景下，打破生产综合体的尝试并没有导致竞争加剧，而是导致尚未准备好在这种环境中“漂浮”的大型企业“碎片”的“淹没”。我们注意到，由于这种结构改革，分支科学从工业企业中分离出来。与生产关系断裂后，研究、设计、技术部门纷纷破产重组，生产技术水平大幅下降。然而这并没有促进竞争环境的产生，而只是扰乱了工业组织的发展，助长了去工业化。

第三，我们认为，导致去工业化的因素之一是得了“荷兰病”。21世纪初，金融资源的大量涌入（由于世界石油市场的有利条件）并没有扭转灾难性的局面。过剩的流动性没有用于发展现代化生产和固定资产更新，而是用于各种资金对冲或扩大内需。此外，国内需求主要靠进口满足，对国内生产的拉动作用乏力。

第四，俄罗斯工业企业在生产管理和组织结构方面较为落后。制造业的低盈利水平（低于金融业、服务业等）阻碍了对创新项目的投资，无论是在新技术领域还是在管理领域。造成制造业低盈利能力的原因主要是缺乏配套的国家信贷和税收政策。俄罗斯制造业获得长期和优惠资金的问题仍未解决。实际利率大大超过几乎所有制造业的盈利能力，这导致国家金融“窒息”和去工业化。

第五，关于国有企业在经济中的作用的认识需要转变。在传统自由主义框架内，经济公共部门的扩张被视为一个消极的过程。而且，根本没有令人信服的证据表明国有企业的效率总是低于民营企业。这个判断被当作一个公理。大家不能同意这一点。增加国家对所有权的参与度本身并不是一个特别的问题。主要问题是虽然国家大企业的形成和国家对大企业的扶持对高新技术产业（主要是国防工业）产生了影响，但并没有形成刺激制造业技术更新的机制。这个问题主要与国家在产业政策领域战略的模糊性——其目标和实现这些目标的手段的不确定性有关。

当然，需要彻底改变路线，从去工业化向再工业化过渡。任务很明确，考虑初始条件。如表5－1所示，当今俄罗斯经济的第一个特征是俄罗斯尚未恢复经济改革前的工业科技潜力，这对评估再工业化的可能性很重要。这种潜力在20世纪90年代的系统性危机期间被摧毁了一半以上。

表5－1　工业生产恢复动态（1991年＝100）

项目	1998年	2008年	2009年	2012年	2015年（预测）*
国内生产总值	60.5	117.8	108.6	122.1	138.2
整个工业：	48.2	85.4	77.5	90.0	101.3
矿业	167.2	105.6	104.9	112.0	113.6
制造业	40.7	82.9	70.3	87.1	101.4

注：* 为事实表明这一预测过于乐观。

以机器制造业为例，如表5－2所示，根据2011年的结果，机械制造产品生产量为1990年的一半多，部分品种出现了前所未有的降幅。

表 5－2　机械工程中部分类型产品的产量动态

项目	1990 年	2011 年
涡轮机（百万千瓦）	12.5	6.8
轮式拖拉机（千台）	77.8	12.7
履带拖拉机（千台）	63.8	1.72
谷物收割机（千台）	65.7	6.2
草料收割机（千台）	10.1	0.286
挤奶机（千台）	30.7	2.6
纺纱机（台）	1509	27
织机（台）	18300	9
卡车（千辆）	665	207

就机械和设备生产占制造业的份额而言，俄罗斯经济远远落后于其主要竞争对手（如表 5－3）。

表 5－3　机械和设备生产占制造业的份额

国家	年份	机械和设备生产占制造业份额（%）
俄罗斯	2011	21.5
美国	2007	32.5
德国	2008	42.8
英国	2007	29.8
法国	2008	27.9
日本	2007	44.4
巴西	2007	26.9
中国	2009	33.6

如表 5－4 所示，国内机械制造之所以下滑主要是因为机床制造业产量的快速下滑。到 2012 年，机械和设备产量仅勉强超过 1991 年的 50%，甚至达不到 2008 年的水平，当时机床制造业产量比 1991 年减少了 90%。与此同时，发达国家加大生产，俄罗斯和竞争对手国家差距越来越大（见表 5－5）。

表 5－4　按工业经济活动类型分类的生产动态（1991 年 ＝ 100）

项目	1998 年	2008 年	2009 年	2012 年	2015 年	2020 年（预测）
机器和设备生产：	38.1*	63.3	43.4	53.5	66.8	
金属切削机	11.2	7.2	2.8	5.1	7.7	9.6**

续表

项目	1998 年	2008 年	2009 年	2012 年	2015 年	2020 年（预测）
锻压机	5.4	11.5	5.3	8.3	8.2 **	11.3 **

注：* 代表 1995 年年度数据；* * 代表依据为俄罗斯联邦工业和贸易部制定的《2020 年前工业发展规划》。

资料来源：俄罗斯工业和贸易部，2013 年。

表 5－5　金属切削机床产量　　单位：台

国家	钻床和铣床		车床	
	2007 年	2008 年	2007 年	2008 年
俄罗斯	2826	2408	1360	1412
德国	15721	45370	6574	23342
美国	9246	8139	6210	7416
日本	16544	14311	27761	26998
巴西	9127	11799	13344	5429

机床制造业发展的滞后导致生产设备的老化和技术的落后，这涉及当今经济形势的技术层面。接下来我们来看当前现代化的第二个重要特征。2012 年以来，俄罗斯经济增速不断放缓，2014 年年初近乎为零。俄罗斯可能正在进入一场全面的衰退。制造业的情况尤其糟糕，因为 2013 年年底该行业总平均“几乎为零”的指标是通过将矿产产量增长的非零指标与制造业指标算术相加得出的行业指标。而工业作为经济的基础，对这些指标的变化影响不大。有一个明显的相关性，工业停滞往往伴随着经济停滞，从而进一步对国家政治稳定带来负面的影响。

我们提出的再工业化是基于高科技主导发展的再工业化。笔者要强调的是，与其说是苏联工业的复兴，不如说是物质生产技术基础质的更新。再工业化（“新工业化”）作为一项经济政策的主要目标，包含一套具体措施，是恢复工业在国家经济中的基础地位，以及基于新的先进技术秩序在俄罗斯现代化框架内发展物质生产和实体经济的优先事项。

我们强调，创建行业质量新技术基础的任务与知名科学家关于需要转向新的生产物质基础的论点完全符合，如基于第五代和第六代技术秩序的广泛使用（格拉济耶夫），信息化、小型化、个性化和网络化生产组织［曼纽尔·卡斯特尔（M. Castells）］，以及工人创造潜能的广泛运用［亚历山大·布兹加林（Александр Бузгалин），A. 科尔加诺夫（А. И. Колганов），V. 克拉西利希科夫（В. А. Красильщиков），A. 萨卡亚（А. Т. Сакайя）］。但这些任务与自由派长期坚持的优先发展服务业、金融业、代理服务等理念相矛盾，这些行业曾被他们视为世界经济发展的主要趋势。

没有物质生产与教育和科学的深度融合，上述问题的解决是不可能的。同时，在实际应用中，科产教一体化是实施俄罗斯再工业化战略的必要组织条件和前提。

此外，物质生产本身必须应对技术和人类发展的挑战。物质生产的变革应该是系统的、整体的。主要涉及以下关键点：

——更新技术流程的内容。

——工业企业结构的变化（微观水平）。

——工业行业结构的变化（宏观水平）。

——改变生产组织/本地化的方法。

——形成新型产业合作。

——加强产学研结合。

——过渡到生产创新过程的“连续性”意识形态。

——建立旨在促进工业/科技进步的经济关系和机构。

第一，有必要停止盲目复制俄罗斯工业退化时期之前的模式，包括行业结构和技术秩序。我们面临着创建与21世纪前沿科技相适应的新型产业体系的任务。其特征为：了解生产的集约化性质、灵活适应不断变化的需求、个性化生产（如开发3D打印机）以及精简组织和优化流程……

第二，必须调整产业结构和产业布局、产业内部结构和合作方式、产业和科教融合模式。

第三，有必要建立经济关系和体制，以确保全新型物质生产的进步（也许是最重要的）。

这是一项积极的产业政策，旨在支持那些实施上述命令的企业家，以创造一种质量上全新的物质生产；为他们创造有利的信贷和金融条件；提高尽职尽责的物质劳动的声望，并以此为前提减少社会不平等；优先发展国家支持的科教；保护国内生产市场及将其推广至全球市场。

第6章

俄罗斯经济体系的技术秩序和更新：政治和经济方面[①]

6.1 技术秩序

经济工业化框架内的技术发展不仅在生产方面而且在整个社会生活方式方面都带来了重大的质变。量的积累达到一定的程度，就会发生质变，为社会提供新的需求满足水平，以及质的扩展的可能性。

重要的是，我们不要局限于生产力进步对社会生产关系影响的抽象公式。有必要找到划分工程和技术发展不同阶段的标准，这决定了社会需求水平、方法和满足程度的质的差异。这种允许将定量标准引入研究的划分可以基于格拉济耶夫和德米特里·利沃夫（Дмитрий Львов）院士联合提出的技术秩序理论。在他们看来，技术秩序是一个由具有相同技术水平的相互关联的产业（包括相互依存的技术链）组成的系统，可以看作一个比较一般的经济系统的子系统，以替代其他子系统，如行业。

以某种方式识别相互关联的技术复合体和技术发展的相应阶段在科学上有着悠久的历史。约瑟夫·熊彼特（Joseph Schumpeter）还指出，创新的发展在时间上是离散的。他认为企业家的创新活动导致生产技术更新，是获得竞争优势的一个因素和经济发展的主要引擎[②]。熊彼特将创新浪潮发生的时间间隔称为集群（cluster[③]），但“创新浪潮”（来自英语 waves of inno-

---

① “政治经济学：形成研究主题”，莫斯科，俄罗斯自由经济协会，2015 年 6 月 10 日。

② 熊彼特. 经济发展理论［M］. 莫斯科，1983.

③ 缅希科夫. 经济长波：当社会变革时［M］. 莫斯科：Ленанд 出版社，2014：192.

vation）的提法更为常用①。

1975 年，联邦德国科学家格哈德·门施（Gerhard Mensch）提出了“技术生产方式”一词（来自德语 Technik Systeme）。1970—1980 年，创新扩散思想的拥护者英国人克里斯托夫·弗里曼（Christopher Freeman）提出了技术经济范式的概念，在此基础上，其学生卡洛塔·佩雷斯（Carlota Perez）又进行了进一步的拓展研究②。国内经济学中使用的“技术秩序”一词是创新浪潮、技术经济范式、技术生产方式等概念的类比，由利沃夫和格拉济耶夫于 1986 年首次提出③。

根据格拉济耶夫的定义，技术秩序是一种整体及可持续的构成。在其框架内，进行一个密闭循环，从原始资源的开采和获取开始，到与公共消费类型相对应的最终产品的形成结束。技术秩序的核心是一套已经使用了相当长的时间或者实际上是经济领域和行业特征的基础技术。决定核心形成的技术创新为关键因素。密集使用关键因素并在新的技术秩序传播中发挥主导作用的行业便是载体④。每一代新的技术秩序形成的物质条件都是在前一代技术秩序的发展过程中形成的。经济的发展经历了一个持续和渐进的秩序变化，在秩序形成的初始阶段，各秩序使用旧的能源载体和基础设施：交通（在格拉济耶夫的理论中）、信息和通信（对大多数经济创新发展理论的研究者而言）。在形成和创造独特与适当的基础设施之后，在主要经济部门建立主导模式，取代旧的模式。在技术秩序的决定性特征中，除了其核心之外，格拉济耶夫特别指出组织和经济的调控机制⑤。

每一代新的技术秩序都大大推动了社会生产可能性曲线的极限。与此同时，生产组织正在发生重大变化，有助于提高主要要素（劳动力和资本）的使用效率。从第四秩序开始，技术进步开始作为重要的驱动要素被纳入研究。国外研究表明，在不同时期技术进步对经济增长的贡献曾经从 20%

---

① 布劳格，熊彼特．凯恩斯以前的 100 位著名经济学家［M］．圣彼得堡：Экономикус 出版社，2008：333．

② 佩雷斯．技术革命和金融资本：泡沫动力和繁荣时期［M］．莫斯科：Дело 出版社，2011．

③ 利沃夫．科技进展管理的理论与应用［J］．经济学和数学方法，1986（5）．

④ 纳米技术是新经济技术模式的关键因素［M］．莫斯科：Тровант 出版社，2009：11．

⑤ 古里耶娃．技术经济范式的概念［J/OL］．创新经济，2004（10）．

增长到近 80%（考虑到研究方法的特殊性）。在发达国家，技术创新的发展和实施是社会经济发展的决定性因素，是经济安全的保障。因此，在美国，技术进步对人均国民收入增长的贡献率高达 90%①。

上述观点与西方社会学家和未来学家［贝尔、阿尔文·托夫勒（Alvin Toffler）、卡斯特尔、萨卡亚等］对技术演进和经济体系变化相互影响的研究有很多共同点。“后工业社会”“信息社会”“第三次浪潮”等概念的形成，表达了在技术变革影响下对社会经济变迁的研究兴趣。然而，这些概念本质上主要是描述性的，并没有形成新的理论来解释内在的性质和规律。此外，他们过分夸大后工业化趋势的重要性，对削弱发达国家生产潜力的去工业化和金融化的发展不够重视。

鉴于上述情况，贝尔和他的俄罗斯同事为未来经济将成为“服务型社会”做出的正式辩解②，以及同一作者将未来经济等同于知识经济的呼吁，听上去似乎不是很有说服力。在批判性研究中，人们可以找到描述技术进步所产生的经济系统变化的特征依据。研究结果非常令人信服地表明，技术的变化，主要与主导生产因素和行业转变有关，由此引发其他层面经济生活的变化，包括制度、占主导地位的社会结构（从全球层面到家庭层面）、意识形态、政治行动方式等。

历史发展进程的演化基于五代技术秩序的变化，这与 N. 康德拉季耶夫（Н. Д. Кондратьев）的长波理论具有一致性。请注意，如果一代新技术秩序的出现和传播恰逢康德拉季耶夫周期的上升阶段，那么当产生它的浪潮已经成为过去式，并被新的浪潮取代时，这种秩序将会继续存在。在经济学文献中，通常区分为六代技术秩序。

第一代技术秩序（1770—1830 年）是机器技术在纺织工业中传播的结果。主要代表性行业是纺织业。

---

① 古里耶娃. 技术经济范式的概念[J/OL]. 创新经济,2004(10).

② “后工业社会是这样一个社会,其经济重点已经从主要的商品生产转向服务生产……”贝尔. 即将到来的后工业社会:社会预测实验[M]. 莫斯科:Логос 出版社,2000: 120;贝尔. 后工业社会[M]//沙赫纳扎罗夫. “美国模式”:与未来爆发冲突. 莫斯科:Прогресс 出版社,1984:16 – 24. 在俄罗斯,继续 D. Bell 研究的工作由 V. L. Inozemtsev 进行(见伊诺泽姆采夫. 超脱经济社会[M]. 莫斯科,1998)。

第二代技术秩序（1830—1880 年）与蒸汽机的出现、铁路运输的发展和横贯大陆的轮船通信有关。许多生产行业都实现了机械化。主要代表性行业是铁路设备、蒸汽机和钢铁的生产。

第三代技术秩序（1880—1930 年）的特点是电力工业的发展和内燃机的出现，重型工程、电气工程及航空和汽车工业的发展，以及无线电、电话和电报作为通信手段。

第四代技术秩序（1930—1980 年）基于内燃机的广泛使用，石油、石油产品和天然气的使用，石化技术的发展，合成材料的出现和推广以及计算机和软件的发明、太空技术的发展。

第五代技术秩序（从 20 世纪 80 年代初到现在）的特点是基于微电子和信息学领域信息和通信技术的广泛传播，以及正在开发的生物技术（包括基因工程）、机器人技术、光纤和空间通信系统。

在 21 世纪前 10 年第六代技术秩序已经开始出现，正如预期的那样，其特点是生物技术、其他非机器和混合机器技术、纳米技术等被广泛使用。

在不同文献中，构成技术秩序核心的关键技术和行业及其时间框架可能会有所不同。最主要的是，这些技术秩序代表了一个连贯的技术体系，其中技术秩序的核心将所有环节与技术链条联系起来。各环节的技术和经济联系程度决定了技术秩序的效率及新技术的产业间和区域转移速度。

每一代技术秩序都为社会发展新阶段打下了基础，成为变革的关键因素。但是，不能简单地从技术的变化中推导出社会发展的新阶段，把社会生活的一切变化都归结为技术创新的影响。社会结构，即使只考虑社会经济制度，也要复杂得多。理解社会发生的变化只能基于先进的科学研究方法，其基础是政治经济学。

6.2 研究社会经济体系的政治经济学原理

理论经济研究应该与解决经济生活中的实际问题联系起来——对这个命题大家已经达成了共识。接下来的命题更具争议性，我们认为它是直接从第一个命题中得到的：今天，从政治和经济的角度去看待俄罗斯经济体系问题的决心，比以往任何时候都更有必要被复兴[①]。

乍一看，政治经济学离经济生活很远。事实上，情况并非如此。政治经济学讨论的主题将理论问题和实践问题有机地结合起来，已被证明是最行之有效的理论。

政治经济学能够解答我们时代的主要挑战，确定国家社会经济发展战略的基础，照亮我们前行的道路。现代俄罗斯经济的关键问题是俄罗斯的工业复兴、高科技物质生产的创造以及与科学教育相结合。这不仅仅是涉及选择最有效的生产部门结构[②]，更是形成能够为技术现代化和工业增长提供内部动力的新俄罗斯经济体系。

政治经济学科学的主题和方法的特殊性，让我们能够兼顾问题的政治性和经济性。我们将引用一些众所周知的政治和经济研究中的概念，这里特别要提到布兹加林[③]和 A. 波罗霍夫斯基（A. A. Порховский）[④] 的文献。

第一，政治经济学的研究对象主要是广义上人们在物质生产过程中的客观关系——既包括生产本身，也包括交换、分配和消费。要强调的是，后者恰恰是生产中客观的社会关系。这正是政治经济学界与经济学界备受推崇的“economics”的根本区别。后者研究的重点是个人的选择，主要是在交换领域，而不是在生产领域。

对于我们正在研究的“再工业化”概念，政治经济学的研究方法是最合适的。使用这种方法不仅可以关注生产本身，还可以了解其背后的客观规律，以及为什么需要通过某些机制恢复物质生产。物质生产本身可以而且应该是经济发展的优先主张领域，长期以来却一直被“市场原教旨主义”的支持者“鄙视”，结果就是——经济的深度去工业化。与其不同的是，再工业化“说服”了政治经济学家，他们批评对中间（次级）领域发展的“热情”会损害物质生产。

---

① 参见：Журнал экономической теории，2013（2）. 主编是俄罗斯科学院院士、经济学博士，俄罗斯科学院乌拉尔分院经济研究所所长 A. 塔塔尔金（A. И. Татаркин）。

② 博德鲁诺夫. 俄罗斯需要什么样的工业化？［J］. 俄罗斯经济复兴，2015（2）：6－17；梁赞诺夫. 俄罗斯新工业化：战略目标和当前优先事项［J］. 俄罗斯经济复兴，2014（2）：17－25.

③ 布兹加林. 经济学和“经济帝国主义”：还有其他选择［J］. 政治经济学问题，2012（1）：19－35.

④ 波罗霍夫斯基. 世纪之交的政治经济学［J/OL］. 政治经济学问题，2012（1）：3－18.

第二，政治经济学一直强调发展的必要性，在这种发展中，生产的物质和技术基础（马克思主义——生产力）和社会经济生产关系的辩证相互适应性将得到保证。至于对经济与技术领域之间相互作用的研究，则需要了解技术领域的演变模式。

让我们利用格拉济耶夫技术秩序理论来具体和深入地分析俄罗斯经济体系。我们认同这位著名科学家的许多结论。让我们通过及时过渡到新的经济秩序来探讨经济动态的形成原因，以及新技术秩序的形成与社会经济结构和整个生活方式的变化之间的关系。

如前所述，一些研究所谓后工业社会问题的科学家对技术的作用表现出相似的观点。布兹加林、波罗霍夫斯基和托夫勒的观点是强调物质生产、就业结构等新技术的发展，这一点非常重要，我们将在分析俄罗斯经济的具体情况时用到这一点。

我们强调，所有这些研究主要基于经济发达国家的情况。但是，西方社会学家和未来学家的观察在多大程度上适用于俄罗斯？我们观察到的现实和趋势是否有所不同？我们可以在多大程度上依赖西方研究的预测？这些问题的答案在很大程度上决定了我们如何处理社会经济层面的研究。

如果说，至少对于像俄罗斯这样的国家而言，我们关于保留物质生产基本行业中的决定性作用的结论是正确的，那么经济关系和制度体系应该被看作一种在物质生产中形成的关系体系来研究。未来的经济关系和制度体系取决于物质生产发展的现有状态和未来期望的方向。因此，关于俄罗斯再工业化问题的研究，得出以下结论：要想取得物质的高科技生产的进步，仅仅依靠以自由市场关系和私人所有财产为基础的古典自由主义形式是行不通的。例如，发展集现代物质生产、科教为一体的复合型集群，不仅需要充分的市场条件（产权及合同保障等），还需要建立公私合作伙伴关系和国家对此类集群的长期支持计划（低息贷款、与私人投资相关的国家投资项目、“免税期”等）。

第三，需要强调使用政治和经济方法（研究经济现实的历史系统分析方法）的重要性。这种在现代经济理论中广为人知的方法很少用于基于意识形态范式（自由主义或保守主义）描述经济的各种要素（特别是俄罗斯经济要素）的研究中①。

历史系统分析方法需要研究经济要素以及内在联系和体系的质量，在这里体系的质量至关重要。更重要的是将经济体系作为更广泛的整体的一个组成部分来考虑，并结合外部因素。对我们来说，经济不仅仅是一个可以让理性主体在其中互相运作的领域，更是一个在经济体系中经历了各种历史发展的多面体，其中也包括俄罗斯经济体系。它有自己的发展规律，以一种特定于人类的空间和文明的方式，折射出经济发展的一般规律。我们的政治经济学家并没有为俄罗斯发明一个特殊的欧姆定律。政治经济学家认为，在不同社会空间的不同发展阶段，市场和其他经济现象所固有的客观经济关系具有各自的特点。因此，谈到市场和国家监管、私有财产或国家财产的利弊时，应该考虑所讨论的是哪种国家制度——是欧亚大陆国土面积最大的俄罗斯，还是小一点的比利时？我们不能忘记，与 20 世纪 90 年代的俄罗斯相比，目前俄罗斯积极实现再工业化和进口替换政策，局势已经完全不同了，具有不同的地缘政治和经济目标体系。对此，应该以不同的方式解决问题。

因此，为了理解经济系统，有必要研究其存在和运行的物质和技术前提，以及其赖以生存的社会文化环境。后者包括意识形态、社会心理、政治、民族文化和其他成分——国家文明的特殊性。重要的是要了解这些因素如何影响经济关系和制度的形成以及其运作规律。这尤其涉及对经济系统在以下层面的直接联系和反馈的分析：

（1）技术秩序。

（2）社会经济关系以及经济和法律制度。

---

①　俄罗斯科学院通讯院士格奥尔吉·克莱纳（Клейнер）强调："……系统不被理解为一组以某种方式相互连接的元素（内生定义），而是周围世界在空间和时间上相对稳定的整体部分，根据将其与周围世界分开的空间或功能特征（外生定义）……在这种新范式中，经济被视为一个动态整体，是由相互作用、转变或演变的若干组成部分结合而成的，因此，一方面，能够替代新古典主义范式，并放弃宏观和微观经济学的概念；另一方面，也将新古典主义经济学、制度经济学和发展经济学这三个单独的概念组合起来。"［克莱纳. 战略规划：系统方法的基础［M］//经济现代化与社会发展（共 3 册），第 2 册. 莫斯科：高等经济大学出版社，2008］类似的方法可以在科尔纳伊的著作中找到，他也认为经济学家的研究对象"是一个与其他系统相互作用的整体系统，包括包含它的更大的系统。同时，每一个经济系统都存在于经济、政治、意识形态、心理、文化等相互作用的领域，因此，如果从某一相关学科的角度来看，分析将是不完整的和肤浅的"｛科尔奈. 体制范式［J/OL］. 经济学问题，2002（4）｝。

（3）文明和社会文化的共同之处和趋势。

第四，没有政治经济学，就不可能充分理解经济发展的“人的方面”的作用，例如，认识到知识在现代经济日益增长的重要性。政治经济学证明了科学和教育在经济发展模式转变中发挥了关键作用，这种模式不仅允许在最新技术基础上进行再工业化，而且为经济的持续现代化开辟了道路[①]。

第五，关于社会和政治决定因素、主要组成部分和趋势的考虑。在俄罗斯经济模式中，非经济因素发挥了重要作用。许多著名科学家，特别是波罗霍夫斯基强调了非经济要素对俄罗斯的重要性[②]。在转型过程中，国家政治结构对经济体系的形成轨迹的影响正在加剧。虽然以上是一个众所周知的结论，但并不总是被积极地运用于制定经济战略：俄罗斯社会政治制度的好坏在很大程度上取决于经济制度的好坏，更准确地说，政治制度的好坏决定了可以形成经济制度的有利环境[③]。

在莫斯科国立大学政治经济学派理论研究方法的基础上，俄罗斯科学院经济研究所研究人员做了进一步的拓展，即在政治、社会、文明和其他因素相互作用的背景下考虑经济系统的参数，同时考虑到它们的整体性，这使得经济过程拥有了复杂的历史背景。典型代表如列奥尼德·阿巴尔金（Леонид Абалкин）在相关著作中对现代进步的逻辑可以通过历史综合描述。其本质是在一个广阔的历史背景下，考虑全球发展趋势、个人权利和自由、生活社会化的各种联系和交织作用所导致的社会经济变迁。同时还

---

① 斯莫林. 人类发展是 21 世纪现代化的基础[J]. 俄罗斯经济复兴,2015(2):34-37.

② 在实施俄罗斯市场模式的经济和非经济因素结构中,除了民主制度之外别无选择。历史和实践已经证明,只有民主制度的完全主导才能打破官员的垄断、商业的独裁和人民对权力的不信任。失去这条链条上的任何一环都会在俄罗斯人民心中保留近年来出现的对市场和民主的偏见。{波罗霍夫斯基. 俄罗斯市场模式:实现途径[J/OL]. 经济学问题,2007(10):35}

③ “非经济因素继续主导市场发展的客观规律,竞争机制受到抑制,业主和企业往往束手无策,经济整体仍未形成适度的结构信息技术阶段。”{波罗霍夫斯基. 现代发展与经济利益[J/OL]. 政治经济学问题,2013(2):25}

考虑到文明类型社会结构的独特性①。这个结论被以 D. 索罗金（Д. Е. Сорокин）② 为代表的学派继承和进一步发展。

政治经济学结合了两个概念——政治学和经济学——并非巧合。考虑到经济过程的社会政治成分是其重要优势，其特别关注的领域是公共利益、社会结构、国家活动和经济政策。格林伯格特别强调了这一方面③。

6.3　经济系统的动态：问题和矛盾

社会经济子系统是一个动态的、快速发展的系统。此类系统的特点是在发展过程中内部矛盾不断增长。这是系统元素之间冲突的增长、其元素集的更新和变化，以及它们之间的关系和其构建结构原则的改变。这种矛盾作为系统质变的引擎，通过系统的质变以及动态系统的转变而得到解决。

历史和现存的经济制度向我们展示了不断变化的过程，制度不断更新迭代。社会技术基础的变化是主要驱动力，决定了新的需求体系的形成，促使公共领域新的“参与者”（新的阶级、阶层、社会专业团体……）的出现，产生代表不同公共利益的集团。结果，经济体系的关系和要素之间的冲突加剧，社会群体为最大限度地满足自身利益而进行的斗争（这不可避免地与经济资源分配和获取渠道的竞争相关）加剧。

这种转变很少以演进的方式发生，更常见的是它们导致系统初始状态的非演进性崩溃或革命性的转变。周期性的革命变化是社会发展的规律之一，但其形式可以不同。将经济和社会进程的规划方法和科学预测方法引入经济发展的实践中，有助于消除经济体制的根本转变所造成的剧烈社会动荡和负面影响。由于中国经济社会具有高度的可管理性和发展的可预测性，因此中国使用此类方法发挥了重要作用。在过去的 35 年间，中国避免

① 阿巴尔金. 俄罗斯：寻找自决[M]. 莫斯科，2005：51.

② “社会经济生活代理人的真正运动取决于构成这个社会完整性的整套制度的综合行动”。我们正确地称它们为公民社会的非市场机构、调节经济生活的市场和国家机制。“现代社会经济生活调节机制的这三个组成部分有机结合、相辅相成，产生协同效应。这种效果表现在沿着特定社会价值取向的实现路径的稳步追随，这是任何这些机构都无法单独提供的”（索罗金. 体制转型的政治和经济指导方针：中国与俄罗斯[M]. 莫斯科，2003：72，75，76）。

③ 格林伯格. 自由与正义：俄罗斯面临的假两难的诱惑[M]. 莫斯科：ИНФРА－М 出版社，2012：416.

了重大的社会和经济动荡。然而，要做到这一点，统治阶级不应将对社会管理的科学支持仅仅视为对其决策的意识形态所做出的掩饰。

基于政治经济学的科学方法可以探索社会的内部动态，了解潜在冲突、矛盾的本质以及经济和技术进步的源泉。因此，对于政治经济学来说，研究一个特定的经济体系产生哪些社会阶层（以及所占比例）是很重要的。这个问题对于我们正在考虑的振兴高科技物质生产的任务也很重要。哪个社会阶层将成为解决这个问题的动能？它有什么驱动力？经济发展的客观规律会把什么样的社会力量推上风口浪尖，这些社会力量的活动又将如何与重振物质生产的客观需要联系起来？这是政治经济学研究的任务。这种方法引导俄罗斯科学院经济研究所的研究人员及莫斯科国立大学的同事研究经济体系的历史动态并阐明系统性转变的性质。从这个角度来看，以“俄罗斯向市场经济的转变”为固定模板，列出一套教科书式的内在属性作为解决俄罗斯问题的良方，是完全不够的①。

因此，政治经济学作为一门科学，不仅可以揭示各种经济现象之间的功能联系，而且可以突出经济的规律性和随机性，从发展的、系统的、历史的角度来考虑经济。最重要的是，基于对物质生产过程的研究，不仅仅是在交换领域，政治经济学密切关注人与社会群体的关系，考虑社会经济利益的相互作用。

所有这一切使我们能够考虑政治经济学，用米哈伊尔·瓦西里耶维奇·罗蒙诺索夫的话来说，政治经济学不仅是一门发光的科学，而且是一门富有成果的科学，一门为实践建议提供重要理论基础的科学，无论是在基础方面还是在实际方面。

正如已经指出的那样，今天最紧迫的问题之一是俄罗斯经济体系的更新和发展。对俄罗斯经济体系本身的研究可以基于莫大政治经济学派方法论的发展。它的特点是继承古典政治经济学②的成果，运用现代系统方法。

---

① 这也是必要的，因为现代市场经济的制度已经发生了演变：“现代经济自我调节机制仍然只是由于惯性而被称为市场，与关于后者的经典思想在本质上有所不同。这些差异是如此之大，以至于我们可以提出一个问题，即出现一种全新的自我调节机制。”（索罗金. 体制转型的政治和经济指导方针：中国与俄罗斯[M]. 莫斯科，2003：73）

② 政治经济学课程[M]. 莫斯科：Экономика 出版社，1973.

在这方面，一门关于转型经济的大学课程对俄罗斯市场经济出现之初的问题的陈述值得正面评价："俄罗斯经济的特点是由其外部历史条件和社会经济制度的内部特征决定的。"① 通过这种方法，突出了俄罗斯现代资本主义模式形成的特征，将俄罗斯与其他市场经济明显区分开来。这些特征是由这一过程的起点（计划经济体制）和一种特殊的，可以说是与俄罗斯存在的资本主义相关的"恢复性"取向决定的②。

针对俄罗斯经济复苏问题所提出的有效政策和经济解决方案都是基于这种方法。在这方面，让我们提及 2014 年 11 月 19 日在莫斯科国立大学举行的"现代俄罗斯的经济体系：发展的道路和目标"国际科学会议，以及 2015 年 5 月在莫斯科市政厅举行的"政治经济学的回归"第二届国际政治经济学大会。维特新兴工业发展研究所成为其组织者之一，而笔者曾经是主要会议的搭档主持人。这些国际论坛表明，科学界对俄罗斯经济体系、现状、问题、发展方式以及新经济增长模式的形成的政治和经济分析表现出了极大的兴趣。

在第二届国际政治经济学大会召开前学者们出版了《俄罗斯经济体系：剖析当前和未来的替代方案》③专题论文集。该论文集收录了俄罗斯和其他国家许多著名政治经济学家的专业文章，包括亚历山大·弗拉基米罗维奇·布兹加林（Александр Владимирович Бузгалин）、鲁斯兰·谢苗诺维奇·格林伯格（Руслан Семенович Гринберг）、索尔坦·萨法尔比耶维奇·扎拉索夫（Солтан Сафарбиевич Дзарасов）、安德烈·伊万诺维奇·科尔加诺夫（Андрей Иванович Колганов）、维克托·米哈伊洛维奇·库尔科夫（Виктор Михайлович Кульков）、德米特里·叶夫根尼耶维奇·索罗金（Дмитрий Евгеньевич Сорокин）、凯辛·阿兹列托维奇·胡比耶夫（Кайсын Азретович Хубиев）、格奥尔基·尼古拉耶维奇·察戈洛夫

① 拉达耶夫. 过渡时期的经济[M]. 莫斯科,1995:48.

② "首先,这是历史上前所未有的转型,它不是从传统经济向市场经济的过渡,而是从相对少数国家存在的特殊经济——计划经济……其次,如今的俄罗斯社会在改革进化发展的道路上,也必须进行'反向运动'。"(拉达耶夫. 过渡时期的经济[M]. 莫斯科,1995:49)

③ 博德鲁诺夫. 现代俄罗斯的经济体系:现状剖析和未来选择[M]. 莫斯科:Ленанд 出版社,2015:399.

（Георгий Николаевич Цаголов）、大卫·贝尔科维奇·埃普施泰因（Давид Беркович Эпштейн）等著名的俄罗斯科学家以及来自剑桥大学和索邦大学的教授。

该论文集对现代俄罗斯的生产关系和制度进行了系统分析，概述了其运作模式和历史动态。提议（从政治和经济立场）是更新经济政策的替代方案，以克服我们经济中发展的去工业化和进口依赖的负面趋势。

这对于提出基于事实的实用建议很重要。让我们考虑一个例子。以再工业化和进口替代为目标的经济政策已不止一次在杜马和联邦委员会、国家领导人的演讲和各种科学论坛上进行讨论。这些问题在自由经济协会的活动、俄罗斯科学院科学会议、莫斯科经济论坛、圣彼得堡经济大会等的框架内进行了讨论。

然而，问题仍然悬而未决：某些实用建议基于什么理论和方法论？至于维特新兴工业发展研究所的提案，它们是在系统的政治和经济方法的基础上形成的[①]。众所周知，系统方法[②]涉及对要素及其内部联系、系统质量等的研究。更重要的是需要将经济体系视为不是孤立和自给自足的，即内生的。经济体系必须被视为更广泛的整体的一个组成部分，即外生的，与外部因素相结合。要理解经济系统的本质，就必须研究决定其存在和运行的物质技术条件，以及经济系统形成的社会文化环境。后者包括意识形态、社会心理、政治、民族文化和其他组成部分，通常统称为国家的文明特征。

重要的是要了解所有这些因素对经济关系和制度形成与运作的内在规律的影响，同时考虑到它们的发展动态。

考虑到经济系统是持续动态发展的，应该考虑到这种动态也是“动态的”。不同方向的发展速度不同，系统的本质和要素、相互关系等都在不断变化。这使得基于政治经济学方法的经济系统状态分析成为起草和采纳实际建议与决策的必要条件。

---

① 博德鲁诺夫. 公共机构现代化：俄罗斯反危机基本战略［C］//俄罗斯航空航天仪表制造业（论文集），第一系列（9）：航空仪表制造业经济. 圣彼得堡：全国飞机仪表制造商协会出版社，2009：5－16；博德鲁诺夫. 生产、科学和教育一体化是俄罗斯经济再工业化的基础［J］. 俄罗斯经济复兴，2015（1）：7－22.

② 克莱纳. 俄罗斯需要什么样的经济以及为什么？［J］. 经济学问题，2013（10）：4－27.

当然，以上是俄罗斯经济体系的一个非常概略的图景。它不影响根据各种特征和分类对我们经济体系的好坏、内部矛盾及完整性和评估的分析。我们只概述了原则——在分析我们的经济体系时使用政治经济学方法。然而，即使是这种，形象地说，在政治和经济方法的基础上大量进行的俄罗斯经济分析，也允许维特新兴工业发展研究所专家提出理论上有根据的实际措施来改善经济政策。

第 7 章

俄罗斯经济体系：高科技工业生产的未来①

如果不使用定义明确的方法论，就无法研究复杂的俄罗斯的经济系统。上一章详细讨论了这种方法论。让我们来看看它的应用结果。

7.1 作为过渡经济体系的俄罗斯经济体系：讨论结果的积极整合

可见，任何经济体系最终都会变得破旧和衰败，新的经济体系将取而代之。从一个系统到另一个系统的过渡充满了重大挑战。格林伯格和 A. 鲁宾施泰因（А. Ю. Рубинштейн）有理有据地强调，社会进化的每个发展阶段“都具有缺乏完整性、新旧经济要素并存的特点。因此，两个成熟状态之间这个时间段既促进了新经济体系的形成，同时也使得旧经济体系止步不前”②。

旧的计划经济体制的加速崩溃，同时减缓了新的市场体制的经济关系和制度的调试，导致这样一个事实：“……在多年的改革中，国家失去了一半的潜力。更坏的是，该国迄今未能阻止生产原始化、劳动非智能化和社会领域退化的进程。除此之外，还必须加上大规模贫困的出现，这种贫困在激进变革的年代里迅速扩大。”③ 在转型过程中，认为市场会自动进行自

---

① 基于莫斯科罗蒙诺索夫大学经济理论委员会的一份报告，由维特新兴工业发展研究所团队在经济学博士博德鲁诺夫教授的指导下编写。

② 格林伯格. 经济社会动力学[M]. 莫斯科，2000：85.

③ 格林伯格. 俄罗斯：没有进展和民主的经济成功？[J/OL]. 俄罗斯经济复兴，2005(2)：11.

我调节的想法阻碍了市场制度的形成。

更糟糕的是，经济政策的重点是在不符合物质、经济和社会文化先决条件的方向上形成新的经济关系。经济通过收缩需求进而收缩生产来应对经济信号的扭曲，缩小经济决策的范围，拒绝长期投资和高风险项目。与此同时，无法从经济活动中获得足够的收入的人口阶层正在增长。

一个经济体系会产生收入不平等加剧和人口财产分层加深等社会问题，从而为自身设置低效率陷阱，因为它破坏了现代经济发展的主要源泉。正如俄罗斯科学院通讯院士格林伯格指出的那样，从经济和社会的角度来看，科学、技术和人力潜力的急剧削弱是俄罗斯多年来改革中最严重的损失之一。在他看来，“当今生活的主要悲剧是社会的可怕分化，10% 的人生活正常，70% 的人幸存下来”①。

为什么现代俄罗斯经济无法解决经济和社会制度效率不足的问题？古典制度主义和新制度主义的代表研究制度的演变、引进和植入的模式，得出的结论是，俄罗斯面临的制度问题是历史决定的。亚历山大·奥赞（Александр Аузан）写道：“俄罗斯似乎悬浮在太空中，传统社会已无法恢复，似乎没有人愿意恢复它，同时我们无法创造一个与制度相联系的现代化社会。这种中断的现代化自彼得大帝时代以来已经持续了三个世纪。”②朝这个方向的进一步研究将俄罗斯走上制度演化“错误”轨迹的时期推后，甚至推向更悠久的时期，“我们不仅可以观察到俄罗斯前进的轨道，甚至可以观察到最初制度选择的错误——14—15 世纪，专制和农奴制制度开始出现”③。

这种对问题的陈述旨在研究俄罗斯经济体系，以解决制度选择在多大程度上是任意的（即可以根据正确或错误的决定来解释）以及历史上做出的决定在多大程度上可以决定当今制度发展的轨迹。

专门分析俄罗斯社会具体情况的科学家受到不同层次研究的指导。他

① 格林伯格. 自由与正义：俄罗斯面临的假两难的诱惑[M]. 莫斯科：ИНФРА – М 出版社，2012：61.

② 奥赞. 我们正在接近我们文明的关键时刻 [J]. 自由世界，2011.

③ 奥赞. 万物经济学：制度如何塑造我们的生活[M]. 莫斯科：Манн，Иванов и Фербер 出版社，2014.

们研究俄罗斯社会的文明特征（民族文化、社会、意识形态等）对发展的技术、经济或制度决定因素的影响。影响最深远的结论是由研究经济哲学问题的科学家得出的。在他们看来，如果不理解人类存在的更高意义，就无法理解经济现实。“……关注的焦点不是一个寻求消费满足的人（像任何生物一样），而是一个寻求意义的人，但不仅是在个体的，而且是集体的、社会的、普遍的存在。”① 这个学派的代表 Yu. 奥西波夫（Ю. М. Осипов）指出，这种方法论与那些在社会深处寻找俄罗斯经济体系特殊的、国家特定的稳定决定因素的看法是一致的，这些决定因素决定了俄罗斯与其他国家的经济模式的区别。“在俄罗斯，有许多稳定因素（此外，在许多方面都是独一无二的）对该国的经济体系产生重大影响。它们稳定、永久、长期的性质使我们能够将它们描述为俄罗斯经济具体情况的客观依据”②。

然而，这种独特性并不排除全球发展趋势对俄罗斯经济体系的影响。相反，正是在国家特征与全球趋势的综合中，俄罗斯经济正在往最先进的道路前进这件事才得以显现：“……俄罗斯的经济体系应该是一种现代混合经济，其特点是规范的、社会导向的、劳动导向的、精神导向的、后工业导向的。以此特点，它将把俄罗斯的独特和世界发展的进步趋势有机地结合起来。”③

这些概念的高度抽象性并不妨碍其追随者得出具体的实用结论。这些结论在很大程度上与上述其他流派的支持者的结论一致：关于国家作用的激活，对物质生产复苏和社会正义问题的更关注态度。

此外，有些概念为俄罗斯经济体系的未来发展提供了一个或另一个方向。其中包括再工业化和新工业化的概念；对于俄罗斯在基于自由主义方法的后工业社会运动中的前景以及发展的考虑；以教育、科学和文化优先为基础的俄罗斯经济的发展思路。

在维特新兴工业发展研究所和俄罗斯科学院经济研究所联合撰写的一系列报告中概述了笔者对新型工业化概念的研究方法（其中一个科学报告

---

① 奥西波夫. 布尔加科夫的“经济哲学”一百周年——经济哲学的百年历史[J]. 经营哲学，2012(3)：21.

② 库尔科夫. 俄罗斯经济体系的主导部分[M]. 伏尔加格勒：Актуальная Россия 出版社，2000：31.

③ 库尔科夫. 俄罗斯经济体系的主导部分[M]. 伏尔加格勒：Актуальная Россия 出版社，2000：35.

于 2013 年 3 月提交给俄罗斯联邦议会联邦委员会主席下设的专家委员会）。除此之外，笔者还在一些专著和报告中、在俄罗斯自由经济协会举办的纪念阿巴尔金的报告会上、在 2014 年莫斯科经济论坛上以及一些文章中讲述了这些研究方法①。莫斯科经济论坛还考虑了其他改善俄罗斯经济体系的计划，这应该有助于使俄罗斯摆脱停滞②。这些建议是基于俄罗斯的人力、资源和经济潜力与取得的成果之间的差距这一事实："我们知道我们的国家具有动态和长期发展的巨大潜力：资源、想要工作的人、广阔的农业用地，具备开拓国外市场的一切条件。现在缺少的是让该国重新开始向前发展的稳健经济政策"③。

这种演变的现实观点表明，"后工业主义"并不是世界经济的包罗万象的特征，更何况早早将其应用于俄罗斯。甚至这种方法的支持者也承认这一点。因此，俄罗斯著名的后工业社会研究者伊诺泽姆采夫指出："现代世界仍然是一个工业世界。2009 年原料占世界商品流转的 16. 1%，服务业占 18. 9%，65% 是工业品。在美国出口企业前 20 强中，有 15 家是工业巨头，只有 5 家是技术巨头。技术只有在工业上得到应用，体现在成品上，才能征服世界市场。今天，技术正在改变一个国家的出口面貌，不是通过技术本身，而是作为一种高效和大规模生产工业产品的手段。"④ 更进一步：从这个角度来看，俄罗斯不在未来幻想的后工业世界，甚至不在现在的工业世界。俄罗斯在大规模工业生产中失去了很多地位。"具体国家应该为普通消费者所熟知，他们每天每时每刻都会以工业产品标签的形式看到许多国家的'名片'。这些重要信息载体提及国家的频率使全世界的人们都在判断一个国家在世界经济中的重要性，以及该国人民的能力和才能。推广'俄罗

---

① 博德鲁诺夫. 关于俄罗斯经济再工业化的问题[J]. 俄罗斯经济复兴,2013(4):5 – 27;博德鲁诺夫. 俄罗斯经济再工业化:机遇与限制[C]//俄罗斯自由经济协会科学公报. 莫斯科,2014(1);博德鲁诺夫. 俄罗斯创新发展再工业化战略与政策[C]//新工业发展研究所论文集,第 13 辑. 圣彼得堡:新工业发展研究所出版社,2014.

② 巴布金. 合理的工业政策,或我们如何走出危机[M]. 莫斯科:Манн, Иванов и Фербер 出版社,2008.

③ 巴布金. 2014 年莫斯科经济论坛上的发言[R/OL]. [2016 – 01 – 10]. http://me – forum. ru/media/events/rt_4/.

④ 伊诺泽姆采夫. 俄罗斯制造[N]. 公报,2010 – 07 – 12.

斯制造'标签应该成为俄罗斯现代化的国家理念。这是国内现代化成功的唯一有意义的指标"①。这样的问题提法符合世界实践，历史事例和世界经济现状都证明了这一点。不要忘记，正是向机器、工业生产的转变将西欧国家（然后是美国、日本等）带到了世界经济的领导地位，而在此之前，这一地位一直由中国和印度占领。工业垄断在很长一段时间内确保了首先是英国，然后是整个西方在世界经济和政治中的主导地位，从而在很长一段时间内从这一地位中获得直接的物质利益。

尽管国内生产总值结构发生了种种变化，但当前各国——世界经济体系的"核心"（今天是最先走工业化道路的国家）——的主导作用仍然是技术领先，而不是服务业。因此，当时面临经济落后问题的国家（韩国、中国、巴西、马来西亚、越南……）都选择了把工业发展作为经济复苏的战略。工业化使这些国家迅速获得了经济潜力，并为高科技产业的发展创造了先决条件。现在这些国家面临着一项非常艰巨的任务——挑战最发达国家的科技垄断。但没有工业化，即使提出形成独立的民族科技经济核心也是空想。正是工业生产为工业创新提供了物质基础，并创造了对研发的真正需求。

至于科教文优先发展的定位，有积极的意义，虽然对俄罗斯来说，这个概念似乎还为时过早。相关研究者强调，经济的主要生产力一直是人，在现代条件下，这比以往任何时候都更加重要。以高科技生产为基础的现代经济需要受过高等教育的工人，这种教育必须是连续的，而且是大家都能享受的，这一论点也是有理有据的。人员素质的培养是社会生产过程的必要组成部分，科学（包括基础科学）的进步是任何技术更新的先决条件，俄罗斯政府和私营企业应大力支持这些能够培养人员素质的领域。科尔加诺夫和布兹加林谈到了这一点②。俄罗斯科学院院士鲍里斯·卡申（Б. С. Кашин）、俄罗斯科学院通讯院士奥列格·斯莫林（О. Н. Смолин）

---

① 巴布金. 2014 年莫斯科经济论坛上的发言[R/OL].[2016-01-10]. http://me-forum.ru/media/events/rt_4/.

② 科尔加诺夫. 再工业化是怀旧吗？理论论述[J]. 社会学研究,2014(1);科尔加诺夫. 再工业化是怀旧吗？关于替代性社会经济战略中的目标重点争论[J/OL]. 社会学研究,2014(3).

也坚持提出类似建议①。

7.2　俄罗斯经济体系：现状与发展前景

通过对上述截然不同的观点进行综合性的评判，可以使我们得到一些普遍的建设性结论，并舍弃一些无用的观点，因为这些观点过于狭隘（无论重点是技术秩序、文明特征、再工业化、教育优先还是其他）。

一般性的建设性规定包括：

——认识到需要至少以第四代和第五代技术秩序为基础进一步发展现代物质生产，同时为这些行业提供研发和高素质人才。

——在充分考虑俄罗斯社会文明特征的情况下进行新的工业化。

——在对现有经济体系的真实结构和矛盾进行透彻分析的基础上制定经济政策。

考虑到政治和意识形态转型对经济战略实施的重大影响，为构建未来提出建议。

值得密切关注后苏联时期俄罗斯经济体系的特征。我们特别强调使用上面提出的方法论，特别是系统性方法。让我们在确定关键子系统的基础上构建俄罗斯经济体系结构，这些子系统反映了俄罗斯经济形成的历史阶段、发展水平并符合用于判定技术和经济发展阶段的国际标准。

为了分析该系统，我们使用将经济结构划分为三个研究层次的方法论：1——技术秩序；2——社会经济关系以及经济和法律制度；3——文明和社会文化的共同之处和趋势。通过这种方法，可以显而易见地将俄罗斯经济体系分为三个子系统。

---

① “首先，有必要为俄罗斯科学制定目标设定‘路线图’，以使其能解决特定的任务。其次，有必要提高俄罗斯科学家的地位。没有必要以他们的科学工作质量的虚构指标为指导，这些指标是由不可理解的西方专家开发的。”鲍里斯·卡申（Борис Кашин）继续说道：“给人的印象是当局对专业经济学家的意见不感兴趣。显然，来自‘专家社区’的亲信只需要使已经做出的决定合法化。事实证明，科学是分开的，管理决策的范围也是分开的。此外，它们有时会互相敌视。我们可以说，这是一种反科学的社会政治和经济领域决策方法。”（卡申. 寄生于创新的原理[N]. 自由媒体，2011－12－13）斯莫林强调：“只要俄罗斯的教育系统一天没被恢复，它仍将是一个第三世界国家……要么我们改变经济路线，不然我们国家的安全、完整性和未来都将处于危险之中。”（斯莫林. 2014 年莫斯科经济论坛上的发言 2014［R/OL］.［2016－01－10］. http://me－forum.ru/media/events/plenary_discuss_I/）

第一个子系统，是传统保守的，包括：

（1）传统上很重要但往往扮演保守角色的行业（农业生产和其他19世纪到20世纪初从物质生产领域发展起来的传统行业）；基于人工和低工业化劳动力的技术秩序；低加工产品的机械生产，包括原材料行业。

（2）伴随自给经济、家长制关系和国家官僚保护主义以及家长作风的累赘的市场关系。

（3）倾向于保守主义意识形态的“俄罗斯传统文明的共同之处”。

第二个子系统是自由市场，它的特点是：

（1）主要是作为跨国公司网络一部分的装配厂；服务、贸易、财政、其他中介领域。

（2）接近“经典”的资本主义市场经济关系和制度，尽管根据俄罗斯的具体情况进行了重大修改。

（3）主要是自由主义西方意识形态。

第三个子系统——未来新混合俄罗斯经济的萌芽——意味着在社会导向下，并在受管制的经济发展的基础上优先发展高科技生产。对此要有批判性态度，克服过去的主要弊端（商品的短缺、指导性计划主义、平均主义），借鉴苏联经济制度的经验和成果（包括军工业），以及中国、越南等国家的经验。

这个新生的子系统包括（或者应该包括）：

——具有第五代、第六代技术秩序特征的高新技术产业，以及产科教结合的产业集群。

——市场经济的规划和选择性监管，公私合营和其他结合市场及国家监管优势的混合经济形式。

——基于西方文明成就与俄罗斯传统价值观的批判性整合的先进发展的意识形态。

这个问题的提出反映了俄罗斯经济的真实情况，统计数据说明了这一点。如表7-1所示，在国内生产总值的结构中，即使在21世纪初经济状况良好的时期，制造业的比重也在下降，以国内农业生产为基础的国家粮食安全性也在下降。与此同时，采矿、财务业务和房地产交易份额在增长。贸易份额的轻微下降可归因于积极的结构转变。与此同时，发展人类潜力所依赖的行业，在经过了 20 世纪 90 年代的经济崩溃之后，复苏速度仍然非常缓慢。因此，教育的份额保持在与过去一样低的水平，而卫生保健所占的份额只增加了百分之零点几。

表 7－1　俄罗斯国内生产总值结构

指标	2002 年（%）	2011 年（%）	2012 年（%）	2012 年相比 2011 年增长（百分点）	2012 年相比 2002 年增长（百分点）
按市场价格计算的国内生产总值	100	100	100		
农业及其他	5.3	3.5	3.1	－0.4	－2.2
渔业	0.3	0.2	0.2	0	－0.1
矿业	5.9	9.2	9.3	0.1	3.4
制造业	15.2	13.2	13	－0.2	－2.2
包括炼油和焦炭	1.8	3	3	0	1.2
电力行业及其他	3.2	3.3	3	－0.3	－0.2
建筑	4.7	5.6	5.5	－0.1	0.8
贸易	20.2	16.7	16.9	0.2	－3.3
酒店和餐厅	0.8	0.8	0.8	0	0
金融活动	9.0	7.1	7.0	－0.1	－2.0
财务业务	2.6	3.5	3.7	0.2	1.1
房地产、出租	9.4	10.1	10.1	0	0.7
国家行政和国防	4.5	4.8	5.6	0.8	1.1
教育	2.6	2.5	2.6	0.1	0
卫生保健	3.0	3.1	3.3	0.2	0.3
其他社会服务	1.7	1.4	1.4	0	－0.3
产品税净额	11.5	14.9	14.5	－0.4	3.0

如表 7－2 所示，固定资本投资结构使现有的经济结构变得更加低效。

表 7－2　2008—2012 年固定资本投资结构（按经济活动类型分类，不包括非正规经济，占总量的百分比）

（%）

指标	2008 年	2009 年	2010 年	2011 年	2012 年
大中型企业固定资本投资额合计	100.0	100.0	100.0	100.0	100.0
农业、狩猎和林业	11.2	10.1	9.6	12.92	11.6
矿业	0.2	0.4	0.2	0.58	0.5

续表

指标	2008 年	2009 年	2010 年	2011 年	2012 年
制造业	27.7	21.5	13.4	23.23	28.8
电力、天然气和水的生产及分配	10.3	8.4	11.0	12.09	17.1
建筑	1.5	0.7	1.0	1.09	0.6
批发和零售贸易，汽车、摩托车、家庭和个人物品的修理	1.4	5.5	1.8	3.47	1.8
酒店和餐厅	0.4	0.3	0.3	0.69	0.6
金融活动	14.8	13.7	24.2	18.14	14.1
财务活动	1.5	1.5	1.9	1.53	1.8
房地产业务、出租和服务业	8.6	9.9	19.9	10.01	9.4
国家行政和军事安全保障、社会保险	5.4	4.2	4.7	2.51	1.9
教育	2.7	3.8	2.0	2.64	4.1
提供卫生和社会服务	5.4	10.6	6.5	5.57	3.8
提供其他公共、社会和个人服务	8.9	9.5	3.6	5.52	3.9

如表 7－3 所示，整个改革期间和 1991—2010 年的工业生产动态都反映了工业生产的普遍衰退和结构原始化。在此背景下，只有电气设备、电子和光学设备生产份额有所增加（见表 7－4）。国家经济发展的制造和知识基础状况会使创新领域受到影响。俄罗斯的经济特点是几乎所有行业的创新活力都不足，包括高科技行业（见图 7－1），创新活跃企业的总份额一直稳定保持在极低的增长水平（如图 7－2）。

表 7－3　1991—2010 年工业生产动态

指标	2010 年比 1991 年增长
经济总指标	
工业生产指数，与上年相比的百分比	83.8%
根据全俄罗斯经济活动分类手册 C、D、E 部分，按经济活动类型分类的生产指数（占上一年的百分比，已调整非正式活动）：	
——采矿	108.8%
——制造业	78.6%
——电力、天然气和水的生产及分配	89.1%
矿业	
——煤炭（百万吨）	91.2

续表

指标	2010 年比 1991 年增长
——石油，包括凝析油（百万吨）	109.5
——天然气和伴生气（10 亿立方米）	101.2
矿业	
冶金生产及金属成品生产	
——黑色金属轧材的生产（百万吨）	104.7
——钢管（百万吨）	87.6
指定类型的机械和设备的生产	
——家用冰箱和冰柜（千件）	95.9
——金属切削机床（千台）	4.1
车辆和设备的生产	
——乘用车（千台）	117.5
——汽车起重机（千台）	22.5
——干线货车（千台）	225.4
电力生产及分配	
——产量（10 亿千瓦时）	97.2
——消耗量（10 亿千瓦时）	96.6

表 7－4　工业总产量结构分析　（%）

指标	2008 年	2009 年	2010 年	2011 年	2012 年
分类别合计	100	100	100	100	100
矿业	0.4	0.5	0.5	0.4	0.5
燃料和能源矿物的开采	0.2	0.2	0.2	0.1	0.2
其他矿业	0.2	0.3	0.3	0.3	0.4
制造业	82.0	78.3	79.5	81.4	81.9
食品生产，包括饮料和烟制品	12.1	15.8	14.3	12.5	14.0
纺织服装制造	0.8	0.8	0.7	0.6	0.7
皮革、皮革制品和鞋类的制造	1.1	1.3	1.3	1.2	1.5
木材加工及木制品生产	4.9	5.1	6.5	6.5	6.2
制浆造纸、出版和印刷业	2.2	2.0	2.0	1.7	1.9
化工	20.9	17.2	17.6	20.4	20.4
橡胶和塑料制品制造	6.2	6.0	6.7	7.6	3.8
其他非金属矿产品制造	2.6	2.0	1.5	1.6	1.8

续表

指标	2008 年	2009 年	2010 年	2011 年	2012 年
冶金生产	11.0	8.2	10.0	9.9	9.8
机械和设备生产（不包括武器弹药生产）	3.5	3.8	4.3	3.5	3.4
电气设备、电子和光学设备的生产	4.5	4.4	5.0	5.8	7.1
车辆和设备的生产	4.0	4.3	3.3	3.8	4.8
其他生产业	6.3	5.8	5.1	4.8	5.1
电力、天然气和水的生产及分配	17.6	21.2	20.0	18.2	17.6

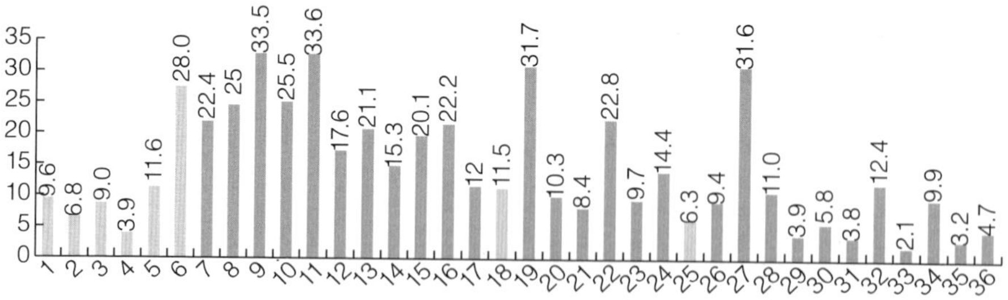

图 7－1　2011 年按不同经济活动种类划分的进行技术创新的组织占生产企业总数的比例

注：1——总数；2——采矿；3——燃料和能源；4——燃料和能源除外；5——制造业；6——高技术产品；7——医药产品的生产；8——办公设备和计算机技术生产；9——广播、电视和通信设备生产；10——医疗设备、测量仪器、光学仪器和设备、钟表产品生产；11——飞行器，包括航天飞机生产；12——高端中等技术含量的产品；13——化学品生产；14——机械和设备生产；15——电机和电气设备生产；16——汽车、拖车、半挂车生产；17——其他车辆；18——低端中等技术含量的产品；19——焦炭和石油产品的生产；20——橡胶和塑料制品生产；21——其他非金属矿物产品生产；22——冶金；23——金属成品生产；24——船舶的建造和修理；25——低技术含量的产品；26——食品生产，包括饮料；27——烟制品生产；28——纺织品生产；29——服装生产、加工和毛皮染色；30——皮革、皮革制品和鞋类生产；31——木材加工，木质产品及软木制品的制造，家具除外；32——纸浆、木浆、纸张、纸板及其制品的生产；33——出版和印刷活动，录制信息载体的复制；34——家具和其他以上种类未涵盖的产品的生产；35——二次原料加工；36——电力、燃气和水的生产及分配。

资料来源：国立大学——高等经济学院网站，http：//www.hse.ru/data/2013/10/28/1282559304/Skolkovo%20Booklet.pdf。

近年来，已经出现了一些积极的转变，但即便如此，其也只是证明了仅仅朝着新型工业化发展方向迈出步履蹒跚的第一步。正如我们已经指出的那样，这个方向在经济学家（科学理论家和实践家）中得到了相当大的支持。比如，经济界的权威——俄罗斯科学院经济研究所所长、维特新兴

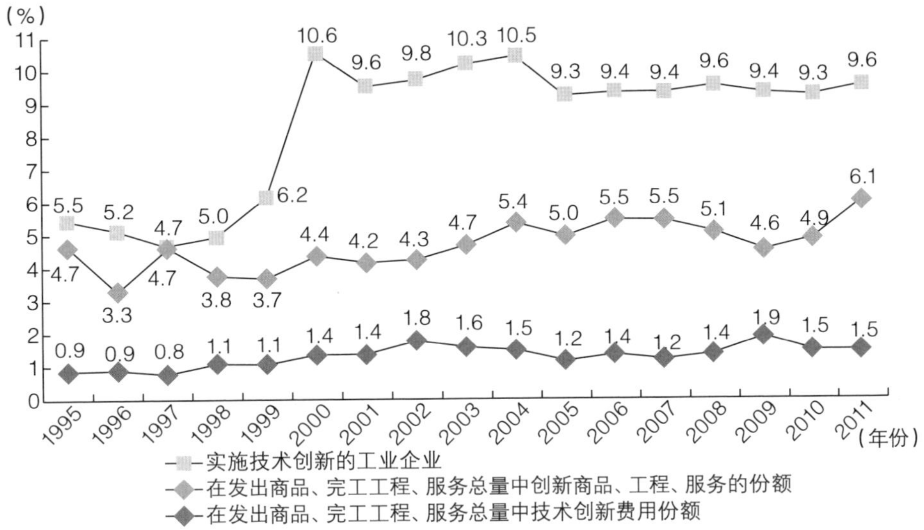

图 7－2　俄罗斯工业企业的创新水平

资料来源：国立大学——高等经济学院网站，http：//www. hse. ru/data/2013/10/28/1282559304/Skolkovo%20Booklet. pdf。

工业发展研究所导师、俄罗斯科学院通讯院士格林伯格反复强调需要向新的经济政策过渡，以确保在混合的、积极的国家监管和社会导向的市场经济的基础上发展真正的制造业①。

俄罗斯联邦总统顾问格拉济耶夫院士赞同这一立场，他认为：“……我们今天看到了自由主义理论（自由主义乌托邦）的崩溃——对世界如何运作以及需要做什么的完全错误的看法。”② 他还强调了国家在所有发展阶段中，在新技术秩序的基础行业中都会起到决定性作用。

以上论述并不意味着俄罗斯经济体系的发展前景应该完全与上述已确定的第三个子系统的发展相关联。俄罗斯经济所有领域都需要进行重大调整。

以下列出与上述三个子系统相关的关键发展任务：

（1）传统保守领域。有必要降低农业和燃料等原料行业的生产成本，

---

① 格林伯格. 关于自由市场的神话必须成为过去[C]//以经济实体部门进步为基础的面向社会的发展：莫斯科经济论坛资料文集. 莫斯科：Культурная революция 出版社，2014：15－17.

② 格拉泽夫. 向新的以人道主义为导向技术模式过渡[C]//俄罗斯经济的现代化：过去的教训、机遇、风险. 莫斯科，2012：23.

大幅增加创新活动，以便为其他两个子系统发展提供必要的基础。经济安全因素发挥重要作用（确保粮食安全、燃料和原料出口对长期收入的重要性）。最好将发展动力与父权制以及保守传统所起到的稳定性作用结合起来。

（2）自由市场。在市场受欢迎的子行业中，必须恢复大规模流水线生产；中小型企业的普遍增长；确保为企业提供信贷和金融、保险及其他服务；改革竞争机构和产权保护机构；积极发挥个人主动性。

（3）未来新混合型俄罗斯经济的萌芽，这意味着需要在社会导向下以及在经济发展的基础上优先发展高科技产品。如前所述，第三个子系统的萌芽是俄罗斯经济体系的明显特点之一。但是，正是第三个子系统应该保证创新环境的形成，没有创新环境，就无从谈起前两个子系统积极作用的发挥和有效的再工业化政策。只有在经济关系、制度、经济政策以及文化和意识形态的系统发生重大变化后，第三个子系统才会得到发展。

研究俄罗斯经济的具体情况，可以明确高科技物质生产行业的发展前景，以及对俄罗斯经济体系模式改革目标和手段的要求。

考虑到俄罗斯优先发展物质生产基础行业的历史传统，利用本国的原材料和其他自然资源发展机械工程、飞机制造、核能、空间和相关产业，以及将其作为国家国防和相关高科技产品发展的经济基础。在我们看来，这种传统应该得到保留，因为其在俄罗斯具有发展潜力，且近年来已经开始复兴。例如，国家对军事工业综合体发展的投资增长就证明了这一点。这种趋势符合俄罗斯的文明准则，它以整体（国家）优先于私人利益为先决条件，积极利用企业家的主动性来完成振兴国家的任务。

经济制度必须确保这种物质生产的发展，这将保证国家的经济、军事和其他安全。

重要的是，高技术物质生产（如上述产业）的发展，牵涉复兴改革中被破坏的产科教结合体系。这需要在新的水平上以新的经济形式根本性实施，不仅要利用国家的潜力，还要利用市场和所有私人财产的潜力。这些潜力既要有一定的独立性，又要着眼于解决发展生产的问题，还要着力解决发展技术和提升人的素质的根本问题，以及解决社会和环境问题。

想要解决社会和环境问题，必须拥有一个发达的基础科学和大学教育国家资助体系，以及在这些领域中的国家和私营企业中长期的采购。

为了实现俄罗斯经济所有可能的发展方向，必须进行系统性变革。其中包括制定和实施长期计划、中期指示性计划，以及实施积极的产业政策。为了发挥市场主动性，需要国家支持国内现代工业，以及打击寄生中介和跨国公司在俄罗斯经济中的扩张。基于稳定制度体系的公私伙伴关系可以发挥重要作用。这些制度体系应保证私营企业拥有长期投资研发和生产技术改造的机会。实体部门（尤其高科技）征税和贷款体系应促进该领域创新能力的发展。整个系统应保证适当的社会分层，公民收入的差异主要取决于他们对经济发展的实际贡献。

第3部分

新工业社会2.0

第8章

20世纪的新工业社会

加尔布雷思所著的《新工业社会》一书的出版成为全球经济界和政经高层人士生活中的重大事件。这本著作是重新认识与加尔布雷思同时代经济生产体系的代表作，这个体系主要是在美国形成的，当时美国是世界两个主导力量之一。在接下来的几十年中，20世纪杰出科学家的结论貌似退到了次要地位，但最近几年，当世界被后工业主义观念所俘获时，人们开始怀疑20世纪90年代所作结论的正确性。

8.1 “后工业主义”的概念

我们认为“后工业浪潮”相关论著虽然内容各有侧重点，且研究深度不同，但是它们都在各种程度上描述了新社会和经济好坏的一些基本特征。几乎大部分论述都是基于技术和经济结构转变的研究。从贝尔关于后工业社会①和托夫勒关于“第三波”② 的研究开始，否认物资生产起领导性作用的观点开始拥有新的追随者。随之诞生了信息社会理论和信息经济理论，后来又诞生了“知识型（经济）社会”，然后便是数字化经济……萨卡亚、

① Bell D. The coming of post – industrial society：A venture of social forecasting［M］. New York：Basic Books，1973.

② Toffler A. The third wave［M］. L：Pan Books，1980.

卡斯特尔等的著作广受欢迎[①]。在俄罗斯，伊诺泽姆采夫的著作被认为是认识西方后工业主义的百科全书[②]。

计算机技术以及后来互联网的推广是近几十年来经济和社会生活取得质的发展的标志。服务领域的增长和物质生产份额的减少开始被视为新趋势的基本特征之一[③]。确实，20 世纪内几乎所有发达国家的这些领域都发生了重大的变化。20 世纪 70—80 年代物质生产的作用急剧下降，服务领域成为绝对主导领域，至今发达国家 70% 以上的总产值、75% 以上的劳动者就业岗位仍由服务领域创造[④]。

大多数研究者并没有忽视服务业结构和劳动者的工作内容等显而易见的问题。但是，在强调服务领域中不同业务及其性质的明显差异时[⑤]，后工业主义者仅对信息、电信和专业性服务业的快速增长表现出乐观态度。笔者认为，贸易、装卸、餐饮酒店、清洁等行业的就业增长不一定与"后工业"有关，但是这一观点并没有得到普遍认同。

在后工业体系中，第二重要的参数是一种全新的资源类型。卡斯特尔、萨卡亚[⑥]等认为后工业经济的主要资源和产品是信息。这种转变非常重要。的确，信息具有一系列与物质产品不同的特性：其不会因为消耗而消失，生产成本远高于复制成本，它的创造离不开受过高等教育的员工，甚至在

① Sakaya T. The knowledge - value revolution or a history of the future [M]. Tokyo - New York, 1991；伊诺泽姆采夫. 现代后工业社会：本质、矛盾、前景[M]. 莫斯科：Логос 出版社，2000；汤因比. 等待历史审判的文明[M]. 莫斯科：Айрис - Пресс 出版社，2006；卡斯特尔. 信息时代：经济、社会和文化[M]. 莫斯科：高等经济大学出版社，2000.

② 伊诺泽姆采夫. 现代后工业社会：本质、矛盾、前景[M]. 莫斯科：Логос 出版社，2000；伊诺泽姆采夫. 两个时代之交：经济趋势及其非经济后果[M]. 莫斯科：Экономика 出版社，2003.

③ 贝尔. 即将到来的后工业社会：社会预测实验[M]. 莫斯科：Логос 出版社，2000；贝尔. 后工业社会[M]//沙赫纳扎罗夫. "美国模式"：与未来爆发冲突. 莫斯科：Прогресс 出版社，1984：16 - 24.

④ World employment and social outlook 2015：The changing nature of jobs [R]. International Labour Office. Geneva：ILO，2015：25.

⑤ 例如，"后工业主义"的元老丹尼尔·贝尔（Daniel Bell）也曾谈到过服务业不同领域的分化，详见：贝尔 Д. 即将到来的后工业社会：社会预测实验[M]. 莫斯科：Логос 出版社，2000.

⑥ 卡斯特尔. 网络结构社会的形成：西方新的后工业浪潮[M]. 莫斯科：Академия 出版社，1999；卡斯特尔. 网络社会[M]. 莫斯科，2001；Sakaya T. The knowledge - value revolution or a history of the future [M]. Tokyo - New York，1991；Masuda Y. The information society as post - industrial society [M]. Washington，1981.

许多情况下利用信息也需要相关人员具备一定的能力①。

相应地，从后工业信息经济理论家的角度来看，后工业体系中的主要劳动力类型应该是受过高等教育的专业人员，他们应具备一定劳动力和“人力资本”——一种不仅可以用于生产，同时也带有投资性质的资源。因此，后工业浪潮的许多研究者认为社会正在朝“专业人士社会”发展②。

高层次人才（“人力资本”的拥有者）在信息生产世界中打算从根本上改变经济的初始环节：经全球网络连接的“电子个体”应取代大型生产综合工厂。由于上述原因和计算机与互联网的新技术，经济和社会结构中主要坚持网络原则。

至于经济关系，这里不会发生重大变化。此外，新的经济结构、计算机和互联网技术、生产的个性化和个体工人作用的增大——所有这些都应该成为（并且部分已成为）减少国家（作为经济的调节者和社会的保护者）作用的基础以及市场关系和私人所有财产的一种复兴。当时普遍认为，小型个体私营企业的复兴以及私人所有财产在新领域的传播，特别是知识型产品，将成为现实。

所有变化的结果应该是形成新的社会结构，而知识则是阶层形成的主要因素③。这个理论结构的真实性又有多大呢？

8.2 后工业的幻影

知识的生产、推广和使用对现代社会发展具有重大的意义。如果更广泛地提出这个问题，那么我们不仅在谈论知识，而且还在谈论人类文化所有组成部分的社会经济意义。“文明人”是社会积极发展的最重要支柱之一。再说，如果没有真正的文化就不可能有效地发展工业生产，它要依靠

① Mulgan G. J. Communication and control: Networks and the new economics of communication [M]. Oxford: Polity, 1991:174; Crawford R. In the era of human capital [M]. New York, 1991:11.

② 谢尔盖耶娃. 劳动动机的物质和非物质因素[J]. 人与劳动, 2019(9): 43; 伊诺泽姆采夫. 后工业经济与“后工业”社会(论21世纪社会趋势的问题)[J/OL]. 社会科学与现代性, 2001(3): 145.

③ 20世纪末信息技术、小型化、灵活性制造系统的出现促进了非企业单位劳动方式的发展。大多数研究这个现象的西方和国内科学家都注意到了脱离资本的智力劳动形式的发展。Rifkin J. 在自己的著作里对这些过程进行了批评性分析。The end of work: The decline of the global labor force and the down of the post - market Era [M]. New York: G. P. Putnam's Sons, 1995.

所需要的知识，但并不转化为知识。人类行为中的规范和规则不是知识的简单投影。这些规则在很大程度上完全由社会文化确定：行为规则（个体和集体，企业）和商务礼仪及经营的准则（言而有信，担负起应该担负的责任等）。这些规则决定了商业氛围，包括开展商业活动时的舒适（或不舒适）条件。

关于这一点，在20世纪初，俄罗斯著名经济学家、莫斯科帝国大学和圣彼得堡帝国大学教授伊万·奥泽洛夫（И. Н. Озеров）写道："我们的文化水平太低了。……我们所有的失败都是这样解释的……不管我们谈什么问题，我们总会跑到低文化的死胡同里……俗事、习惯碰运气——这一切都植根于低级文化。我们的工业——劳动生产率低，这是因为文化水平低，工人技术水平低……低的文化水平也影响到我们的统治阶级和政府。否则，我们的内部政策和经济政策都应改变。但由于文化低，大家都不明白，首先应该是科学的治疗方法、改善基本生活条件，而不是通过其他迷信途径。"作为纠正这种错误的主要方法之一，这位尊敬的教授提出了现在仍然有效的建议："是的，我们必须在周围创造一种商务氛围，重建学校，重建我们的行为，消除束缚个体的主动性和积极性的障碍，以保障人格的全方位的健全发展……"①

后工业理论的拥护者不愿意看到社会生活的文化领域与物质生产领域运作条件之间的联系。对他们来说，只有技术和结构变化对社会组织体系的直接影响是可见易见的。此外，他们想将与现代信息、通信和媒体技术有关的小部分工作人员生活中的更大的真实变化普及到社会的大多数人。虽然能意识到后工业社会的狂喜并不适用于整个膨胀的服务领域，甚至注意到由此产生社会矛盾的增长，但后工业社会的支持者往往在他们的结论中忘记了这一点。

其结果是就有了一幅要么在不久的将来，要么现在就会出现的美好图景：大多数人都拥有了个人电脑，这意味着他们有可能被视为有能力经营自己企业的私人所有者——"个体经营者"。这样就可以忽略底特律的工业

① 日尔诺夫. 思想绝望、恐慌的时刻[N]. 生意人报——政治(49),2015-12-14:35.[2016-01-10]. http://www.kommersant.ru/doc/2861286.

废墟。在他们眼里，这都只是陈腐工业过去的幻影。更容易去设想后工业沙漠中出现经互联网连接的“电子个体”的幻影。那里居住着现代“创意阶层”的代表，为“高级”用户生产电子玩具；设计能在台上大放异彩的服装；发明能够按不低价格去执行无用但很有趣功能的小工具。而其他同样有“创意”的经理、市场专家和金融家正在考虑如何让消费者一口气将这些全部“吞下”，或者至少让他们相信，控制着这些工作的“有创造力”的公司所发行的股票报价有无限增长的前景……

在这个世界里不存在阶级斗争和社会经济利益矛盾。是的，存在竞争，但它会奖励应得的人：最有知识、最有创造力、不吝于将自己的能力和人际关系转化为“人力”和“社会资本”的人。在这个辉煌新世界的某个角落，一些洗碗工、女佣、推销员、司机和搬家工人晃来晃去，在遥远的某处，在大洋彼岸，一些墨西哥人、韩国人、菲律宾人每天 12 小时缝制时装或制作运动鞋，或组装电脑……怎么办——没能表现出足够的能力闯入后工业社会的虚拟现实的人就会被排除在外……

摆脱“技术型未来”的危险，摆脱工业现实的昏暗，创造自己的虚拟现实，将其变成越来越多但也越来越虚拟的钱，这是多么美好。只要虚拟世界的幻影在与严峻的现实相撞时没有崩溃，没有人会担心这一点。

后工业理论实际上否定了社会发展的工业基础——这就是它的原则错误。后工业理论代表者一般考虑经济结构、总产值、出口、社会生产各领域的就业人数和其他表征经济状况的量化指标，有人认为工业效应指标下降意味着工业道路停止了发展，对于这样的结论我们认为是错误的。

后工业主义者盲目崇拜知识和信息，以及这些知识和信息的创造者、转化者和传播者，赋予它们有独立意义的作用。任何信息幻影、“白噪声”都成为社会向后工业发展的象征。这也有一点道理——尤其是在金融市场，“现代魔术师们”主宰着一切，将虚拟的“白噪声”转化为可观的收入，将它们从实体经济领域撤出。对这些人来说，知识的来源、信息的内容和其想达到的目的等根本不重要。重要的是，所有虚拟的东西都可以变成真正的金钱。

从市场经济的新自由主义模式来看，对于后工业、信息网络的技术基础来说，唯一合适的制度是以服务领域为主要领域，积蓄资本的主要领域则是金融业，而确保平衡和增长的主导机制为向社会各个领域蔓延的自由市场。由此产生关于为发达国家打开无危机增长和发展通道的“新经济”神话。这种被称为“市场原教旨主义”① 的立场已经占据了主导地位，这与许多特殊的过程直接相关。

第一，金融化进程的推进导致金融机构活动范围的扩大，成为形成调控经济、产权关系等特定模式的重要因素②。投资的重点发生了变化（它们越来越多地从生产领域转向金融交易领域，生产投资本身已经变成依赖于金融市场的幻想）；产权控制权和基本产权向金融机构转移；金融领域的加速发展开始成为总产值增长等的主要（在某些情况下是最主要的）来源之一。所有这些导致“金融泡沫”的膨胀，并（通过一些调解）引起了全球金融和经济危机。

第二，后工业浪潮导致工业部门的生产力大量外流到南半球国家，从而加速了半外围和外围国家的工业化，如表 8 – 1 所示，这些国家人口现在几乎占世界人口的一半。中国、印度和其他金砖国家加强了自己的地缘政策经济的影响力，这进一步确定了发达国家即将面临的新挑战。

表 8 – 1　经济各领域就业人数百分比　（%）

地区	1998 年	2003 年	2004 年	2005 年	2006 年	2007 年	2008 年
工业领域							
全世界	21. 1	20. 7	21. 1	21. 5	22. 1	22. 7	23. 2
发达国家和欧盟国家	27. 9	25. 6	25. 3	25. 0	25. 0	25. 0	25. 1
中欧、东南欧（非欧盟）和独联体	27. 7	25. 6	25. 3	25. 5	25. 5	25. 4	25. 3
南亚	15. 4	18. 7	19. 4	20. 1	21. 0	21. 8	22. 6
拉丁美洲	21. 8	21. 6	21. 8	22. 2	22. 4	22. 6	22. 9
北非	20. 0	19. 2	19. 7	20. 8	21. 7	22. 7	23. 6
撒哈拉以南非洲地区	9. 5	9. 5	9. 7	9. 7	9. 9	10. 1	10. 3

① 格林伯格. 大危机：该摆脱激进自由主义的时间[C]. 莫斯科：Эксмо 出版社，2009：59 – 72.

② Lapavitsas C. , Levina I. Financial profit: Profit from production and profit upon alienation [J]. Research on Money and Finance, 2010(11).

续表

地区	1998 年	2003 年	2004 年	2005 年	2006 年	2007 年	2008 年
服务业							
全世界	38.1	40.7	41.5	41.9	42.4	42.9	43.3
发达国家和欧盟国家	66.3	69.8	70.4	70.8	70.9	71.1	71.2
中欧、东南欧（非欧盟）和独联体	45.5	51.7	52.6	53.2	54.2	55.1	56.0
南亚	25.1	27.9	28.5	29.0	29.5	30.0	30.4
拉丁美洲	56.8	59.0	58.9	58.9	59.6	60.3	60.9
北非	44.1	46.1	45.1	44.8	44.5	44.2	43.9
撒哈拉以南非洲地区	22.9	25.1	25.9	26.3	26.7	27.4	28.0
农业							
全世界	40.8	38.7	37.5	36.5	35.5	34.4	33.5
发达国家和欧盟国家	5.8	4.6	4.3	4.2	4.0	3.9	3.7
中欧、东南欧（非欧盟）和独联体	26.8	22.7	22.1	21.2	20.4	19.5	18.7
南亚	59.5	53.4	52.1	50.8	49.5	48.2	46.9
拉丁美洲	21.4	19.4	19.3	18.9	18.0	17.1	16.2
北非	35.9	34.7	35.3	34.5	33.8	33.1	32.4
撒哈拉以南非洲地区	67.6	65.4	64.4	64.0	63.4	62.5	61.7

资料来源：国际劳工组织《全球就业趋势（2009）》。

第三，在许多北方国家主要是美国，开展了去工业化。这导致一种新情况——中心国家对外围国家生产依赖的出现。再加上中国作为世界第二大经济体在高科技产品生产上达到世界标准，从而可能会摆脱对中心国家美国和欧盟经济技术的依赖。这种新的挑战使发达经济体的理论家和实践者不得不重新思考恢复物质生产和发展新型工业经济的问题。

符合人类生产和需求的后工业“虚拟化”，在创新爆炸式增长的背景下，还导致科技进步步伐放缓。模拟创新活动变得普遍：只要赋予产品或服务新奇的外观就能使其在市场上脱颖而出，而这种方式最多只是稍微提高消费特征。能够从根本上改变现代物质生产面貌的新技术发挥的作用非常有限，物质生产技术基础的革命性转变仍然很遥远，这并非巧合。这对后苏联许多国家来说也是一个很现实的问题，包括俄罗斯联邦，其去工业化进程已经走得太远。

8.3　加尔布雷思要回来了?

请注意，虽然在过去一个世纪物质生产有了很大的变化，但工业生产仍然是经济存在的基础。后者保证了物质生产劳动生产率在科学技术进步的基础上不断提高，创造了服务领域就业增长的可能性。

接下来我们想提一下目前已被忘却的加尔布雷思的一些观点，为此我们需要讨论一些参数，我们认为它们最能反映可以决定特定经济类型的物质、技术和经济方面之间的关系①。

让我们从描述经济物质和技术基础的变化开始。加尔布雷思认为："在材料生产领域正在使用越来越复杂和完善的技术。机械代替了手工劳动，随着它们运用得越来越广泛，它们开始执行简单的人脑功能。"② 这些过程导致生产的扩大，需要更多的资本投资和高素质专家的参与。结果（我们说的是 20 世纪中叶的经济）是大型集团作为主导经济并能够吸引此类生产所需资本的主要经济组织类型的发展。按照加尔布雷思的观点，在 20 世纪中叶，只有大型集团能够调动具备相应水平的劳动力并确保科技进步。

但是事情的另一面是出现加尔布雷思所说的工会衰落的现象。"美国的工会会员人数在 1956 年达到顶峰。从那以后，就业率持续上升，而工会会员人数总体下降"。专业劳动力发生了明显的结构性变化。有意愿接受高等教育的人数大大增加了，但获得高等教育的实际机会增长不快。70 年前，加尔布雷思提出："集团的活动仅限于必须大规模生产的行业（铁路和水运、钢铁生产、石油开采和加工、一些采矿业），现在还包括杂货商贸易、面粉加工、报纸出版和娱乐机构——简而言之，之前均是个人业主或小型公司经营范围的典型领域或小公司经营者。"③ 很久以前就存在的企业所有者、生产组织者和收入接受者之间的划分变得非常明显。加尔布雷思借鉴和发展了 20 世纪初的许多研究者［托斯丹·邦德·范伯伦（Thorstein Veb-

① 纳米技术是新经济技术模式的关键因素[M]. 莫斯科：Тровант 出版社，2009；科尔加诺夫. 比较经济学：经济制度比较分析教程[M]. 莫斯科：ИНФРА－М 出版社，2005.

② 加尔布雷思. 新工业国[M]. 莫斯科：Эксмо 出版社，2008：28.

③ 加尔布雷思. 新工业国[M]. 莫斯科：Эксмо 出版社，2008：28.

len)[①]、阿道夫·伯利（Adolf Berle）[②]、加德纳·米恩斯（Gardiner Means）、斯图亚特·蔡斯（Stuart Chase)[③] 等］的理论，并与马克思关于股份公司的资本区分为不变资本和可变资本的观点有些交叉，同时指出在20世纪初，集团是所有者的工具，反映了所有者的个性。卡内基（Carnegie）、洛克菲勒（Rockefeller）、哈里曼（Harriman）、梅隆（Mellon）、古根海姆（Guggenheim）、福特（Ford）这些巨头的名字在全国广为人知。他们今天仍然出名，主要因为他们或他们的后代创办的艺术画廊和慈善基金会，现在活跃在政治领域。而大集团的领导者却不为人知，居住在底特律以外且与汽车行业无关的当代人并不知道通用汽车集团目前的领导者是谁[④]。

这种趋势现在众所周知，并在一定程度上被加尔布雷思绝对化了，它通过在专家之间分配职能职责和呼吁专业人士广泛参与管理活动来促进营业效率的提高。同时，专家治国主义的增长隐藏了另一个过程——资本日益集中在一个人手里，因为高层管理人员尽管收入丰厚，但这仍然是集团真正所有者业务的“衍生功能”。从这个意义上来说，对于加尔布雷思认为专家治国主义正在集团和经济体系占据主导地位这个结论，我们认为是片面的。

集团资本的增长导致国家经济角色的变化。在新的条件下（对加尔布雷思来说，那是20世纪中叶）“……国家承担了在整个经济范围内调节用于购买商品和服务的总收入的任务。它致力于确保高水平的购买力，以保证当前劳动力可以生产的所有产品都能被出售”[⑤]。由于这些变化，第一，规划的作用明显增加。“吸引大量资本和相应的生产组织——远在其结果能够被运用之前——需要有远见，此外，还需要采取一切可能的措施来保证这种远见能够被真正实现”[⑥]，这是加尔布雷思的重要结论。第二，消费需求成为管理

---

① Veblen T. The engineers and the price system, 1921［M］. Kitchener：Batoche Books，2001.

② Berle Adolf A.，Gardiner C. Means. The modern corporation and private property［M］. New York：The Macmillan Company，1932.

③ Chase St. A new deal［M］. New York：The Macmillan Company，1932.（“罗斯福新政”一词就是来源于此书书名）

④ 同②，第30页。

⑤ Chase St. A new deal［M］. New York：The Macmillan Company，1932：29.

⑥ Chase St. A new deal［M］. New York：The Macmillan Company，1932：31.

对象。正如加尔布雷思所强调的，技术的性质和与之相关的资本要求，以及开发和制造产品所需的时间，决定了国家对需求进行监管的必要性。

计划生产新型车辆的集团应具有说服消费者购买的技能。同样重要的是，民众拥有购买力。尤其当生产需要非常大的长期资本投资，而且产品有同样的可能性在经济萧条和经济好转期间进入市场时，这一点就变得至关重要。因此，需要稳定总需求。需求形成（而不仅仅是计算）的任务由国家和集团共同完成。加尔布雷思强调："具体储蓄什么主要是由几百家大集团来决定的。关于投资方向的决定也是由几百家大公司和购买房屋、汽车和家用电器的个人（他们的数量往往更多）做出的。没有能够协调储蓄和投资决定的市场机制。[①]"在新自由主义模式的市场经济回归时期，加尔布雷思认为以上论点是有些夸张的，但在我们看来，它在某些国家会逐渐变得有效起来。

因此加尔布雷思得出结论，小型企业和集团之间存在着深刻的差异，因为小型企业完全由具体的个人掌控，也正因如此它们才能够取得成功。这种差异可以视为数百万家小公司与数千个大集团的分界线，它是经济体系被广泛划分为"市场"和"计划"体系的基础。

工业生产方式的主导地位确定了科学知识技术的广泛应用以及生产方式基础的不断变化。这引起满足人们需求（不仅是物质需求）的机会增加，并形成全新的需求。结果，人类生活的特征——生产内容、技能水平、受教育程度、文化水平、日常生活方式、整体社会环境以及社会结构发生了变化。

研究研发、教育、医疗保健、计算机科学和电信、专业（商业）服务等领域服务业的发展，在"后工业主义者"看来，是"服务型经济"快速发展的征兆，最密切地取决于它们在物质生产中的应用。以物质生产过程为基础并用于维护的工业服务领域最近变得如此重要并不是没有道理。

为了过渡到技术进步的新阶段首先需要知识。那么物质生产的工艺又该往哪个方向发展呢？

---

① Chase St. A new deal [M]. New York: The Macmillan Company, 1932:60.

第9章

“新工业社会2.0”：起源参数

9.1 现代技术发展：革命时机

新工业社会和21世纪的经济应成为“否定之否定”，应该辩证地舍弃加尔布雷思所描述的晚期工业体系以及贝尔所主张的信息后工业趋势。我们该如何思考这种“否定之否定”？我们建议不要幻想什么美好的理想乡，而应分析现代物质生产复兴的实际趋势。

因此，我们来观察技术的变化，主要是那些已经成为（或正在成为）现实并正在物质生产领域发生的变化。我们把被理论家——“后工业主义者”强调的信息技术日益增长的重要性放在首位。补充一点，与后者不同，我们不认为这些能证明物质生产的决定作用逐渐消失。从以上事实我们可以看出，物质生产的知识密集度是在不断增长的。

我们不像信息社会的许多理论家那样只是谈论信息作用的日益增加，我们谈论的与其说是信息的生产，不如说是一种新型的物质生产①②。

---

① “信息社会”和“基于知识的社会”长期以来一直是后工业主义者感兴趣的对象。参见：Drucker P. The age of discontinuity: Guidelines to our changing society [M]. New York: Harper and Row, 1969；马赫卢普. 美国的知识生产和传播[M]. 莫斯科：Прогресс 出版社，1966；Masuda Y. The information society as postindustrial society [M]. Washington: World Future Soc. , 1983.

② 知识密集型工业的问题已经争论了很长一段时间，而“知识经济”和“知识密集型产业”这两个概念一直未得到靠谱的解释。参见：Smith K. What is the “knowledge economy”? Knowledgeintensive industries and distributed knowledge bases [J]. Oslo, 2000:2,7-9.

这里存在着很大的差异。现代全球经济实践表明，信息的创造往往会引起人们强烈的讨论，经济资源用来创造符号和有用财富的幻影，而不是促进劳动生产率的增长、人类社会的进步，以及社会和环境问题的解决①②。这样的“信息化”最后导致社会生活的虚拟化，这会破坏我们的人格、精神世界、社会关系、民族和国家的统一。

物质生产技术的知识密集度是一个对工业和信息经济成就进行批判性整合的过程。批判性整合体现在：操作和流程在高科技生产中开始发挥决定性作用，其中人不是作为机器（机械、传送带）的附属物，而转变成技术知识的拥有者，“个人和生产设备扮演着同样重要的角色”，“指的是成为生产流程的监管者和调节者”③。在这种情况下，我们就可以提到物质生产及其产品的“知识密集度”这一概念。

在此基础上，形成一种全新的物质生产类型——知识密集型生产。其主要特点是：

——不断地提高信息成分和降低物质成分；微型化，降低产品能源、物质和基金耗量增大的趋势。

——生产过程的特点和技术发展（灵活性、模块化、统一等）的趋势。

——结构化的网络模型取代垂直集成结构。

——使用现代组织生产和管理（just - in - time，lean - production 等）方法④。

——环保，注重新能源。

——在物质生产、运输和物流（纳米技术、3D 打印机）中发展新技术。

——由于增材制造工艺的普及，传统加工工业的作用下降。

---

① 鲍德里亚. 符号政治经济学批判[M]. 莫斯科：Академический проект 出版社，2007.

② 布兹加林. 拟像市场：从古典政治经济学的角度看问题[J]. 经营哲学，2012(2)：153 - 165.

③ 马克思. 政治经济学批判大纲[G]//著作集 46(2). 莫斯科：Политиздат 出版社，1962：213.

④ Ohno T. Just - in - time for today and tomorrow [M]. Productivity Press，1988；Wadell W.，Bodek N. The rebirth of American industry [M]. PCS Press，2005；Malakooti B. Operations and production systems with multiple objectives [M]. New York，2013；John Wiley，Sons，Tillema S.，Steen M. Co - existing concepts of management control：The containment of tensions due to the implementation of lean production [J]. Management Accounting Research，2015(27).

——注重质量和效率。

在生产中新知识的应用具有不断加速的特点，这是因为效用（知识本身就具有的）的协同作用增大。结果是知识密集型生产可以更快地满足需求的增长。新技术水平的提高引起生产资本、材料和能源消耗降低，这将来可能会减少满足人类需求的资源单位消耗量，由此资源生产国家在世界经济中的地位也会发生变化。从全球自然资源平衡的角度来看，这意味着减轻自然储藏的负担，在保留（和恢复）与自然环境平衡的同时拥有发展的机会。

作为传统机器技术世界上层建筑的“扩建”，生物技术、基因工程、替代能源、纳米技术、增材技术、认知水平和社会技术正在积极发展。过渡到“混合”技术的可能性将打开新的技术革命的大门，其中机器技术与信息技术一起被用作调节和引导自然过程以实现人类期望目标的工具，为了评估这种技术突破的规模，应使用基于技术秩序理论的研究方法。这个方法是由格拉济耶夫与德米特里·利沃夫院士一起发明的。

新秩序会出现并占据主导地位，这将是经济体系对下一批技术的出现和广泛使用所做出的反应。这些新技术在应用领域的量变积累，不仅会逐渐渗透到直接生产领域，而且还将渗透到社会各个领域，这不仅会导致技术变革，还会引发整个社会制度的变化。

当然，不是每一代新的技术秩序都会引起社会革命。前两代技术秩序的出现导致西欧工业革命的发生，真正颠覆了欧洲世界的社会结构。独立小生产者在农业和手工业生产中的作用急剧下降，社会分裂为雇佣工人（无产者）和资本家。18 世纪末到 20 世纪前三分之二的历史充满了这些阶级之间激烈的斗争，包括勒德（卢德）运动和拉丁美洲的游击战。

同时，过渡到第三代和第四代技术秩序虽然引起了一些重要进化或进步（垄断的出现、国家调整的发展、向社会国家的过渡等），但最终没有发展为整个体系中的变革。它的形式发生了明显的变化，但基本性质没变。

如今正在过渡到第六代技术秩序：生物技术、纳米技术、机器人技术、延长人类寿命和质量的新医学、虚拟现实技术等。这些成为未来经济基础的技术雏形。按照专家的预测，在保持现在的技术经济发展速度情况下，第六代技术秩序会在 2010—2020 年形成，2040 年成熟。2020—2025 年会发生新的技术科技和工业革命，而其基础则会是整合了上述基本方向（以及其他可能的方向）成就的研究成果。

现在我们还不能预测这个工业革命会引起哪些社会变化，因为目前对其基本技术的结构还不够清楚。可以肯定地说：第六代技术秩序比第五代技术秩序会更多基于科学知识的生成以及其在生产中知识密集性高产品的应用。

知识密集型物质产品就是 21 世纪新工业经济的主要资源和成果的新品质。它同时具有信息型产品和“普通”物质产品的特点。知识密集型产品从信息型产品中继承了信息特征及许多其他特性和问题，从“普通”物质产品中继承了用于物质生产本身和其必须具备的人类素质的真实、客观的效用。

可以使用产品级别（复杂性）来确定知识密集型产品的特性（详见第 1 章）。工业生产发展的总体趋势是生产产品中明显降低了“天然”能源和自然力的使用。在这种情况下，生产中使用的原材料和材料的特定消耗量一般会减少，但与此同时，产品结构中的知识份额会急剧增加。最终就是知识决定了产品的级别、消费特性和性能或其满足人类增长需求的能力。

9.2　现阶段技术发展的特点：第六代技术秩序

确定工业发展策略时应注意，物质生产的变化是系统的、整体的、相互关联的。其中可以列出一些关键的、在建立符合 21 世纪前沿科学技术水平的新工业体系时所需要考虑的变化。

21 世纪工业发展的特点：

——更新技术流程的内容。

——工业企业结构的变化（微观水平）。

——工业行业结构的变化（宏观水平）。

——改变生产组织/本地化的方法。

——形成新型产业合作。

——加强产学研结合。

——过渡到生产创新过程的“连续性”意识形态。

——建立旨在促进工业/科技进步的经济关系和机构。

需要被更新的是：工业过程的内容、行业结构和生产布局、产业间合作的内部结构和类型及其与科教的融合，以及确保全新物质生产进展的经济关系和制度。

不可能局限于开发满足现代需求的产品制造技术。需要在产品质量管理、生产管理、物流和人力资源等领域推广新标准。技术变化应该影响生产过程的所有要素：组织、技术基础、产品以及工业劳动的性质和质量。比如，在改变工业生产组织形式和性质时，需要关注生产个性化的趋势（这种趋势从20世纪末开始推广）以及个体消费者的劳动组织。

21世纪的主要技术挑战是：

——提高劳动生产率和降低生产成本的新技术创造速度的加快。

——加强生产、应用技术和产出物的“个性化”。

——采用产品生产模块化原则。

——不断增速的生产知识化、计算机化、机器人化。

——发展网络技术，组织生产时采用网络原则。

——生产的微型化/紧凑化。

——加强创建低成本和无废渣生产的趋势。

——不断增长的技术转让率。

——加强设计人员和制造商距离上接近的趋势，减少推出新产品的时间。

——扩大劳动“知识化区域”。

——生产关系的集群。

——生产活动中参与者的个人、动机、社会心理和其他特征的重要性。

——降低新产品生产的劳动力成本，增加新产品的开发成本。

——改变生产的收益结构，以制造更多科学密集型和高加工度的产品。

生产个性化原则及其同时的模块化对机床制造、飞机制造（民用和军用）、重型工程等高科技领域特别重要。生产的个性化以及制造商与个人消费者之间联系的建立符合现代信息和电信技术的需要。互联网的发展引发了B2B和B2C通信平台的大量建立。因此，创建了客户（消费者）和制造商之间直接沟通的有效工具。结合全新技术（虚拟设计、计算机可视化、

3D 打印等）的广泛运用，在不久的将来几乎没有浪费的、针对消费者的个性化定制生产将成为可能。

同时，生产的个性化可以促进企业和生产流程的组织向网络性原则发展。这允许快速创建和调整制造商和次级供应商，以及分包商和外包商之间的交互配置。在此基础上，制造的产品可以快速适应消费者的个性化需求，然后转向新的目标群体或其他新的市场。同时，网络组织有助于实现更广泛的生产个性化，这种现象正日益普遍。

根据俄罗斯科学院的研究，当今主要发达国家的经济发展主要依靠第五代技术秩序并正在向第六代技术秩序过渡，而俄罗斯经济主要处于第四代技术秩序和部分第五代技术秩序（见图 9 – 1）。

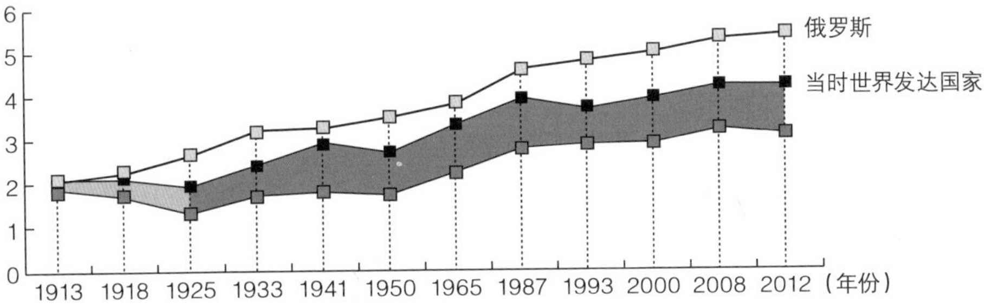

图 9 – 1　技术秩序的对比分析（俄罗斯工业的多技术秩序的发展过程）

第五代、第六代技术秩序的特点是知识的实际应用，甚至出现了“知识经济”（knowledge – based economy）的概念。科学知识在增加值中所占比重越来越大。因此，“创新”已经成为一个众所周知的概念，尤其是通过科学知识的应用及发展而产生的创新。

当今世界正在面临第六代技术秩序的到来，以生物技术、纳米技术、机器人技术、延长人类寿命和质量的新医学、虚拟现实技术等作为未来经济技术基础的轮廓逐渐显现。各个国家正在努力实现向第六秩序的过渡。

第六代技术秩序的雏形目前在技术发达国家才刚刚开始出现（首先出现在美国、日本和中国）。

按照专家的评估，在保持现有技术基础上经济发展速度的情况下，第六代技术秩序会在 2010—2020 年形成，2040 年成熟。而 2020—2025 年会发生新的技术科技和工艺革命，上述基本科技（或者其他）成就的研制成果会成为该革命的基础。

信息技术、生物技术、纳米技术以及认知科学的协同和融合非常重要，这种现象也称为 NBIC（N：nano，B：bio，I：info，C：cogno）会聚技术。“NBIC 会聚技术”由米黑尔·罗科（Mihail C. Roco）和威廉·班布里奇（William Sims Bainbridge）于 2002 年正式提出，米黑尔·罗科和威廉·班布里奇是科学技术的纲领性报告《聚合四大科技　提高人类能力：纳米技术、生物技术、信息技术和认知科学》（*Converging Technologies for Improving Human Performance*：*Nanotechnology*，*Biotechnology*，*Informational Technology and Cognitive Science*）的主要编著者①，该报告由世界技术评估中心（World Technology Evaluation Center，WTEC）撰写。该报告介绍了 NBIC 会聚技术的特点，以及其在世界文明发展中所起到的作用，更强调了进化和文化形成的重要意义。“NBIC 会聚技术”构建了最新技术交叉点的网络图，以达到可视化的目的。该网络图是在分析科学文章的基础上进行的，使用了基于交叉引用和聚类分析的可视化方法②。位于图外围的新技术的主要领域形成了一些互相交叉的空间。在接合处，使用一个领域的工具和产物来推进另一个领域。此外，科学家偶尔会发现不同领域中被研究的对象有时很相似。

考虑到上述的协同和融合以及现代科学的跨学科特性，可以预测（在不久的将来）NBIC 的领域会合并成一种科学技术知识领域。

物质的所有级别几乎都将成为该领域的研究和执行对象，包括物质分子性质（nano）、生命的本质（bio）、信息交换过程（info）和心智（cogno）。

因此，NBIC 会聚的特征为：

——这些科技领域的密集互动。

——相当大的协同增效。

——学科领域受到的影响以及涉及的范围——从物质的原子层面到智能系统。

---

① Roco M.，Bainbridge W. Converging technologies for improving human performance：Nanotechnology，biotechnology，information technology and cognitive science [M]. Arlington，2004.

② Mapping the Structure and Evolution of Science. Knowledge in service to health：Leveraging knowledge for modern science management / K. Borner [EB/OL]. http://grants. nih. gov/ grants/km/oerrm/oer_km_events/borner. pdf.

——显露人类个人和社会发展技术能力质量的增长前景[①]。

当前的技术发展方向带来了工业产品等级和结构发生重大变化的趋势。这些研究者不仅仅在第六代技术秩序范围内研究这些方向，有时还会超出这些范围。在知识密集度增加的同时，这种产品结构中的自然界能量和物质比例具有降低的趋势。

这一趋势为在满足人类日益增长的需求的同时降低环境的负担创造了基础。这一点非常重要，因为在第四代甚至在第五代技术秩序基础上发展生产，在追求经济增长的过程中，如果想要解决全球大部分居民正努力克服的经济落后的问题，则无法避免地球资源的枯竭和对生态平衡做出不可逆的破坏。这种威胁已经成为现实，因此只有使用能够降低产品生产资料和能源消耗的技术，才能消除这种危险。

另外，有前景的产品知识密集度会增长：如果不依赖最新的研究开发，就不可能实现产品结构中天然材料和能源占比的大幅降低。而且有前景的工业产品的其他新特性（个性化等）也依靠广泛的生产和新知识的应用来获得。

在非机器技术（生物工程等）的作用和重要性大大提高的情况下，第六代技术秩序仍然没有超越工业生产方式。

试图将按非机械原理运行的生产设备（使用声波、超声波、次声波及电磁场、无线电发射、等离子体、基本粒子流等）看作一种逻辑操作。该理论的支持者认为：“非机械设备”（相对于具有人工工作部件的机械而言）使用自然过程“作为工作工具”。但是，当发电机产生的电子在电线中运动时，以及由天然铁和碳分子组成的车床刀具机械作用于工件时，这都是一种自然过程。无论将刀具换成金刚钻或者其他的材质，车床仍然属于一种机器。

相反，NBIC 会聚技术的发展给了工业生产方式“第二次生命”，将作用于大自然的机械和非机械原理相结合，以最低的材料成本创造出满足人类需求的产品。基于与信息技术和现实虚拟化方法（3D 打印）相结合的新

---

① Praid V. , Medvedev D. A. NBIC 收敛的现象：现实与期望（“俄罗斯超人类主义运动”网络版）[EB/OL]. http://transhumanism - russia. ru/content/view/498/110/.

机器技术（打印机）开辟了重大机会。这可能会引起增材技术在一瞬间被广泛运用以及传统加工工业的比重减小。经使用“做减法”的生产技术（从工件上割取、打磨、锯切材料）后，产品的零件“组装”过程将替代对原材料要进行的加工［通过组合或构建材料（通常是逐层）来创建基于3D模型的对象］。

需要强调的是，一些传统工业工艺可以被发展为增材技术：铸造、烧结建材、粉末冶金。目前，这些传统工业技术与3D打印机的结合，或许能让我们看到打印整栋楼和建筑或至少是它的某个部分的3D打印机。增材技术包括一系列的技术方法，如材料的挤压模塑和喷射供应、片材层压、光聚合、粉末合成、点能量直接释放，并使用各种其他材料，如塑料、新型塑料、金属、复合材料、混合材料、铸造材料、陶瓷、测试材料等①。

实现向第六代技术秩序的转变和争夺技术领先地位的任务十分艰巨，与技术领先国家相比，俄罗斯的形势并不乐观。比如，在美国第五代技术秩序的生产力份额为60%，第四代技术秩序为20%，第三代技术秩序不到15%，第二代技术秩序为1%，第六技术秩序大约为5%。

俄罗斯经济呈现多成分技术特征，同时，有超过50%的技术属于第四代秩序，33%的技术属于第三代秩序，第五代秩序的技术份额约为10%，第六代秩序技术仍处于起步阶段。为了在最近10年成为技术领先者，有必要创建以第六代技术秩序为基础的发达生产体系，保证其占有庞大的生产份额。我们不仅需要“技术飞跃”，还需要改进整个生产体系（材料、劳动力、生产和知识的应用、生产组织）。只有这样，才可以谈论进入一个新的工业社会——NIS 2.0。

9.3 从改变技术到改变整个物质生产体系

在工业社会发展的新阶段（NIS 2.0），技术变革速度加快具有重要的意义。“加速的加快”正在成为未来社会经济系统的新特征。这个重要的意义

① 增材技术可能性的概述，详见：普罗斯维尔诺夫. 新技术革命与我们擦肩而过[EB/OL]. ПроАтом 网媒. (2012－12－11). http://www.proatom.ru/modules.php?name=News&file=article&sid=4189.

在于将科学成果转化为工业生产及其组成部分转化为工业产品的速度——这样的工业生产具有不断创新的特征。工业生产发展接近这一发展阶段的迹象已经很明显，特别是，技术转让等创新活动要素作为现代高效生产活动的组成部分被包含在生产过程中。

知识密集型技术及其相关资源和生产成果起着越来越重要的作用，有必要加快其发展和完善的速度，这也会引起宏观经济结构的变化。第二代新工业经济替代了工业生产绝对主导的古典工业体系，也替代了“服务型社会”。其中，应由创造知识密集型产品的一系列行业占据主导地位，包括生产该产品的行业，以及创造知识本身和培养能够掌握及使用知识的劳动力的行业。因此，21世纪的经济基础应该是一个结合了微观和宏观层面的综合体：

——可创造知识密集型产品的高科技物质生产。

——创造专业知识的科学。

——建立能够培养具备知识且在生产中会运用它的人才的教育和文化机制。

这样就形成了以物质生产为基础的新社会生产中的三大领域。

根据多位著名科学家（包括布兹加林和科尔加诺夫）的观点，经济发展的重点不应该是物质生产，而是建立“创意氛围”①。创意氛围这个概念包含了教育、科学和文化，而工业、建筑、交通、农业等领域则扮演着“域仆人”的角色，按照“创意狂人”的订单提供服务。而且，据我们了解，在这种模型中，市场和工业私营企业的作用明显被小觑，而国家、公民社会和计划的作用得到了广泛的诠释②。

当然，不能低估教育和科学的作用，我们不止一次地强调过。但也不能忘记，科学不仅挖掘了知识，还将其进行了升华和加工。科学的主导作用只体现在物质生产的应用上，它在技术过程中充当知识的传达者，最终

① 科尔加诺夫. 再工业化是怀旧吗？理论论述[J]. 社会学研究，2014(1)；科尔加诺夫. 再工业化是怀旧吗？关于替代性社会经济战略中的目标重点争论[J/OL]. 社会学研究，2014(3).

② 布兹加林. 俄罗斯经济体系的革新：必须摒弃市场原教旨主义[J/OL]. 现代经济问题，2014(3)；布兹加林. 俄罗斯经济体系：产权关系和内部公司治理的特殊性[J]. 管理理论与实践的问题，2014(10)：8－17；布兹加林. 规划在21世纪市场经济中的潜力和作用[J/OL]. 经济学问题，2016(1).

在产品工业化中发挥作用。因此，科学知识转化为工业生产的速度和效率至关重要。由此我们不止一次地强调科学、生产和教育必须紧密地结合①。

简要讨论了优先领域的问题之后，我们回到描述新工业社会起源的特征上。在新工业社会，物质生产具有全新的本质，其内容和作用与经典工业时代和所谓“后工业”时代不同。

总结上述差异，我们可以说，新型工业生产与传统工业生产的主要区别在于内容上的不同，新型工业生产拥有新型的技术、资源和成果，它与科学和教育紧密结合。与“后工业”不同的是，新工业社会经历了“否定之否定”螺线，实际物质生产取代了服务领域和中介等伪生产，以及人工虚拟仿真品生产领域，重新发挥决定性作用。

当然，需要强调的是，并不是要减少服务于人的素质发展和满足社会需求的服务行业，而是要限制那些不创造有利于个人和社会进步效益的行业。我们在下面会讨论这种限制机制，但需要强调的是，这些机制不应该是指令性的，而应该是经济性的，并应由社会自发形成，就像限制抽烟、饮酒等机制的形成。

21 世纪的新工业经济产生了新型劳动者。在这里重要的是要利用（通过批判性反思）现代发达经济体系的成果，也就是已有的“专业人才社会”的某些特征。当然，受过高等教育的人才是信息时代的遗产，但是，在新工业经济社会必须发生（并且已经开始）重大变化：未来从事新工业生产的主要专业人才不应该是经理、营销员和金融家，而是工程师、科学家和教师。实践表明，工业工人的面貌正在发生巨大变化：他们拥有中等专业教育和不断提高的专业资格。在这种物质生产条件下，科学家、工程师和工人不仅成为实际生产过程的参与者，而且成为斯莫林及其同事提到的终身教育过程的参与者②。

由于社会生产内容和结构的变化，21 世纪新型工业经济的主要生产环节是一个在微观层面上集生产、科教为一体的再生产过程的综合体。这种

① 博德鲁诺夫. 生产、科学和教育一体化是俄罗斯经济再工业化的基础[J]. 俄罗斯经济复兴, 2015(1):7－22.

② 斯莫林. 人类发展是 21 世纪现代化的基础[J]. 俄罗斯经济复兴,2015(2):34－37.

综合体能成为生产科教集群的基础，这个集群会在统一的信息、超微结构范围内连接生产企业、研发中心和教育单位。苏联时代的一些科学和生产协会（特别是开展太空和原子项目的协会等）的经验值得批判性借鉴，国外代表性技术园区如集生产、科研和教育于一体的“硅谷”，近年来俄罗斯也在重建此类集群。

我们稍后会回来分析这些过程，现在让我们来讨论一下伴随着 21 世纪新工业经济形成过程中社会生产内容和结构的变化而出现的经济关系和经济体系的变化。新的经济体系意味着更新升级，一方面推动市场自律和私有财产的发展，另一方面给国家对经济的干预和调节带来挑战。

事实上，生产的个性化、灵活性和知识密集性，互联网技术在物质生产中的广泛使用及后续的交换，个人专业素质的提高——这些都为中小企业的发展提供了动力，使经济自由度的提高变得有必要。创新企业家的个人经验、精力和才能发挥了非常重要的作用。

从这个意义上说，21 世纪的新工业经济是对古典工业和晚期工业资本主义初期的否定之否定，福特、克虏伯、奔驰等工业帝国就是在这一时期建立的；当时莫罗佐夫家族（Морозов）和俄罗斯其他杰出企业家和创新者也建立起了自己的商业帝国。但 21 世纪的新工业经济与那个时代有着原则性的区别。现代挑战的存在使得公共和国家经济体系需要在许多领域取得发展。其中，基础科学和应用科学作为现代生产的主要领域之一、大众公共职业和高等教育系统的建立，以及对员工不间断的培训起着相当重要的作用。

上述综合体（生产科教集群）的发展目标和生产、科教的宏观经济一体化，现代经济的结构调整，过度发达的中介领域的清除都需要在积极的国家工业政策和长期的国家与私人的投资合作中进行。

在这种情况下，国家经济调控的其他领域也应相应地被调整（这些任务已在进行中，比如在中国）。

向知识密集型产品的大规模创造和使用的转变也对经济关系和制度提出了严格的要求。这种综合的性质转变导致经济关系和制度体系出现许多变化。比如，产品的所有权是一个权利体系，不仅包括实体物权，还包括知识产权。大家都知道，高科技产品技术开发成本和知识产权保护成本与生产成本相当，在某些情况下甚至高于生产成本。所以，知识产权问题对于新的工业经济来说至关重要。

在新工业中，市场和国家监管、私营企业和国家所有权制应该拥有全新的形象。

第4部分

再工业化、进口替代、积极的产业政策

第 10 章

技术领先和国家安全[①]

俄罗斯的经济现实让我们不得不考虑：鉴于当前全球经济和地缘政治趋势，我们能否在保证经济发展的同时，保证俄罗斯经济和政治的独立性？这里引用一段话："……经济安全可以被视为经济和社会生产力的一种状态，足以确保国家社会和经济的稳定发展，维持国家必要的安全水平和国民经济的竞争力。俄罗斯经济安全方面的优先事项是发展国家经济，进行独立的经济政策，克服国家对国外科学、技术和工艺等资源依赖……需要采取一些措施保持和发展科学、技术、工艺和生产潜力，纠正俄罗斯变形的经济结构，以确保知识密集型和高附加值产品生产的更快增长，同时优化结构调整和加强国家对经济的监管。应特别指出需要支持前沿的学派，加快形成科技储备和建设国家技术基地，建立私人资本参与机制……俄罗斯在过去的发展过程中始终是自给自足的。只有这样，我们才能在可预见的未来成为世界社会经济进步中心之一。而转折点就是现在。现在俄罗斯有机会消除危机期造成的严重社会和经济后果，为稳定发展创造条件，其中最重要的就是加速工业现代化……"[②] 以上引自笔者在收到编辑部"俄罗斯国家安全战略"约稿后写的一篇文章。此外，笔者在 2005 年 12 月俄罗斯安全委员会会议上做出的报告中讨论了经济安全背景下的国家安全问题。

---

① 根据"工业的创新发展作为俄罗斯技术领先和国家安全的基础"全俄会议报告（莫斯科，2015 年 5 月 20 日）以及在纪念阿巴尔金报告会上以"俄罗斯的经济安全"为题的有关"圆桌会议"及"俄罗斯的经济增长"的演讲（莫斯科，2016 年 2 月 10 日）编写。

② 博德鲁诺夫．国防工业综合体现代化与确保国家的经济安全[C]//地球年：政治、经济、商业、银行、教育．莫斯科：Экономика 出版社，2005：107 – 112.

这些问题的讨论由阿巴尔金主持，他对该报告进行了积极的评论。可以看到，目前经济安全方面的问题已经得到越来越多的重视和研究。

尽管如此，甚至总统批准了《俄罗斯国家安全战略》，但还是“库德里经济学”大获全胜。虽然在 2009 年危机发生的前几年，石油美元为我们的经济下了一场“金雨”，但几乎没有采取任何鼓励行业发展的措施。在各级都讨论了这个问题后经济开始不景气，所以就很少关注工业基地作为经济支柱的发展了。比如，2013 年 3 月新兴工业发展研究所与俄罗斯科学院经济研究所共同编写了一份报告［该工作组由德米特里·索罗金（Дмитрий Сорокин）领导］。此报告是由笔者和格林伯格联合向联邦委员会做出的。报告中提到转变经济发展模式、回归工业发展道路以确保国家安全。

其实俄罗斯总统也多次谈到当前的经济发展模式已经走到尽头，必须向另一种模式过渡，迫切需要准备下一次技术革命，进行技术开发。但直到 2014 年都没有什么实质性进展，然后突然意识到现在有必要在尽可能短的时间内奋起直追，现在面对的形势更加严峻，我们正在落实这方面的政策。

但是由于历史强大的惯性，我们将无法跳出不合时宜的自由货币经济模式的车辙。现在传统方法的弊端已经显露出来了：我们本质上没有解决问题，而是开始集中修补漏洞。至少，相关国家部门采取的措施有时更像是修补漏洞，而不是从根本上调整产业发展战略方向，反而加重了国内工业发展的慢性疾病：国家对工业基地的发展缺乏足够的规划，尤其是机械工程。因没有得到财政和经济部门的支持，2011—2012 年所制定的行业发展战略在 2013—2014 年变得无效，已不再符合全球经济和技术巨头的发展趋势。

例如，俄罗斯本地车企开始关闭和撤离，不仅是通用汽车，还有许多二级、三级经销商也从俄罗斯撤离了，这更能说明问题。出现这种现象，主要不是因为制裁而是其他方面的原因，例如消费者需求。众所周知，2015 年新车销量比 2014 年减少了约 35%。进口汽车或主要由进口部件组装而成的汽车超过了国内消费者的购买能力。而这个本地化项目并没有成功地建立和培养自己的工厂和零件生产基地。在这种情况下，进口替代就变成了一厢情愿的纸上谈兵。发动机制造业、航空工业和机床制造业也面临同样的情况。

这项工作受到行动的不连贯和不协调等负面影响，直到火烧眉毛才开始寻找解决方法。比如汽车行业，行业巨头要求在 2014 年推出优惠汽车贷款计划，但该计划到 2015 年 4 月才迟迟推出，当时汽车销量已下降了 42.5%。另外一个例子，来自土耳其的组件在海关拖延，导致相应的生产延迟了大约半年。

目前发达国家向第六代技术秩序迈进，全球经济领先者正是技术领先者。俄罗斯主要处于第四代技术秩序极端（部分行业跨入第五代技术秩序），我们应该认识到至少在关键技术上赶上发达国家的必要性，因为技术风险已经影响到国家安全。

这里存在“技术界限”的概念，即对基本经济制度性能起到决定性作用的先进技术水平。根据俄罗斯高等经济学院的测算，按照目前的技术发展速度，我们到 2050 年左右才能达到发达国家目前的技术水平，所以我们一再强调要在新技术基础上进行真正意义上的再工业化，转向基于先进技术发展的经济模式。模式的选择将决定日常问题的解决方案，以及如何协调国家机关和单位来完成这些任务和战略性地发展俄罗斯的整体经济。

因此，今天经济界和政府正面临着寻找新的经济增长模式，甚至可以说寻找新的经济学说的任务。

这里不再一一详细列举，但国内工业基础领域的生产大幅下降已经是不争的事实（详见第 5 章）。还有一个问题是俄罗斯的资本外流：根据俄罗斯银行的数据，2014 年资本外流达到 1515 亿美元，几乎是 2013 年（610 亿美元）的 2.5 倍。这对本国货币和市场行情带来了额外的压力（见图 10－1），扼断俄罗斯企业的国内长期资金来源。如图 10－2 所示，俄罗斯股市跌幅远超所有金砖国家，这从侧面有力地证实了当前经济发展模式的低效率。

如图 10－3 所示，俄罗斯科学院经济研究所宏观经济分析和预测中心编写的分析报告指出：“……主要风险与 2008—2009 年经济危机之后出现的新问题和挑战有关。基于能源出口和油价上涨的旧经济增长模式已经走到尽头。2011—2013 年能源市场的良好发展势态并没有引起经济增长的加速。而 2014 年石油价格的疲软影响了预算平衡，并造成本币大幅贬值，卢布的贬值幅度远远超过其他‘以原料为经济基础’的货币。对俄罗斯现代经济管理体系进行结构性和制度性改革已经迫在眉睫。”①

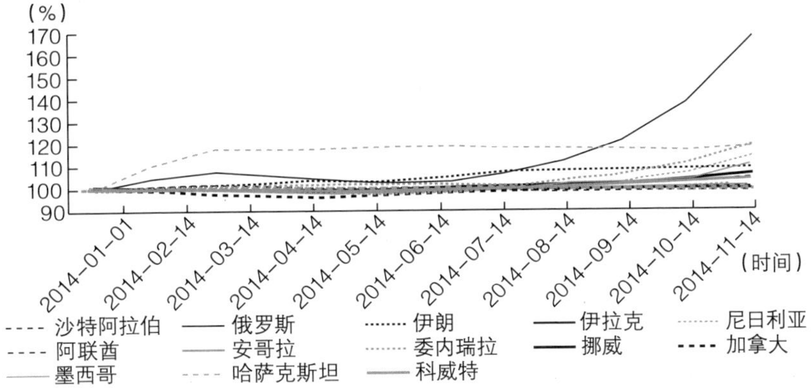

图 10-1　2014 年石油出口国兑美元的汇率动态

资料来源：oanda. com。

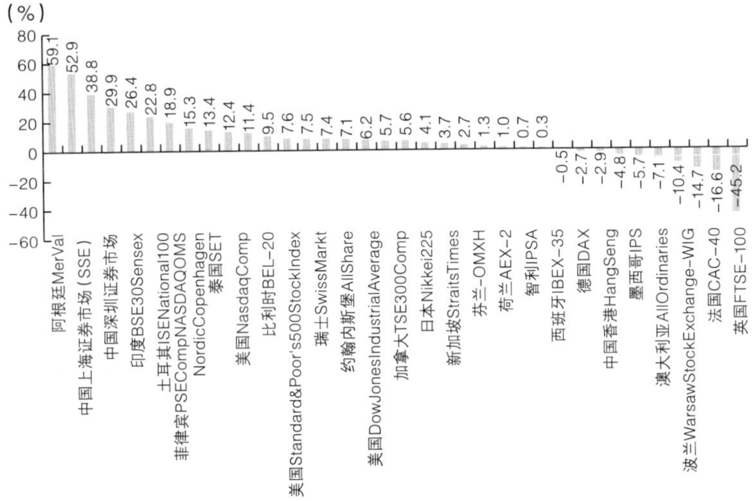

图 10-2　2014 年全球主要证券市场指数涨幅榜

因此，俄罗斯经济问题早在被制裁之前已经出现，制裁只是加重了问题并更容易引起专家的关注。例如，在 2005—2006 年笔者就坚持抵制现有

---

① 2014 年俄罗斯经济形势及 2015—2016 年发展预测：分析报告[R]. 莫斯科：俄罗斯科学院经济研究所，2015.

经济发展模式，主张通过恢复工业发展实现经济现代化①。

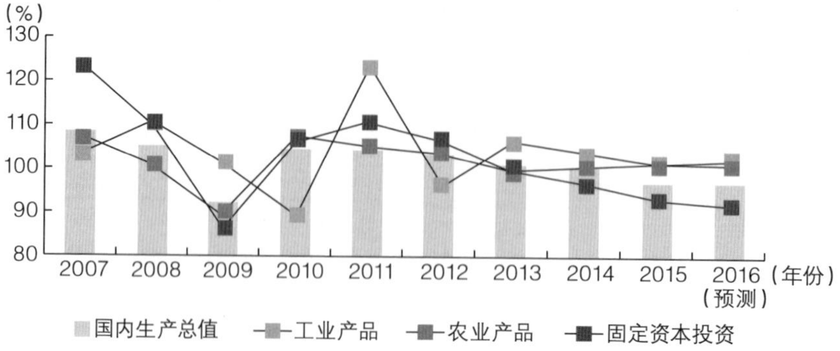

图 10－3　俄罗斯 2007—2016 年宏观经济主要指标的同比动态

基于优先发展高技术的再工业化将会成为新方向的主要特征②。这里要强调，不是要恢复苏联工业（有时其中的一些小步骤也是有必要的），而是要按照新兴工业发展研究所提出的世界经济性质的新概念，在质量上更新物质生产技术的基础。这里说的是经济体系的增速变化，包括上述生产过程中所提到的主要部分，即组织基础，技术、材料和设备，生产劳动内容和生产过程的结果——产品。

再次强调，建立全新的工业技术基础的任务与关于需要转向新的生产物质基础的观点并不矛盾，比如基于第五代和第六代技术③秩序的广泛使用

① 博德鲁诺夫．国防工业综合体现代化与确保国家的经济安全[C]//地球年：政治、经济、商业、银行、教育．莫斯科：Экономика 出版社，2005：107－112.

② 详见：博德鲁诺夫．俄罗斯经济再工业化：准则、潜力、风险[J]．俄罗斯经济复兴，2013(1)：19－49；博德鲁诺夫．关于在世贸组织背景下俄罗斯经济再工业化的问题[J]．俄罗斯经济复兴，2012(3)：47－52；博德鲁诺夫．再工业化：俄罗斯自由经济协会圆桌会议[J]．新经济世界，2014(1)：11－26；塔塔尔金．市场亢奋后的清醒虽已推迟，但仍在发生：访谈[N]．城市 812，2014(32)：21－23；博德鲁诺夫．俄罗斯经济的再工业化：机遇、目标、准则、限制和风险[M]．圣彼得堡：新工业发展研究所出版社，2013；博德鲁诺夫．再工业化：俄罗斯自由经济协会圆桌会议[J]．新经济世界，2014(1)：11－26.

③ 格拉泽夫．论美国侵略背景下俄罗斯经济安全面临的内外威胁：研究报告[R]．莫斯科，2014.

的信息化、小型化、个性化和组织网络化①，以及广泛利用员工的创造潜能②等（详见第 9 章）。但是它与简陋化的后工业支持者的观念相对立，后者宣扬非生产服务领域、中介、金融交易的优先发展。误解是一种在科学分析中使用方法论的结果，这个方法论主要研究处于静态或某种动态中的经济体系，但几乎一直都不考虑“动态中的动态”、加速度、二阶导数以及对所分析的现象、过程、系统元素和它们之间关系的本质的不断且非匀速的改变。

再工业化作为经济政策的主要目的是在经济结构改革过程中恢复工业的地位和作用，以及在俄罗斯现代化范围内按照新的先进技术秩序优先发展物质生产和实物经济。

去工业化的后果之一是俄罗斯融入全球分工的效率下降。这表现为俄罗斯目前在大部分基本领域中仍然处于创造价值链的初始阶段，这导致俄罗斯对发达国家的技术依赖。俄罗斯在从事开采、生产和向国际市场供应天然气、石油、黑色金属和有色金属、钾肥等低加工产品的领域中处于专业领先地位。俄罗斯的高科技出口主要与武器和军事装备有关（部分核能工业、航天技术和钛制品生产，但占比很小）。

俄罗斯如果想要稳定地发展、保持世界大国的地位，确保国家安全，必须面对一场相当艰难和毫不妥协的斗争。可见，在未来，只有能够在高新技术开发和应用方面占有领先地位并拥有高端人才的经济体才会有竞争力。

2012 年普京竞选总统发表演讲说，要摆脱当前局势最重要的就是恢复俄罗斯技术的领先地位。

保证俄罗斯竞争力的主要因素是生产的技术现代化也得到专业人士的共识。2014 年普京总统在圣彼得堡经济论坛发表演讲说：“俄罗斯需要一场真正的技术革命，一场重大的技术升级，我们需要对我们的企业进行过去

① 卡斯特尔．信息时代：经济、社会和文化[M]．莫斯科：高等经济大学出版社，2000.

② 科尔加诺夫．再工业化是怀旧吗？关于替代性社会经济战略中的目标重点争论[J/OL]．社会学研究，2014(3)；克拉西利希科夫．现代化与 21 世纪前夕的俄罗斯[J/OL]．哲学问题，1993(7)：54－55；萨卡亚．知识创造的价值或未来的历史[C]//西方新的后工业浪潮：选集．莫斯科：Academia 出版社，1999.

半个世纪以来最大规模的技术改造。”①

需要解决生产能力和固定资产的折旧问题。如图 10－4 所示，根据俄罗斯联邦国家统计局的数据，截至 2013 年年底不同工业领域固定资产折旧率为 40% ~60%，俄罗斯联邦盈利企业中完全折旧的固定资产占比为 14.6%（制造业为 13.3%，这个数字自 2007 年以来一直保持稳定）。详见图 10－5。

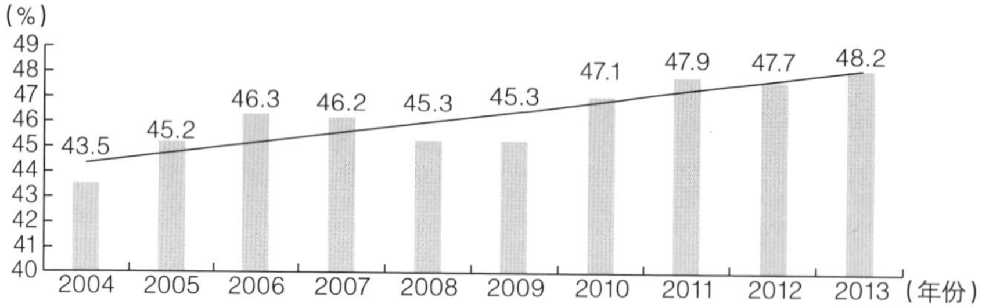

图 10－4　俄罗斯 2004—2013 年固定资产折旧率动态趋势

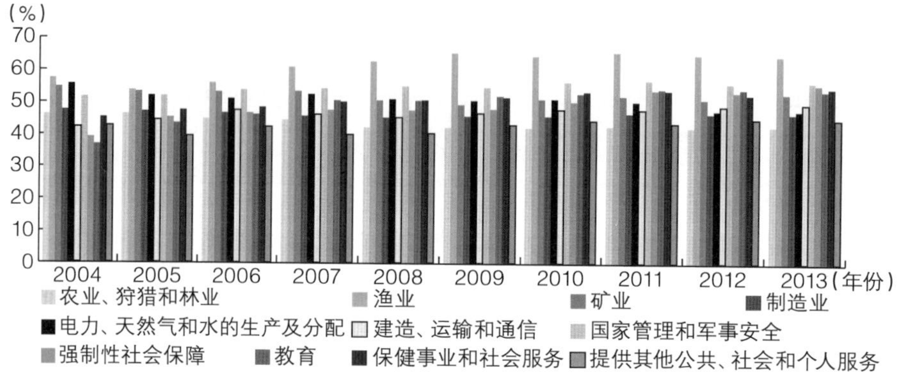

图 10－5　俄罗斯 2004—2013 年按行业分类的固定资产折旧率

更令人不安的数据则是固定资产折旧率，比如，在电力行业和天然气行业中该指标为 60%，炼油行业为 80%，煤炭行业高达 90%②。2004 年，只有 8.6% 的工业生产设备不到 5 年（1988 年为 33.7%），有 5.1% 为 6 ~10

① 普京. 在圣彼得堡国际经济论坛全体会议上的讲话：关于第十八届圣彼得堡国际经济论坛全体会议的记录［R/OL］.［2016－01－10］. http://kremlin.ru/events/president/news/21080.

② 格拉日丹金. 俄罗斯的白皮书：建设、重组和改革（1950—2012 年）［M］. 莫斯科：Либроком 出版社，2013.

年（1988 年为 29.1%），有 51.5%超过 20 年[①]（1988 年为 12.4%）。在改革期间，折旧年限超过 20 年的设备所占比例急剧上升。这意味着，相关企业不可能实现技术突破，既缺设备又缺专家。俄罗斯 2013 年固定资产（不包括小企业）的更新系数仅为 11.4%。

未来技术革命和工业革命是同时进行的，并可能引起包含在信息网络中的“智能”和机器人化的企业网的建立；这些企业通过高度个性化的虚拟仿真指导来生产；能够在产品特性的改善中自我完善；这些企业的运作基于集成技术（生物信息学、增材技术等）。

可是俄罗斯能否顺利从第四代技术秩序直接跳跃到第六代技术秩序呢？在这个问题上，各位经济专家有不同的看法。比如，俄罗斯科学院经济研究所经济科学博士苏哈列夫（О. С. сухарев）认为：“……任何工业计划、系统性的变化应按次序实行……不是突击的逻辑，克服什么突破口……技术不可能跨代跳跃。是的，可以通过某种方法缩短周期，但技术逻辑不存在无理由的跳跃。”[②]

其他研究人员持不同观点。比如，格拉济耶夫[③]指出：……为了成功实现技术跨越，落后国家需要准确预测新技术秩序发展方向，并提前部署实施。如果落后国家能够在新技术秩序形成的胚胎期就达到超前水平，那么成功的可能性就更大。主导技术秩序的迭代具有以下特征：新“技术轨迹”的形成、新“行业领导者”的出现、基础研究应用成果进入实物经济领域的时间缩短。同时，按照格拉济耶夫的看法，当前经济发展阶段的特征是“技术秩序迭代”。

“俄罗斯 2020 年前的长期社会经济发展的概念”中的战略目标是俄罗斯转变为世界经济的全球领导者之一。经济增长的创新模式要求不仅要开发新技术知识，还要注重技术知识在生产中的运用和转化。因为技术知识

---

① 格拉日丹金 A. 俄罗斯的白皮书：建设、重组和改革（1950—2012 年）[M]. 莫斯科：Либроком 出版社，2013.

② 博德鲁诺夫. 俄罗斯经济体系：高科技物质生产的未来[R]. 莫斯科国立大学科学委员会关于制定现代经济理论及俄罗斯社会经济发展模式的会议材料（2014 年 6 月 5 日）. 圣彼得堡：С. Ю. 维特新工业发展研究所出版社，2014.

③ 格拉日丹金. 俄罗斯的白皮书：建设、重组和改革（1950—2012 年）[M]. 莫斯科：Либроком 出版社，2013.

只有经历了完整的生命周期（从概念的开创到在经济实践中的实际运用）才能推动经济发展。

当然，这需要发达的工业基础。具有发达工业潜力（主要是现代机器和仪器制造）的国家才能在创新经济中占据领先地位。这两个行业作为国家创新系统的核心，一方面，它们自己产生对技术创新的需求，另一方面，它们有助于其在生产过程中更好地掌握技术。

同时，利用新技术和技术工具，面向最终消费者产品的生产与投资需求可以转移到境外（制造外包）。但创新领导公司仍然是技术知识的拥有者和新设备生产的集成者，也是创新利益的获得者。因此，在未来经济中，不仅不能否认产业基地的作用，反而要为其发展和提升竞争力创造条件。在这种条件下，除了产业潜力以外，其创新性、持续技术的更新能力在保持竞争力和发展特定企业以及促进整个国民经济发展方面都发挥着至关重要的作用。

进口替代作为一个区域问题，其在本质、目的和实施机制上与俄罗斯经济创新再工业化中的其他更大的任务一致。① 在顺利实施进口替代政策、再工业化战略和推进国家经济创新现代化的情况下，我们就能够进入世界目前正在形成的有前景的技术秩序，在重要领域取得技术领先地位，确保国家安全并推动俄罗斯经济发展实现质的飞跃。

---

① 博德鲁诺夫．进口替代的理论与实践：经验与问题［M］．莫斯科：新工业发展研究所出版社，2015.

第 11 章

经济创新发展：在创新的风帆下前往 NIS 2.0

俄罗斯一直在开发新技术，但在主要行业没有重大进展。如图 11 -1 所示，每年开发的新技术数量大概保持在同一水平。

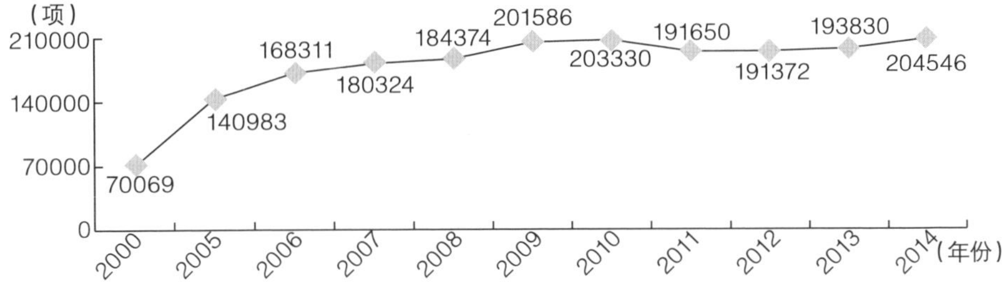

图 11 -1　俄罗斯 2000—2014 年工业中使用的先进技术数量

俄罗斯虽然总体科技潜力较高，但企业的创新活力还是不足，多年来几乎没有改善。2013 年进行技术、组织和市场创新的企业占比不足 10%，原因是缺乏有效机制以将现有潜力转化为经济需要的技术，特别是工业需要的技术。为了促进新理论的产生、开发和实施，将其转化为创新技术，需要设置一个专门机构系统，在世界实践中被称为国家创新体系（NIS）。

创新体系经常被定义为一种组织和经济机制，拥有适当的基础设施，引导科学组织从发明中获得商业和社会效益，引导生产组织基于这些发明的运用来不断地更新产品、技术、生产组织、劳动和管理，以及帮助政府机关和民间组织开展大规模创新活动。

可以将国家创新体系定义为一系列单独的体系，这些体系共同（和单独）促进新技术开发和普及，并形成政府能够制定用以影响创新过程的政策，如图 11 －2 所示。

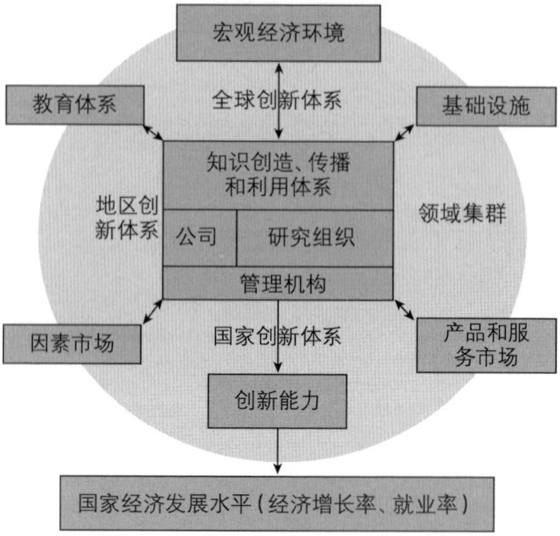

图 11 －2　国家创新体系结构

1987 年，弗里曼在研究日本技术政策时首次使用了国家创新体系，关于创新体系的最早著作有《国家创新体系》[①]《技术进步与经济理论》[②]。

今天，研究者对国家创新体系的定义各不相同，但均包含一些基本要素。定义国家创新体系的主要原则为：

——遵循熊彼特[③]关于企业创新和科学发展的竞争思想，将其作为经济动态发展的主要因素。

——重视知识在经济发展中的特殊作用。

——将创新活动的制度背景视为直接影响创新内容和结构的因素。

国家创新体系可以被视为一个能确保国家创新环境运行的综合（立法、结构、创新）机构体系。换言之，国家创新体系是一系列相互关联的组织（机构）的总和，这些组织在国内从事科学知识和技术的生产和商业盈利。同时，国家创新体系是一系列法律、金融和社会的体系，这些体系能确保创新过程，并具有民族根源、传统、政治和文化特征。

---

① 国家创新体系[M]. 彼得格勒：Пинтер 出版社，1992.

② 技术进步与经济理论[M]. 莫斯科，1988.

③ 熊彼特. 经济发展理论[M]. 莫斯科，1983.

但是近来创新体系越来越被视为知识转化体系，维特新工业发展研究所正是采用了这种方法。如前所述，知识是现代物质生产中任何基本要素的关键环节（详见第 1 章）。

从本质上讲，国家创新体系是一个相互关联的机构体系，用于创造、储存和转让决定新技术的知识和技能。从这个角度来看，如果没有生产与教育和科学的深度融合，是不可能实现再工业化和现代生产（尤其是未来工业）的进一步顺利发展的——无论是理论上的还是实践上的。同时，生产、科研和教育的融合是俄罗斯经济实现再工业化的必要组织条件和先决条件。

知识被视为创新体系从环境中获得的主要输入信息。这些知识进一步转化，意味着知识也是创新体系的主要输出结果。知识转化过程包括获取、生产、传播、整理和标准化、应用以及知识管理，是在国家创新体系内由不同组织实现的，其中包括大学、研究院、公司研发部门、设计试制部门、技术转移中心、标准化协会、专利代理机构和参与创新政策制定的政府机关。

从根本上讲，俄罗斯国家创新体系的形成与发达国家有相似之处。它经历了几个阶段，现如今基于俄罗斯联邦一系列法律法规、国家决议和目标方案运作，特别是“俄罗斯联邦 2020 年前创新发展战略”①：

俄罗斯国家创新体系发展的主要阶段：

——初步阶段：1991 年 12 月底成立俄罗斯技术发展基金会，1992 年 4 月成立俄罗斯基础研究基金会，2014 年 2 月成立促进科技领域小型企业发展基金会。

——第一阶段（2000—2005 年）：挖掘和支持有能力的团队和机构，实施具体项目；直接向国家级重点创新项目投资，为小型高科技企业提供补助金；建立创新体系人员基础，为人员培训和再培训提供资金。

——第二阶段（2005—2010 年）：开发创新活动的基础设施和项目工具来完成俄罗斯联邦目标计划机制预算范围内的任务。建立风险投资公司、

① 俄罗斯联邦创新发展战略（由俄罗斯联邦政府 2011 年 12 月 8 日第 2227 - r. 号法令批准）[DB]. [2016 - 01 - 10]. http://base.garant.ru/70106124/.

经济特区、科技园、商业化中心：2005 年建立企业孵化器；2005 年年底建立 6 个经济特区；2006 年 3 月批准“在俄罗斯联邦建立高科技领域技术园区”综合计划；2006 年 6 月创建俄罗斯风险投资公司；2007 年批准“纳米产业发展战略”；2007 年 6 月建立俄罗斯纳米技术公司。

——第三阶段（2010 年至今）——将大部分应用研究从以基础科学为导向的科学院和科研部门转移到大学：2008—2010 年，俄罗斯一些国立大学获得了额外的发展资金；2010 年 4 月开始实施国家联合资助高科技生产计划；2010 年 8 月明确有义务起草、审批和报告创新发展方案的国有参股公司名单；2010 年年底启动技术平台；2012 年春季建立创新地域集群。

如图 11 –3 所示，国家创新体系主要包括国家、科学教育创新综合体、投资再生产基础设施服务组织体系、业务结构和市场基础设施制度。

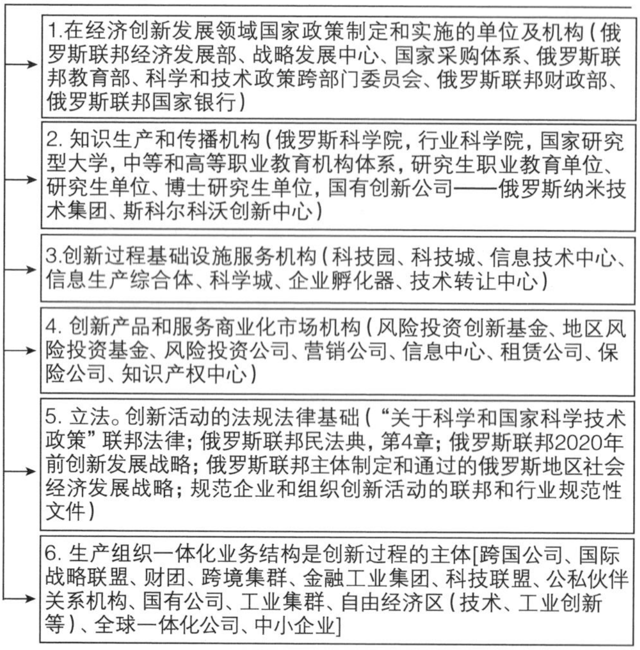

图 11 –3　俄罗斯的国家创新体系

国家作为国家创新体系的关键要素，为经济创新进程提供全方位支持，确保战略优先权并积极协调。俄罗斯已经建立了国内主要的创新机构，但创新仍然没有得到高度重视。实施技术创新的工业生产单位的比重从 2000 年的 10.6% 下降到 2012 年的 7.9%，2013 年达到 8.9%。同时，创新产品、工程和服务的数量有所增长（从 2009 年的 4.5% 增长到 2013 年的 9.2%），但仍远低于大多数领先国家。

俄罗斯创新体系的“短板”是效率低，其与国家创新体系参与者之间的利益冲突、自相矛盾、不连贯性、缺乏适当的经济动机以及不同国家创新体系主体创新活动绩效指标体系的不协调有关。

可见，有必要在系统方法的基础上，制定一种新的方法来评估国家创新体系及其组成部分的有效性和效率，以加强俄罗斯工业以创新更新为导向，为俄罗斯取得世界技术领先地位创造先决条件，建立有效机制，将创新潜力转化为市场所需的新技术。

国家创新体系效率低下的另一个主要原因是没有成熟的创新产品、服务和技术市场，尤其是知识产权市场不完善。新工业发展研究所和俄罗斯知识产权研究所对 150 多个联邦、地区和行业创新发展战略和方案的内容进行了分析，结果显示：知识产权市场的发展——创新发展的“驱动带”之一——在上述大多数文件中根本没有涉及。

必须承认，在现阶段，如果没有外国技术的大规模转让，俄罗斯经济的技术现代化是不可能实现的（俄罗斯每年购买 1400 亿 ~ 1650 亿美元的外国技术）。然而，由于财政和政治因素的限制，俄罗斯无法获得全面的外国技术支持。因此，这是一个技术现代化必须面对的问题。2014 年 1 月 13 日，俄罗斯总理批准了《2030 年前俄罗斯联邦科学技术发展预测》（简称《技术发展预测》）①。根据政府计划，《技术发展预测》提到应确保俄罗斯寻求新的技术解决方案、保持俄罗斯技术领先地位和技术独立性。

《技术发展预测》中提出的技术优势领域清单旨在为俄罗斯新研发的资源投入制定优先发展方案，并积极借鉴国外的经验。俄罗斯联邦科学技术发展的前景方向包括信息通信技术、生物技术、医学和卫生、运输系统（包括航空制造业和造船业）、空间技术和空间系统、材料（包括纳米技术）、环境管理合理化技术、能源效率。

再次强调，现代工业生产与政府首次广泛和成功采用一系列工业政策

① 2030 年前俄罗斯联邦科技发展长期预测相关资料[EB/OL]. 高等经济大学网站. http://prognoz2030.hse.ru/.

时最重要的区别是知识经济的创新性。因此，这不仅是一个新技术清单的问题，而且需要保证技术创造的过程持续不断。

当然，无论什么样的社会制度，在工业生产中，新技术的不断出现并不是一个新鲜现象。然而，自 20 世纪末以来，创新过程就变得持续不断，产品线不断更新和新技术开发是保持生产有效运转的必要条件。潜在生产具有持续创新的性质；技术的研究、开发、转让和引进成为这种生产体系不可分割的一部分，成为生产过程的一部分。工业活动范围内科学和生产单位之间的关系，如技术转让，是生产过程的必要因素。在国家层面，为确保这一创新过程必要的连续性，研发成为国民经济的一个特殊部门（从长远来看是一个非常重要的部门），并形成服务于国民经济创新过程各个阶段的国家创新体系。

《技术发展预测》国家项目①旨在在俄罗斯联邦设置一个有竞争力的研发部门，以保证俄罗斯经济的技术现代化。计划在 2013—2020 年投入 11870 亿卢布。该计划的主要目标是资助科学和技术基础研究，推动技术成果转化，并支持跨学科研究，与过去几十年间俄罗斯在科学和技术领域中取得的前瞻性成就有关。为实现这些目标，科研支出稳步增长。如图 11 -4 所示，联邦预算中科研支出总额及其占国内生产总值中的份额逐渐提升，但仍保持在 0.5% ~0.6% 的低水平。

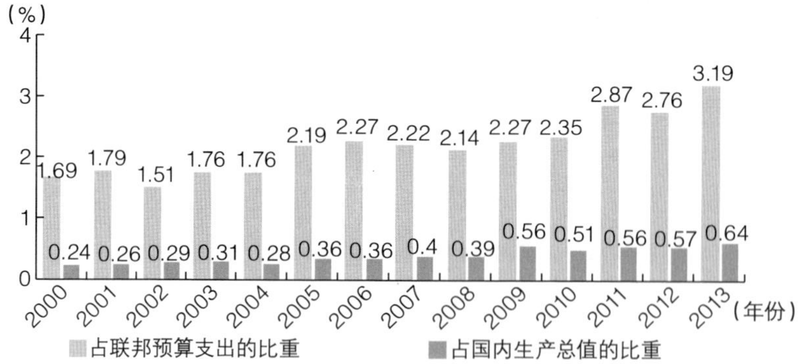

图 11 -4　俄罗斯联邦 2000—2013 年科研支出总额占联邦预算支出和国内生产总值的比重

---

① http://минобрнауки.рф/. 俄罗斯联邦教育和科学部网站.

然而，国家鼓励创新体系发展和科学研究的投资和政策优惠明显不足。科研组织大幅减少（从 2000 年的 3799 个减少至 2013 年的 3005 个），而经济活动主体数量和国内生产总值有所增加，如图 11 -5 所示。研究活动对公司和组织的吸引力正在下降。根据俄罗斯联邦统计局的数据，技术开发越来越由专业研究机构进行，而这些研究机构脱离于实际生产。这表明科研和生产持续脱钩，减缓了创新和新技术的使用。

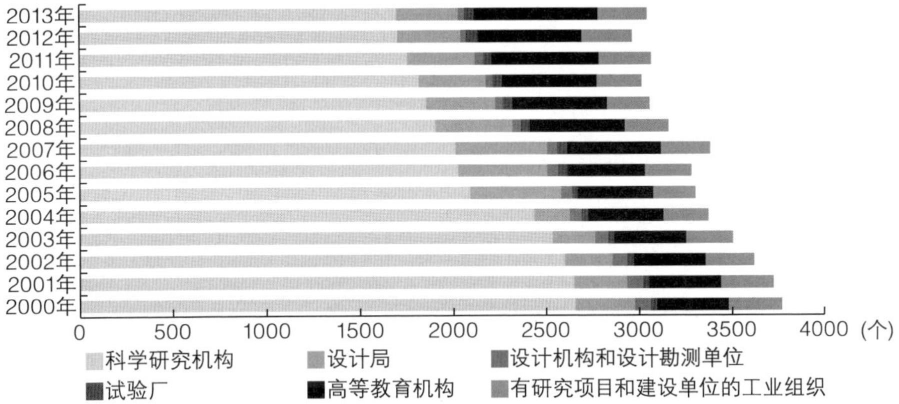

图 11 -5　科学活动参与的单位

为了保证俄罗斯在未来全球分工中占有一席之地，需要制定和实施一个长远性的综合规划。2014 年 12 月 4 日在俄罗斯联邦会议上俄罗斯总统委托俄罗斯科学院编制《国家技术倡议（NTI）概念性基础》①。俄罗斯风险投资公司（RVC）已开始制定国家技术倡议路线图，约有 750 名专家参与其中。

由俄罗斯科学院副主席弗拉基米尔·伊凡诺夫（B. B. Иванов）领导的俄罗斯科学院工作组（笔者是其成员）起草了一份草案，根据该草案，未来几十年技术领导国家应满足以下一系列要求：

——具有明晰的科技和创新政策，以技术领导为导向，并辅之以必要的资源。

——科学研究组织形式的多样性。

——基于独立技术的知识密集型工业。

① http://ras.ru/viewnumbereddoc.aspx? id = 69fa7c74 - 4033 - 4215 - b908 - 911a87acf803&_ Language = ru. 俄罗斯科学院网站.

——培养创新者的教育。

——企业是研发的主要投资者。

——企业为社会发展做贡献。

为了成为技术领导者之一，俄罗斯应解决一系列问题：

——生产能力现代化。

——支持和鼓励企业创新活动。

——资助科学研究活动、开发新技术。

——培养各级高素质人才：工人、科学家、教师、管理人员。

——积极发展创新基础设施，以推动科学和商业的结合。

该草案的最终目标是实现俄罗斯技术水平赶上领先国家和经济体。

第12章

工业政策作为再工业化和进口替代的工具[①]

12.1 进口替代和出口重组（国际经验和俄罗斯问题）

加强俄罗斯经济再工业化措施的一个重要动力是西方制裁造成的进口替代需求。如表12－1所示，制裁名单上主要是国防工业企业。这些企业生产军用和民用产品，积极参与俄罗斯工业的创新和技术发展，与民用工厂、研究实验室、设计局等单位都保持合作关系。

表12－1 2014年俄罗斯受制裁企业名单（摘录）

公司	经营范围
卡拉什尼科夫集团无限公司	军用自动武器和狙击武器、运动设备和狩猎武器、机床和工具制造
希普诺夫院士仪器制造设计局上市股份公司	反坦克导弹系统、防空系统、射击军械和火箭筒的研发
“机械工程研究与生产联合体”军工集团	火箭技术，包括弹道导弹、巡航导弹、卫星和载人宇宙飞船研发
金刚石－安泰科研生产防空反导联合体上市股份公司	研制和生产防空反导武器
无线电电子技术集团（KRET）上市股份公司	研发和生产无线电电子对抗和航空电子设备

① 根据博德鲁诺夫在2015年5月14日“经济危机时期促进工业发展”国际科学讨论会的“进口替代和其他再工业化战略”会议上的报告文本编写。

续表

公司	经营范围
俄罗斯石油公司上市股份公司	石油产量世界排名第一，天然气产量俄罗斯排名第三
“星座联合体”股份公司	通信系统设计和制造
乌拉尔机车车辆厂上市股份公司	生产民用（铁路、建筑等行业）和军事设备，包括 T－90 主战坦克
俄罗斯联合造船公司	俄罗斯最大的造船公司，整合了约 80% 的国内造船综合体
联合航空制造集团公司	俄罗斯联邦航空工业中联合体，包括苏霍伊、伊尔库特、图波列夫、雅科夫列夫设计局、米格等 30 个开发与制造飞行机器的单位
俄罗斯机床工具股份公司	机床工具制造业生产与科技单位的联合体
俄罗斯化学技术复合材料股份公司	研发聚合物基复合材料并生产复合材料制品的单位

资料来源：俄通社－塔斯社官网，http：//tass. ru/.

由于制裁，俄罗斯参与国际专业分工的模式被打破了，这一模式是在改革期间逐渐形成的。专家们对俄罗斯没有建立发达工业体系的可持续性风险的担忧变成了现实①。

2014 年进口替代战略被正式确定为俄罗斯经济发展的主要方向之一。俄罗斯总统普京在 2014 年圣彼得堡经济论坛上发表演讲说：“我认为有必要在短期内分析工业和农业领域竞争性进口替代的可能性。”② 同时，普京指出，在实行进口替代政策过程中，俄罗斯将履行世贸组织规则和其对欧亚经济联盟成员国的义务。进口替代的基础应该是国内增长来源。

进口替代政策的主要目标为：

——确保俄罗斯的国家安全，包括经济安全和技术安全。

——在科学和技术的关键领域实现技术独立。

——促进贸易顺差。

① 姆戈扬. 国家支持高新技术产业的金融工具[J]. 圣彼得堡国立经济大学公报，2013(6)：122－125；普洛特尼科夫. 作为经济安全因素的俄罗斯工业企业创新活动[J]. 别尔哥罗德国立大学科学公报(历史、政治学、经济、计算机科学系列)，2012(13)，23/1：5－10；格拉西莫夫 И. В. 俄罗斯国家原子能公司机械制造部门在世贸组织条件下的创新发展：以“AEM－科技”封闭式股份公司为例[J]. 圣彼得堡国立经济大学学报，2014(3)：80－82.

② 普京. 在圣彼得堡国际经济论坛全体会议上的讲话：关于第十八届圣彼得堡国际经济论坛全体会议的记录［R/OL］.［2016－01－10］. http：//kremlin. ru/events/president/news/21080.

——创立(培养) 全球头部公司，占领全球市场。

进口替代政策可以在不同领域带来重要的积极变化，特别是增加就业，从而降低失业率和提高人民生活水平；加强科技进步，提高教育水平；加强国家经济和军事安全；扩大对国内生产商品的需求（凯恩斯的“有效需求”）；扩大生产能力（尤其是高科技和创新型工业企业）。

如今，越来越多的经济学家（包括理论家和实践家）认为，与研发和教育相结合的现代高科技物质生产的优先发展战略应该成为进口替代和出口重组的基础。然而，实践远远落后于宣言。据俄罗斯联邦工业和贸易部副部长 S. 齐布（С. Цыб）介绍：“进口替代……只有在适当的自由生产能力存在的情况下才能实现……”[①] 但俄罗斯经济在 2014 年第四季度的衰退是在产能利用不足 30% ~40% 和工业就业过剩 15% 的背景下发生的[②]。同时，在许多战略行业中，进口消费占比超过 80%，对整体国家安全构成潜在威胁[③]。

逐步实施进口替代战略将最大限度地减少经济制裁的负面影响，并应成为俄罗斯整个国家经济（主要是工业）政策的核心和方向。

发展能够出口产品的新方向也一样重要：机械和设备、技术、专业知识、教育服务。一个更具发展前景的方向可能是与其他国家（包括亚洲和拉丁美洲国家）一起制定和实施产科教融合的长期计划，即建立所谓的产科教集群。

值得注意的是，进口替代增长战略被许多国家和地区[④]采用：巴西、阿根廷、墨西哥、韩国和中国台湾。促进进口替代增长的具体措施为：

——实施保护主义措施，特别是对国内低价产品进行国家补贴。

——限制工业产品进口。

——将国家所保留的进口替代产品的销售金额投入工业企业的现代化发展。

在巴西，进口替代政策（Plano Brasil Major）最初的目标不是限制进口，而是鼓励出口。该计划向国内出口生产商提供部分退税保证，并有机会利用专门设立的国家出口融资基金。此外，该国还建立了具有国际竞争力的制造

① 沃罗尼娜. 戒瘾良方[N]. 俄罗斯报,2014 - 08 - 05.
② 格拉泽夫. 论美国侵略背景下俄罗斯经济安全面临的内外威胁:研究报告[R]. 莫斯科,2014.
③ 格拉泽夫. 论美国侵略背景下俄罗斯经济安全面临的内外威胁:研究报告[R]. 莫斯科,2014.
④ 第三世界:半个世纪后[M]. 莫斯科:俄罗斯科学院世界经济和国际关系研究所出版社,2013.

业企业，主要是航空工业（巴西航空工业公司），以及机械制造业和造船业。石油生产商和冶金企业增加了出口。这使巴西得以提高经济增长率，成为世界上增长最快的经济体之一。

韩国的经验值得借鉴，该国没有将进口替代作为一种独立的增长机制，而是作为一种过渡政策，以壮大国民经济和建立强大的出口能力。这种战略被称为“出口导向进口替代”。

在大多数国家，如表 12 -2 所示，进口替代增长战略导致出口增加和高附加值工业在出口结构中的份额提高。

表 12 -2 2010—2012 年不同国家的国内生产总值、人均国内生产总值、出口和进口动态

国家	国内生产总值增长（%）			人均国内生产总值（美元）			国内生产总值中出口占比（%）			国内生产总值中进口占比（%）		
	2010 年	2011 年	2012 年	2010 年	2011 年	2012 年	2010 年	2011 年	2012 年	2010 年	2011 年	2012 年
阿根廷	9.1	8.5	0.9	11460.38	13693.7	14679.93	17.50	17.79	15.80	15.04	16.14	14.06
巴西	7.5	2.7	1.0	10978.26	12576.20	11319.97	10.87	11.89	12.59	11.90	12.62	14.03
白俄罗斯	7.7	5.5	1.7	5818.85	6305.77	6721.83	54.28	81.13	81.34	67.89	83.07	76.73
哈萨克斯坦	7.3	7.5	5	9070.65	11357.95	12120.31	43.96	49.47	47.60	29.21	27.75	30.33
韩国	6.5	3.7	2.3	22151.21	24155.83	24453.97	49.42	55.75	56.34	46.23	54.25	53.55
墨西哥	5.1	4.0	4.0	8920.69	9802.89	9817.84	29.87	31.25	32.64	31.07	32.50	33.75
俄罗斯	4.5	4.3	3.4	10709.77	13324.29	14090.65	29.22	30.27	29.59	21.14	21.73	22.26
美国	2.5	1.8	2.8	48357.67	49854.52	51755.21	12.32	13.53	13.52	15.79	17.19	16.89
欧盟国家	2.0	1.6	-0.4	32381.81	34920.83	32917.26	40.19	42.90	43.18	39.32	41.90	41.41
欧洲和中亚发展中国家	5.9	6.2	1.8	6177.36	6852.42	6907.21	37.73	42.03	36.22	41.29	46.60	40.93
东亚发展中国家	9.7	8.3	7.4	3885.29	4699.64	5187.39	35.20	35.00	33.51	31.31	32.29	31.04
拉丁美洲和加勒比海发展中国家	9.7	8.3	7.4	8611.928	9539.82	9404.30	22.16	23.47	23.73	22.75	24.12	25.09

资料来源：世界银行官网，http：//www.worldbank.org/。

事实上，在俄罗斯，进口替代不是政府经济政策的优先选择①。自 1999 年以来，虽然进出口量稳步上升，但是出口额与进口额的比从 2000

① 格拉泽夫. 论美国侵略背景下俄罗斯经济安全面临的内外威胁：研究报告[R]. 莫斯科，2014.

年的1：2.3下降到2012年的1：1.57。同时，在出口结构中，矿物产品的份额从1995年的42.5%上升至2014年的72%，而机械、设备和车辆的份额从1995年的10.2%下降至2014年的4.5%。在进口结构中，机械、设备和车辆是主要项目，其份额从1995年的33.6%上升到2014年的48.3%，而食品的份额则下降了一半，自1995年的28%下降到2014年的14%[①]。上述数据表明，近年来实施的进口替代战略成果不明显。事实上，自2008年以来，经济现代化和再工业化持续推进，许多企业都进行了固定资产更新、扩建和新建，但普遍并没有形成很强的竞争力，对国内产品的需求也不足以刺激生产。

此外，俄罗斯的技术交流在放缓。与此同时，制造业采用的先进生产技术逐渐减少。虽然开发了很多生产技术，但其中大部分技术（对俄罗斯而言是新技术）在国外市场没有形成竞争力（表12-3）。

表12-3　2010—2013年俄罗斯制造业中前沿生产技术的研发、购买和使用情况

项目	2010年	2011年	2012年	2013年
已开发的先进生产技术数量	864	1138	1323	1429
新（只限于俄罗斯）生产技术的研发数量	215	320	320	374
全新的先进生产技术的数量	16	18	16	24
正在使用中的先进生产技术数量	135945	118021	119182	121103
已购买的新技术数量	11832	23236	12050	9989

经济发展部部长乌柳卡耶夫（А. В. Улюкаев）在俄罗斯联邦国家杜马的一次讲话中指出，在制定进口替代计划时，应朝着三个方向发展：进口、出口的多样化及新生产力的实现。我们还将金属生产能力现代化，这将使我们能够实现多样化，并可能增加俄罗斯产品的出口。与此同时，我们将把在新技术基础上重建俄罗斯工业放在首位——实现俄罗斯经济的再工业化。

政府工作的重点在于那些在不久的将来会实现进口替代的重要经济领域——消费领域、医疗保健领域和重要社会保障领域。其次明确了重要战略任务，即保证战略资源和维护国防安全，保障一个统一的通信空间：电

① 俄罗斯统计局网站。

信、网络，包括金融领域等，也一样重要。为此 2015—2017 年联邦预算拨款超过 350 亿卢布。工业和贸易部正在制定一项进口替代计划，该计划不仅提供额外资金，而且还实施行政和管理措施，特别是使用海关关税制度、联邦采购合同制度、税收制度等手段。在工业和贸易部的倡议下建立的工业支持基金将在未来三年为此目标拨款 180 亿卢布。一系列措施的实施旨在确保从 2015 年起俄罗斯商品和设备生产的总值每年增加 300 亿卢布。这些计划当然值得大家全方位地支持，但我们应该小心，不要重蹈覆辙，比如按"人人有份"的原则发款、优先事项模糊以及在数量、时间和成果评估方面缺乏明确的标准等。

为了实施有效的进口替代政策，有必要重建国内工业结构，以及那些在去工业化时期被外国生产商补位的生产结构，正因如此，才导致今天俄罗斯的生产存在空白的问题。

以技术独立的基础——机床制造业为例。今天，我们生产的机床数量仅是 1991 年的 1/24（尽管工业生产下降），但对机床的需求非常迫切，几乎完全依靠进口。其他基本的生产部分也很重要：如作为现代工业组成部分的微电子设备和先进的油气设备（水平定向钻机、水力压裂法等）。在这方面，单靠拨款是不够的。需要强有力的国家支持和国家集中努力，确定优先事项和关键项目，做出长期的管理性决定，并为实现这些目标明确宗旨，以及真正地保护私营企业家，因为现代行业主要依靠私营企业。

必须加强实施对本国生产商的保护主义政策（直接鼓励技术进步，鼓励生产商投资于生产能力提升和技术升级，合理和分阶段限制工业产品进口）。改善生产商的金融生存环境（长期和优惠信贷，改变国家援助机制）。应坚持改变与工业和整个商业有关的行政实践——完善商业活动领域中的法律法规、限制"灰色"进口、明确现代工业结构的法律地位（工业园区、工业集群等的法律地位）。

以前，当谈论再工业化的必要性时，经常涉及究竟从哪里着手的问题，现在这个问题的答案很明显了，从进口替代开始——分阶段、分层次、从简单到复杂——最终实现国家真正的再工业化。再工业化的全球目标和任务已经很清楚，优先事项和实现机制也已经很明晰。

俄罗斯经济的潜力足以实施进口替代工业政策。苏联（与拉丁美洲国家不同）建立了发达的工业，近年来虽在国内生产总值中的地位明显下降，但对国家经济仍有一定的影响。

12.2　实现再工业化和进口替代任务的手段

世界实践表明，成功的再工业化（包括出口导向的进口替代）至少需要两个经济政策优先事项：

①有利的经济环境——资源的可用性，减少行政壁垒和官员压力，对工业企业的免税期，提供优惠的长期贷款，提高投资和资产（投资者的权利和财产）的保护水平等。

②积极的国家工业政策，旨在优先发展物质生产的关键领域（首先是知识密集型领域和高科技领域），以及科学和教育。

广泛而言，积极的工业政策包括：

中央银行适当的货币信贷政策和财政部适当的财政税收政策，为工业企业和农工综合体的发展提供必要的资金。

刺激工业企业产品的国内需求，包括实施价格补贴和政府采购制度。

能够吸引长期投资的持续性举措。

保持经济高度开放（国防和事关公民安全领域除外）；加强对外合作——技术交流、科学合作、创造先进的生产技术。

国家支持有竞争力的工业产品出口。

由此得出一个关键结论：要应对这些挑战，需要积极的工业政策、良好的公私伙伴关系、有针对性的保护政策和国际生产科教合作。

同时也不能忽视风险，尤其要注意以下几点：

①俄罗斯工业产品竞争力的下降与俄罗斯工业企业发展一直处于“真空环境”有关（国家支持以及国内市场缺乏和外国主要生产商的竞争）。因此，管理水平的下降，是产品质量下降和产品价格上涨的先决条件。鉴于产品质量下降和产品价格上涨，在研制苏霍伊超级喷气式 100 飞机时，决定用国外零部件取代国内零部件——俄罗斯供应商无法提供有竞争力、性价比高的报价。因此，在制裁压力和俄罗斯卢布对世界储备货币贬值的情况

下，此类型号飞机的生产面临着严峻的挑战。可见，解决这一问题的主要途径是加快国内创新研发①，开展有针对性的应用研究，加强研究成果的工业化转化，这需要科学与工业生产更紧密地结合。

②如果国内生产商的产品和技术在竞争力（价格、质量、品种）上落后于国外，那么整个国家的经济效率都会下降。在拥有特殊地质和自然气候条件的国家中，这种情况在油气生产设备的开发和生产领域是存在的。此外，国内医疗设备或药品的质量下降也可能会导致国民生活质量的明显下降。因此，如果没有一个适当的方法系统实施进口替代政策（包括对各行业和企业发展动态的持续监测），工业进口替代政策的实施反而可能会降低整个国民经济的竞争力。这是一种系统性风险，由制度环境的低效决定。

③预算负担增长。想要在再工业化战略范围内实施进口替代政策需要国家大量投资。例如，国家计划拨出 3 万亿卢布用于实施 2011—2020 年国防工业综合体发展联邦目标计划。如果经济形势恶化（如今天俄罗斯面对的），无法实现计划的预算支出，政府将面临以下选择：削减福利支出和其他领域的支出，或暂停为进口替代提供资金。这将加大腐败的风险，提高“寻租”成本。

④俄罗斯工业技术落后世界先进水平有两方面原因：首先，在漫长的进口替代过程中，存在着从经济发达国家进口的部分替代品被来自亚洲、拉丁美洲和欧亚经济联盟国的廉价进口品所取代的风险。这不仅将减缓工业发展，而且将加重俄罗斯工业技术水平落后的趋势（目前已经落后了 40 ~60 年）。其次，短期进口替代战略的重点是用国内产品替代国外产品。从本质上讲，这是模仿市场上存在的外国产品和技术。这意味着技术的持续落后。这一风险可以通过（相对于生产）俄罗斯超前专注科研和技术设计基地及学校的超前发展来规避，这需要加大对科教领域的支持，并注重在生产中的成果转化②。

我们注意到，即使有财政支持的政治意愿也不足以实现进口替代再工

① 察苏林. 综合创新活动的经济分析方法[J]. 圣彼得堡国立经济大学公报,2013(2):12 -21.

② 克拉西利希科夫. 现代化与 21 世纪前夕的俄罗斯[J/OL]. 哲学问题,1993(7).

业化。为了完成重建高科技物质生产体系这一复杂而雄心勃勃的任务，需要拥有世界顶尖级的科学、教育和文化系统，这些也将成为俄罗斯公民乃至世界其他国家公民的骄傲及渴望[①]。

① 博德鲁诺夫. 生产、科学和教育一体化与俄罗斯的新型工业化[N]. 公报，2014－11－19(17).

第 13 章

再工业化的必要事项、机遇和挑战[①]

今天，俄罗斯经历后苏联历史上最困难的时期。我们正面临着新的地缘政治和经济挑战，这在很大程度上是俄罗斯大部分国家政权管理机构所无法预料的。在这方面，经济界和政治当局面临着寻找新的经济增长模式，更广泛地说，建立新的经济学说的任务。

很多研究者对寻找新的经济增长模式的问题进行了大量研究[②]，大多数认为需要的不是对现有经济结构体系的局部调整，而是要进行根本性的变革[③]。

再工业化应该成为俄罗斯新兴经济的范式（详见第 7 章）。值得注意的是，“再工业化”一词在学界一直受到激烈的讨论，在上述研究中一般会使用“新的工业化/新工业发展”“新型工业化”以及“创新再工业化”等术语。这些术语尽管概念相似，但侧重点各不相同。在传统意义上，工业化

① 本章的撰写基于 2013 年 3 月 28 日隶属于俄罗斯联邦会议联邦委员会主席的《科学和专家委员会会议报告》和 2013 年 12 月 11 日的《俄罗斯自由经济协会全体会议报告》。

② 普舍妮奇尼科娃. 欧亚国家的投资与经济增长[J]. 圣彼得堡国立经济大学公报,2013(5):14 – 26;博德鲁诺夫. 俄罗斯经济再工业化:准则、潜力、风险[J]. 俄罗斯经济复兴,2013(1):19 – 49;波波夫. 选择新的发展模式和现代化:向创新经济转型的基础[J]. 圣彼得堡国立经济大学公报,2012(2):197 – 209;卡尔利克. 在经济增长理论的背景下考虑到危机现象的俄罗斯宏观经济发展状态和前景[J]. 经济科学,2009(57):12 – 18;波波夫. 创建新的发展模式:现代化和向创新型经济转型的条件[J]. 圣彼得堡国立经济大学公报,2012(4):18 – 26;塔塔尔金. 市场亢奋后的清醒虽已推迟,但仍在发生:访谈[N]. 城市 812,2014(32):21 – 23.

③ 博德鲁诺夫. 怎么办? 再工业化的准则、机遇与挑战[C]//再工业化:机遇与限制:俄罗斯联邦会议联邦委员会专家委员会会议资料集. 莫斯科,2013:14 – 25;博德鲁诺夫. 再工业化:俄罗斯自由经济协会圆桌会议[J]. 新经济世界,2014(1):11 – 26.

是指经济向工业转型的过程，那么作为一种经济政策的特殊方向，再工业化的主要目标和内容是恢复工业在国家经济中的主导地位，优先发展物质生产，以及在更广泛的意义上，在新的先进技术秩序的基础上，通过完成俄罗斯现代化框架内的一系列经济、技术、法律、组织和其他相关任务，扩大实体经济部门。因此，正如阿莫索夫（А. И. Амосов）指出的那样，在再工业化的概念中，"重点是恢复因某种原因而被前工业化经济的去工业化过程破坏的工业"（下面我们将单独讨论俄罗斯去工业化的原因）。"创新再工业化"一词强调了这一过程的创新方面，而"新工业发展"一词强调了过程（发展）的意义。

因此，毫无疑问，考虑到所讨论的现象/过程定义的术语特征，在下文中我们将沿用上述意义上的"再工业化"一词，并更广泛地从创新过程和积极发展方向的层面上理解，同时弄清其含义上的细微差别。除此之外，我们应认识到，再工业化本身只是一种为实现经济创新现代化、经济高质量发展、确保国家社会和经济积极且正面发展的手段，也就是说，再工业化（就其性质、内容、阶段性、机制等）应适应所确定的社会经济发展目标，这是必不可少的一步。

今天有不同的方法来定义新工业化的本质，以下重点说一下两个代表性的例子。

俄罗斯总统普京是这样描述工业化及其经济工业基础发展的必要性的："……需要通过对新技术和设备的开发（包括通过国外购买）进行大量投资以及重组整个工业及其基本要素和主体（也就是被投资方）来发展俄罗斯工业的集约化……"

与此同时，根据普里马科夫（Е. М. Примаков）院士的说法，新工业化有以下几个主要特征：经济结构多样化，以增加制造业的份额；在这一进程中，具备相应资格的人力资源的保障；国家金融体系现代化，以实现再工业化；连接工业科学发展与生产之间的"渠道"和"桥梁"的开发；高科技的系统性进口，一是从国外购买技术资产，二是在转移技术的条件下吸引对俄罗斯工业的直接投资。

再工业化意味着在一些相关的领域同步实现以下几个大范围的目标：

①恢复或更新在去工业化过程中丢失或过时的生产能力。

②实施创新工业化计划和项目。

③在考虑到未来几十年工业发展的特点和技术挑战的同时过渡到新型工业发展的阶段。再工业化是摆脱衰退的一条出路，也是新经济增长模式的基础，这是一个全球趋势。

美国似乎意识到了这场危机的根源所在，也意识到了“荷兰病”的危险。美国已经着手基于两个主要理念的再工业化计划：①实现一项能源战略，以增加能源供应和降低能源成本（特别是工业）；②鼓励制造业企业的“在岸化”（回到国内）。

为了缩小与美国的差距，确保向第五代技术秩序（同时包括部分第六代技术秩序革命的元素）科技革命的快速过渡，俄罗斯应在新工业化的范围内解决两个类似的问题：①相对降低资源成本；②更新制造业生产能力和实现整个工业的现代化。

2012 年 5 月 7 日第 596 号俄罗斯联邦总统令“关于长期国家经济政策”明确了再工业化的目标和任务。特别重要的是为解决以下两个相关的关键问题设定目标参数：①为再工业化投资提供更多资金（到 2015 年至少占国内生产总值的 25%，到 2018 年至少占国内生产总值的 27%）；②到 2020 年提供 2500 万个高生产力的工作岗位。

13.1 俄罗斯再工业化的发展前景和资源

再工业化面临着诸多挑战，但是格拉济耶夫院士指出，成熟行业面对危机为落后者提供了额外的机会。在这些危机中，拥有先进技术的公司的资本化程度开始降低，而采用一些先进技术手段变成了更加现实的选择，例如收购控股权、购买专利技术等。此外，行业领导者对高科技设备的需求减少，这使得赶超型国家更容易获得这些设备。例如，在 20 世纪 70 年代，韩国为了解决日本产能过剩的问题，积极地购买了日本造船业的设备和技术。

为了实现技术飞跃，落后国家必须正确评估未来的发展方向，并超前努力在新一轮科技革命发展的初始阶段将新技术秩序付诸生产。如前所述，当前经济发展阶段的特点是“主导技术秩序的转变”[①]。在此期间，形成新的技术轨迹，经济发展的新领导者逐渐崛起。

尽管目前存在问题，俄罗斯仍有机会成为世界领先的技术强国。只需要对能力做正确评估，考虑约束和风险。首要问题是俄罗斯是否有足够的财政资源来实现再工业化。如果根据 2012 年 5 月 7 日第 596 号俄罗斯联邦总统令，2015 年再工业化投资额应占国内生产总值的 25%（2017 年为国内生产总值的 27%），那么根据经济发展部的预测，2015 年对实体经济部门的投资额应增加到 20 万亿卢布。相比之下，根据 2012 年 12 月底政府所批准的“工业发展和提高其竞争力”国家计划，2020 年前的拨款额平均每年约为 4400 亿卢布。当然，并非所有再工业化投资项目都包含在国家计划中，总统令中所涉及的也不仅仅只有国家投资。然而，以上数据表明我们需要为与工业化、制造业现代化和实体经济其他基础部门有关的投资项目和方案提供更多资金。据估计，如此大规模的投资增长需要集团公司和国家重新调整货币和信贷资金的方向。

应制定与再工业化目标相适应的货币政策。目前俄罗斯的货币化水平（低于国内生产总值的 50%）和信贷饱和度（仅占国内生产总值的 35%）都不足以确保可靠的经济增长。由于关键行业的市场信贷资金成本高于盈利能力标准，工业发展信贷几乎得不到保证。采取宽松的货币政策、预算政策和财政政策，降低工业借款成本，以及遏制资本外流趋势等措施均可产生重大影响。

为那些在国民经济和特定工业领域可形成一定结构基础的现代化投资方案提供资金以扩大信贷发行的机制，可以为国民经济的大规模现代化提供资金支持。1991 年前居民在俄罗斯联邦储蓄银行的存款因受到爆炸式的通货膨胀的影响而贬值，可以通过这些存款的实际化指数来发行信贷资金。建议将这些指数化资金的使用限制在以下三个方面（由公民选择）：

---

① 俄罗斯经济发展战略：根据国家杜马经济政策和创业委员会、俄罗斯科学院经济学系、俄罗斯贸易和金融联盟以及《俄罗斯经济杂志》举行的全俄讨论资料编写的报告[R/OL]. 俄罗斯经济杂志，2000(7).

（1）补充退休资本。

（2）为社会抵押贷款融资形成抵押资本（面对需要改善住房条件的人）。

（3）购买“国民经济现代化专项投资基金会”的股份。

同时，利用信贷发行为优先投资项目融资以减少金融不稳定的风险，意味着将限制“金融自由度”。因此首先必须提高项目投资质量，其次要提高总现金流量和外汇流量的透明度。

我们必须放弃通过降低贷款利率，包括对科技行业的投资来试图将通胀率提高到3% ~4%的目标，虽然这看上去好像可以保障投资对人们的吸引力，但是人们常常会忘记，在这场斗争中我们将失去投资对象，而国内市场的损失将导致通货膨胀率的提高。

说到再工业化所需的财政来源，最有争议和最尖锐的问题就是动用财政储备。我们认为，只将储备基金和部分国家福利基金视为危机储备是错误的。根据这一有争议的规定，计划将财政预算中的储备基金从2012年年底的2.8万亿卢布增加到2015年年底的4.7万亿卢布，即从经济交易额中去除1.9万亿卢布，这些货币将不参与现代化创新的进程。预计国家福利基金总额也将增至2.8万亿卢布。与此同时，国家的黄金外汇储备也是应对危机的重要储备，总额超过350亿美元（超过25万亿卢布）。除此之外还有存款保险机构、养老基金以及住房筹资机构的储备金（约2.5万亿卢布）。总的来说，国家财政储备约为20万亿卢布。据估计，这是为克服2009年危机所花费用的3 ~4倍。

财政储备过剩似乎是不合理的，对经济的危害甚至比储备不足更大。财政储备只会缓解货币危机和金融危机带来的后果，而经济现代化是抵御危机发生真正可靠的保障。

应考虑将一部分国家黄金外汇储备移交给俄罗斯国有开发银行，以扩大再工业化项目的信贷机会。这似乎是一个合理的解决方案，因为他们在国外的投资回报率并不高（2008年最高为美元资产的4%、欧元资产的5.57%；2012年最低为美元资产的0.33%、欧元资产的1.09%）。

反对者的异议是可以预见的，在这里需要注意的是，与维持原始生产结构、破旧的基础设施、技术落后、大规模贫困、住房饥饿和资金短缺等问题相比，持续赤字的风险微不足道。

税收减免水平的降低和结构的改变为再工业化提供了巨额储备资金。根据财政部的数据，在一整年的国家预算中，税收减免金额高达 1.8 万亿卢布（2014 年年底占国内生产总值的近 3%）；其中近 95% 是所得税、增值税、个人所得税和法人财产税优惠，没有对工业的重大优惠。此外，企业在当地还时不时地需要交一些“保护费”。例如，圣彼得堡州立法委员会取消了由于对超过市场价值的土地实行了新的地籍价值作为征税基础而给予工业企业财产税收的优惠。然而，最“可怜”的行业却得到了优惠：贸易、石油、天然气行业等。为了恢复这一领域的秩序，对于工业领域税收优惠的再分配是经济再工业化的重要财政储备之一。

俄罗斯是利润名义税率最低的国家之一，欧洲国家为 40.45%，但利润实际税率与俄罗斯相当，为 20.22%。与俄罗斯不同的是，这些国家通过有效的制度来控制免税利润中用于投资和创新的资金的用途。我们应该恢复对实现现代化的投资者的税收优惠，尽管反对者认为不可能克服滥用差别激励的做法。

与此同时，俄罗斯应积极参与国际金融组织的活动，但不应幻想能够产生实际影响。当然，这些组织会首先考虑经济强国的利益，而这些国家对俄罗斯成为独立的经济实力中心这件事几乎没有兴趣。

国家以提供比私人企业更合适的条件来进行外部借款的做法非常重要。债权人可以是国际金融机构、其他国家的公共机构，也可以是国际大型私营金融企业。这些资金可以从特定的投资基金中获取，而不是从现有的国家公共预算中获取。这些投资基金一般通过专门的发展机构（专门银行、金融公司）来发放贷款。在日本和韩国，政府通过国家开发银行为这些项目提供联合融资。

然而，外国直接投资（DFI）不是（也不可能是）俄罗斯实现大规模现代化的主要资金来源。提醒大家的是，2008 年，俄罗斯获得了 270.3 亿美元的外国直接投资，不到固定资本投资总额的 10%，其中投资到俄罗斯高科技工业的仅占 4.5%，采掘业占 12%，批发和零售业占 23%。

总的来说，很难想象外国投资者会在俄罗斯国内投资者都不愿意投资、不具吸引力的领域增加投资。提高俄罗斯制造业，特别是机械制造业对外国投资者的吸引力，可以通过降低能源、金属和塑料的国内价格来实现，这些国内价格占汽车制造业、建筑和农业机械行业成本的70%。然而，由于“自由定价”的原因，金属的价格优势目前已经消失，而随着国内天然气和电能价格与全球水平之间差距的缩小，天然气和电能的价格优势也可能会消失不见。吸引公司资本的决定性因素是国家的投资活动。特别是，如果俄罗斯政府不加大国内投资，外国投资者也不太可能投资于俄罗斯。

我们应将国际经济组织看作一个平台，让我们可以阐明对全球金融体系转型方向，以及对国际商品和服务的贸易条件的看法。与此同时，需要避免履行那些可能会阻碍俄罗斯经济现代化发展的义务。

莫斯科国际金融中心的成立值得特别关注。要使这个新的金融中心成为一个防御全球金融危机的屏障而不是推动者，就应制定鼓励投资者而不是投机者的规则。

许多经济学家认为，俄罗斯有足够的杠杆来引导资金流向该国的再工业化和技术现代化领域。伊万特尔（В. В. Ивантер）院士认为，国家、能源资源综合体积累的储备和信贷扩张可以用作投资和发展的财政资源①。他合理地认为，使用这些储备将使大量资本返回俄罗斯，从而加速投资进程。

也就是说，如果接受我们的建议（这些建议综合反映了俄罗斯大部分经济学家的意见），即主张将再工业化作为一种特殊的经济（工业）政策，那么可以说，我们有实现再工业化的财政和投资机会。

13.2 再工业化：克服结构性扭曲

俄罗斯经济的结构性失衡（这在很大程度上决定了资金流的不合理方向和俄罗斯在世界经济体系中的弱势地位）的规模是巨大的。这种情况导致该国的社会经济发展继续依赖于世界能源商品的行情。在《2018 年前政府的主要发展领域》中指出：“非油、气类产品的不足目前占国内生产总值的 10.5%，而其安全水平则只有 5%。与此同时，非油、气类产品收缩将抑制国家需求，并导致经济增长放缓。”

由于机械制造业的落后，俄罗斯作为世界领先的能源生产国之一，用

① 伊万特尔. 新经济政策[J]. 俄罗斯经济复兴,2013(2):7-12.

于石油和天然气以及其他能源上的勘探、生产和加工等先进技术的设备生产远远没有处于领先地位，燃料动力综合的技术经济指标（与领先经济体相比）较低。

2000 年出口结构中，矿物产品占 53.8%，机械、设备和车辆占 8.8%；2005 年分别占 64.8% 和 5.6%；2011 年分别占 71.1% 和 5%。因此，俄罗斯作为世界经济能源附属品的命运往往是预先确定的。只不过，该国目前只有一部分领土能成为这样的附属品，而不是整个俄罗斯。由于一系列地缘政治和经济原因，俄罗斯联邦在落实这些预测时，在世界关系中所扮演的角色可能会从主体切换成客体，从而对其国家地位产生相应的影响①。

为了防止这种情况的发生，必须采取一系列综合性的工业政策，因为这涉及某些特定行业基于新技术的恢复。这些行业一旦失去便有可能使俄罗斯工业迅速落后于领先国家，还会使其在工业技术发展方面依附于那些领先国家。俄罗斯再工业化进程的实质是设计和部署国内工业技术链，以生产纯工业和消费用途的成品。

尽管俄罗斯在科技和科学工艺潜力方面有着显而易见的损失，但其仍有能力阻止问题的恶化，并解决现代化问题。我们不能同意目前流行的一种观点，即俄罗斯在机械制造方面落后于其他国家，因此与进行技术开发相比更应该从国外直接购买产品。在构成第五次科技革命基础的 50～55 项宏观技术中，俄罗斯拥有 17 项（包括核技术、航天技术、航空技术、纳米技术和部分生物技术，石油、天然气生产和加工，以及某些武器的生产、化学、能源和运输机械）②。不应忘记，市场上现有的产品永远是科技发展的过去式，依靠进口来建立自己的科技基础必然会使技术落后于领先国家，更不用说技术依赖性了③。

在评估未来的挑战时，要提醒的是，以俄罗斯 20 世纪所获取的经验来

---

① 普京. 2008 年 2 月 8 日在国务院扩大会议上《关于至 2020 年俄罗斯发展战略》的讲话 [R/OL]. [2016-01-10]. http://kremlin.ru/events/president/transcripts/24825.

② 俄罗斯科学院经济研究所. 科技预测——俄罗斯发展战略最重要的要素 [C]//俄罗斯科学院全体大会科学分会议资料文集, 2009, 79(3).

③ 这并不意味着完全放弃进口，必须抛弃“无可救药的落后”这种定性，全面考虑、明智制定对外经济政策。

看，在一个被破坏的工业体系的基础上建设大型项目是可能的[①]。

此外，20 世纪 50 年代的日本和德国、20 世纪八九十年代的中国成功地恢复了（对于中国来说是建立）自己的工业体系，并迅速发展成为工业强国（日本、德国）或重要的工业国家（中国）。

国家的地缘政治地位决定了许多行业需要自给自足，即使通过国际分工更有经济优势。在此基础上，再工业化政策的优先事项应该是建立“自我发展核心”。也就是说，从行业安全性的角度来看，大力发展那些可以为关键行业制造先进技术设备生产工具的行业。同样重要的是，这种制造业必须具有自我再生产的能力。美国、日本和德国的经验证明了这一点，这些国家的相应行业并不依赖于进口。那些追求成为“影响力大国”的国家也在走同样的道路。

在这方面，应支持国家工业发展计划的制定，将机床制造业发展的优先目标定为“建立机械制造业进口替代品这一类别，以提高机械制造业的竞争力，这些技术属于两用技术，是机械制造和国防工业基地的战略组织所最需要的”。为保障武装部队具备有竞争力的武器系统，以保护俄罗斯的地缘政治和经济利益，这种综合体的存在是非常有必要的。不能依赖于进口供应，需要发展自己的生产基地[②]。

同时，令人担忧的是，在实施“机床工具工业”次级计划时，“没有规定国有公司、国有股份公司和其他法律实体（社会和科学组织以及国家预算外的基金会）可以直接参与”。该计划对国内机床制造业在国内市场所占份额的评估是否充分这一点也值得怀疑。例如，在金属切割机方面，到 2020 年，这一比例将翻一番（与 2011 年相比），但仅为 12%；在锻造压力机的品目中，几乎没有增长计划：2011 年为 6.7%，2020 年为 7%[③]。

---

① 现在需要的并不是在当前条件下对这一经验进行描摹，而是在原则上解决这一问题。

② 大众媒体援引的关于拒绝进口用于五坐标加工的数控系统的信息也证实了这一点，欧盟、美国和日本在与俄罗斯的出口合同中，提到了必须具备两用技术出口许可证的强制性条件，它禁止科学密集型机械加工设备未经授权的使用和移动（例如，要求设备配备 GPS 定位传感器或设备强制性互联网连接等）。政府第一副主席谢尔盖·伊万诺夫（С. Иванов）在俄罗斯机床制造问题会议（伊万诺沃市，2007 年 7 月）上指出，“为俄罗斯机床制造业提供最先进的国产机床是一个国家安全层面上的问题”。

③ 据专家评估，俄罗斯机床制造厂所生产的设备，其部件和零件约有 70% 是进口的。

13. 3　需要创新突破

俄罗斯需要在工业物质基础现代化方面取得真正的飞跃。因此，俄罗斯创新过程的突然激活对俄罗斯来说已经是一个关键问题。如图 13 – 1 所示，俄罗斯是否在新技术基础上成功实现现代化可以通过企业创新活动比例和创新产品产量来判断。《俄罗斯 2020 年前创新发展战略》的目标正是这些指标的增长，该战略选择了“后发发展”的策略，其包括了一些在经济中可能会成为（或正在创造）竞争优势的领域的领导性要素。根据该文件的目标指标，到 2020 年实现创新的工业企业所占份额将比 2010 年增长 4 ~5倍，创新产品在工业总产值中所占份额将增长 5 ~7 倍，高科技产品在世界出口总额中所占份额将增长 8 倍。

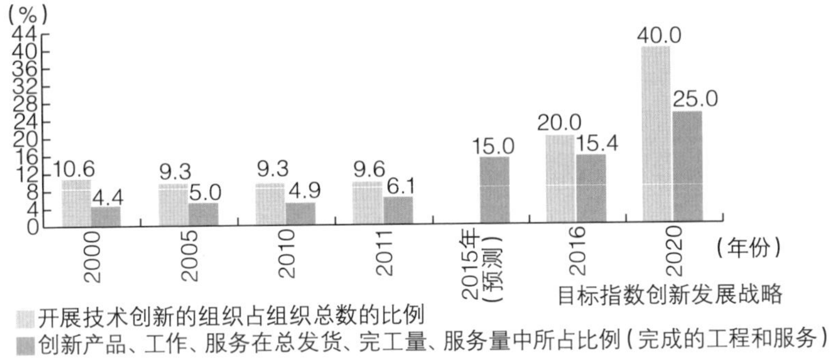

图 13 – 1　工业创新活动动态

值得注意的是，在过去的十年里也制定了类似的计划，如俄罗斯联邦经济发展和贸易部门于 2000 年制定的《2010 年前社会经济长期发展主要方向》草案。该文件的第二部分是关于经济现代化，其中经济发展创新方案（原计划应在 2007—2010 年实施）被确定为没有替代方案。

尽管由于各种原因，该草案未能通过，但在同时期后续通过的三年期预测报告中均设定了相同的目标：2005 年通过的《2010 年前俄罗斯联邦创新体系发展政策的主要方向》及 2006 年通过的《2015 年前俄罗斯联邦科学创新发展战略》。

问题是，能否实现战略中所设定的创新指标的急剧跃升？为了回答这一问题，必须找出十年来所采取的措施失败的原因。

国家对创新和投资的积极支持是保证现代工业政策有效实施的必要条件，但不是充分条件。必须清楚地认识到国家经济现代化能力的边界。国内外经验都表明，国家资源集中投资在少数几个领域，能够确保创新突破，包括一些特别重要的领域（航天航空业、核工业、航空业、火箭制造业等）。然而，创新型经济增长并不只在某个具体的（即使是重要和大型的）生产和综合体中处于领先地位，而是要覆盖整个经济领域。因此，应该广泛利用技术、工艺、组织管理创新以及其他创新成果，并以相关领域的最新科学知识为基础，包括利用在国家直接参与下获得发展的领域中所取得的成果。由于对经济主体集中影响的客观限制，国家本身无法保证这种发展。

只有激发对技术创新有着巨大需求的企业家等关键群体的兴趣，才有可能实现。在俄罗斯，国家和企业都没有发挥其创造创新需求的作用。因此，与其他领先国家相比，俄罗斯企业家的研发支出（占国内生产总值的比重）低得多，而创新创造起源于研发。总体而言，如表 13－1 所示，俄罗斯用于研发的资金明显偏少，有些呈现负增长。

有两个层面的问题制约了创新发展：一是宏观层面的问题。如科研人才外流率高、知识产权保护水平低、“反创新型”信贷成本高、公共资源分配制度不完善（腐败、拿回扣等）、在投资项目时国家的独立性和私人企业的困难等。这些问题众所周知。

表 13－1　2004 年部分国家国民经济的科学强度和回报率

国家	人均 GDP（千美元）	研发支出占国内生产总值的比重（%）	当前竞争力指数	高科技产品在出口中所占份额（%）	在世界高科技设备出口中所占份额（%）
美国	73.1	2.64	2*	28.2	16.3
中国	7.2	1.0	46	16.7	4.6
德国	56.0	2.50	13**	15.3	4.8
法国	56.5	2.20	27	19.4	3.4
俄罗斯	18.0	1.24	70	3.1	0.2

注：*代表 2006 年为第 6 名；**代表 2006 年为第 8 名。

二是微观层面的问题。在微观层面上（即在工业企业层面上）进行的研究较少。这里有很多有趣的现象。有很多人认为这一层面的因素不是特别重要，但笔者认为，即使在宏观层面创造了理想的环境，但是如果没有高效的创新型管理人员和愿意应对创新挑战的执行者，我们也无法进行工业创新。企业缺乏创新经验，没有先进的管理体系和配套的基础设施等。

我们还注意到国家层面的问题：俄罗斯创新活动基础设施及技术转让和知识产权管理机制不完善。俄罗斯与中国知识产权的管理体系对比如表 13－2 所示。

表 13－2 俄罗斯与中国知识产权的管理体系对比

中国	俄罗斯
“国家知识产权战略实施推进计划”（20 世纪 90 年代通过）	于 2010 年启动建立知识产权管理机制的工作
国家统一管理体系：知识产权委员会（中央直属）	没有统一的政府机构和政策；在俄罗斯联邦级别上有 20 多个管理部门和机构；在地方级别上知识产权的管理由“经济”“工业”和/或“科学”委员会/部门负责
知识产权对象的数量（按年）：每个市政最多 3 万项专利	知识产权对象的数量（按年）：2011 年全俄有 44600 项专利

中国的成功在很大程度上归功于国家实施的知识产权强国战略，以及通过知识产权委员会（包括地方各级）所建立的严格的中央国家治理体系，这有助于减少国家知识产权市场形成和发展的行政障碍。哈萨克斯坦借鉴了这一经验，在哈萨克斯坦，所有知识产权问题都提交至哈萨克斯坦司法部下辖的知识产权委员会，如表 13－3 所示，该委员会还设有一个分支机构，直至地方各级。

表 13－3 独联体国家的知识产权管理机构

独联体国家	国家机构
所有独联体国家（跨国层面上）	知识产权政府间委员会（自 2011 年 8 月 14 日起负责管理所有的知识产权组织）、欧亚经济共同体一体化委员会知识产权理事会
俄罗斯联邦	俄罗斯专利局和 20 个联邦部门（2013 年 3 月 27 日教育和科学部提出建立统一的知识产权部门的建议）、政府经济发展与一体化政府委员会知识产权分会
哈萨克斯坦	司法部知识产权委员会负责管理所有的知识产权组织、地方级组织、知识产权保护委员会
亚美尼亚	知识产权局（自 2002 年起）负责管理所有的知识产权组织、跨部门打击知识产权领域的违规行为的委员会（2009 年）

续表

独联体国家	国家机构
阿塞拜疆	版权局，国家标准化、计量和专利委员会
白俄罗斯	国家知识产权中心（自 2004 年起）负责管理所有的知识产权组织；教育领域跨部门知识产权科学和方法委员会（自 2005 年起）；白俄罗斯政府知识产权的保护及侵权打击委员会
吉尔吉斯共和国	国家知识产权和创新服务局负责管理所有的知识产权组织，部门间知识产权委员会、国家知识产权基金会
摩尔多瓦	国有企业“国家知识产权局”负责管理所有的知识产权组织
塔吉克斯坦	隶属国家经济发展和贸易部的国家专利信息中心
土库曼斯坦	隶属国家经济和发展部的专利局（于 2013 年 3 月 1 日建立的知识产权部门负责管理所有的知识产权组织）
乌兹别克斯坦	隶属乌兹别克斯坦共和国内阁的知识产权局（自 2011 年起负责管理所有的知识产权组织）、全国打击制售假冒伪劣商品委员会
乌克兰	隶属教育、青年和体育部的国家知识产权部门负责管理所有的知识产权组织、打击知识产权侵犯协调委员会、乌克兰国家法律科学院下属的知识产权研究所

资料来源：共和国知识产权研究所，莫斯科。

然而，企业界的创新活动不仅仅依赖于国家创新体系机构的存在和协调。是什么推动企业实现现代化？经济学给出的答案是竞争①。创新是最重要的竞争工具之一，但成本昂贵。为了使企业对新技术产生真正的兴趣，使用新技术的成本必须低于劳动力成本。在劳动力廉价的情况下，对现有生产进行技术升级在经济上是不可行的②。

谈到今天的俄罗斯经济，我们必须要说到贫困程度。如表 13 – 4 所示，

① “……采用改良的生产方式的资本家比同行业的其余资本家，可以在一个工作日中占有更大的部分作为剩余劳动。这个规律作为竞争中的强制性规律，迫使俄罗斯资本家的对手在其国家引进新的生产方法。”对此 马克思引用了 1720 年的专著 *The Advantages of East – India Trade to England* 的内容，以强调大家对这一过程的熟悉程度：“……任何一项发明、工具或机器，只要能让人们用更少的人做更多的事，从而生产出更廉价的产品，就会使其他人也对其产生需要，并会引起竞争性，要么使用同样的发明、工具或机器，要么发明类似的东西，这样，所有人都处于平等的地位，没有人能卖得比邻居更便宜。”马克思. 资本论. 第 1 卷[G]//著作集 23. 莫斯科：Политиздат 出版社，1962：329.

② 这一事实首先被俄罗斯政治经济学家波索什科夫（И. Т. Посошков）注意到，他在为彼得一世（1724 年）准备的手稿中指出，“他们不给俄罗斯人吃饱饭的机会，不允许优秀的艺术作品大量涌现，从而使俄罗斯人缺乏对手工艺的渴望和勤奋。”（波索什科夫. 贫穷和财富之书[M]. 莫斯科：Экономическая газета 出版社，2001：248）值得注意的是，手工艺和工业活动在当时被称为“优秀的艺术”，用现代语言来说，低收入并没有刺激现代化进程的加速。

与 1992 年相比，截至 2011 年俄罗斯收入低于最低生活水平线的人口比例下降一半，最低生活保障金额占人均收入的比例下降到 30.8%。如果 1992—2000 年收入低于人均收入 50% 的人口被视为贫困人口，那么今天的贫困人口是那些收入低于人均收入 30% 的人口。自 2000 年以来，收入低于人均收入 50% 的人口比例保持不变，约占全国人口的 30%；2011 年 70% 以上的贫困人口拥有工作，其中约 10% 是退休人员。同时，如表 13－5 所示，最廉价的劳动力主要集中在促进经济现代化发展的行业。只要这种情况持续下去，就很难期待企业对创新产生兴趣。

表 13－4　俄罗斯贫困指标　（%）

项目	1992 年	1998 年	2000 年	2010 年	2011 年
收入低于最低生活水平线的人口比例	33.5	23.4	29.0	12.5	12.7
最低生活保障金额占人均收入的比例	47.2	48.8	53.0	30.7	30.8
收入低于人均收入 50% 的人口比例	26.5	32.0	29.0	29.0	29.0

注：2011 年月人均收入为 20702.7 卢布。

同时，克服劳动力的廉价问题是企业家开展创新活动的必要条件，但不是充分条件。事实上，在经济学中，创新是一种高风险的竞争工具①，现代企业家也认同这一点②。发展创新创业需要大量的金融衍生品来规避投资风险，这绝非偶然。显而易见的是，投资者不太可能将自己的资金直接投入创新活动，因为创新的高风险是众所周知的③。如果有更便宜且可靠的竞争手段，那么它们自然会成为企业家的选择。

表 13－5　在不同的经济活动类型中
月平均名义工资及占俄罗斯联邦总平均工资的比重

项目	1995 年	2000 年	2005 年	2011 年
月平均工资（卢布）	472.4	2223.4	8554.9	23369.2
按经济活动类型分类：				

① “创建创新发明类企业所需的成本总是比追随者大得多……创业者大多破产了。”（《资本论》第三卷第一部分）

② Grid Dynamics 创始人 Victoria Livschitz 介绍美国情况时指出：“在美国，有统计表明，十个好的举措中将有一个非常成功，两个幸存，七个破产。与此同时，这十个项目并非什么随随便便的项目，它们都是万里挑一的。”（比列夫斯卡娅. 克里姆林宫将进行风险评估[N]. 独立报，2010－08－11）

③ 另一个问题是，这些金融工具“渗入”了其他领域，成为最近金融危机和经济危机的触发因素。

续表

项目	1995 年	2000 年	2005 年	2011 年
燃料和能源开采	2.6 倍	3.1 倍	2.7 倍	220.8
金融业务	1.5 倍	2.3 倍	2.6 倍	238.7
机械设备生产（%）	80.3	88.8	97.9	97.5
电气设备、电子和光学设备的生产（%）	76.0	90.1	96.1	100.0

13.4 再工业化人员储备

加大人力资本投资和实施积极的人力资源政策是再工业化的必要条件。2020 年前计划创造和升级 2500 万个高效率的工作岗位。我们从两个重要方面考虑这个问题：

——工业领域中人员的职业资格和社会人口特征，他们的再培训和进修机会。

——为工业培养新人才的困难和前景。

在工业领域，专家（特别是中青年专家）持续流失。1990—2009 年，俄罗斯其他行业就业人数平均减少了 800 万人，而工业就业人数减少了 950 万人。受影响最大的是机械制造业，1990 年有 900 万至 1000 万人曾在该行业就业，目前该行业就业人数仅不到 300 万人。可见，整个机械制造业的就业人数减少了约 700 万人，其中工业和制造业的就业人数减少了 60%，如表 13－6 所示，某些机械制造业的就业人数减少到灾难性的程度。

表 13－6　工业和机械制造业中就业人数的变化

行业	1990 年	1995 年	2004 年
全行业（百万人）	21.0	16.0	11.9
机械制造业（百万人）	8.0	4.9	3.2
其中，按种类分类（千人）：			
柴油机制造	68	40	21
采矿设备	75	49	31
装卸运输	86	70	40
铁路工程	153	114	85
电气工业	545	346	252

续表

行业	1990 年	1995 年	2004 年
化工和石油	280	191	241
机床和工具生产机械	279	169	88
仪器制造	748	388	170
汽车工业	814	706	566
轴承	113	75	47
拖拉机和农业设备	512	280	86
建筑、修路和市政建设	163	105	87
轻工业、食品工业和家用电器	198	139	73

行业人员老龄化，岗位空缺率增加。在后苏联时期，只有采掘业、能源和钢铁行业的就业人数增加，机械制造业的就业人数减少。在俄罗斯 1990—2012 年改革期间，就业人数下降了近 90%：到 2012 年 8 月，制造业企业中就业人数仅有 85.1 万人（1990 年有 800 万人）。即使是相对成功的企业，人员老龄化问题也在加剧。事实上，这是一个人口陷阱，因为在劳动力结构中缺乏以符合专业资格要求且可靠的中年员工为核心的就业群体。仍然拥有这个核心的行业，其劳动力主要由老年工人组成，这些工人尽可能地培训青年工人。不太成功的企业，在劳动力市场竞争力低，面临严重的人才短缺问题。

近年来，受危机影响，劳动力的需求大量减少，随着生产结构调整和现代化企业采用机器人技术，劳动力的释放加剧了劳动力市场上的战略性短缺。《机床制造行业发展战略》提出了“与实施次级方案活动所需人员技能不匹配以及行业缺乏合格劳动力有关的风险”。

然而，要实现再工业化，就必须在向工业输送技术型人才方面取得重大进展。

需要增加微电子、现代机床制造和其他可以生产新机器和产品等行业的就业人数。为了确保高科技活动的主导地位，整个机械制造业需要创造 600 万至 700 万个新的高科技就业机会。此外，研究和开发支出占国内生产总值的比例应提高到 2.5% ~3%；在规划、设计和其他类似组织中，将创造 100 多万个新的就业机会。

因此，在机械制造和研发领域，需要创造700万至800万个新的就业岗位，除此之外，还有1700万至1800万个就业岗位将在运用新技术后出现，它们将主要集中在那些需要使用机械制造业产品和信息技术产品的产业中。然而，到目前为止，人力资源问题阻碍了工业技术升级。

在那些阻碍在新技术基础上恢复国内机械制造业和金属加工业的人为因素中，必须强调以下几点：

——雇主、雇员和国家在现代化进程中的利益不平衡。

——在业人员流失，劳动力老龄化，不具备接受再培训的能力。

——年轻劳动力在工业生产中的就业积极性降低。

——现有生产工资低，低估了向新技术过渡的复杂性。

——雇员被赋予新职责的津贴不一致，对非标准工作条件的补偿率低。

——在工业生产中缺乏对新设备使用的专家培训。

——专家、企业、高等教育机构教师培训和再培训体系遭到破坏。

——课程设计未考虑到发达国家生产技术的巨大变化。

如果不恢复培训体系，包括以应用技术为导向的专业进修培训，就无法为企业提供专家，也无法在使用新技术和程序的企业专家的帮助下建立大学教师再培训体系。

据工业企业人力资源部门工作人员介绍，正规教育系统没有为他们提供足够的培训（往往根本没有）。如果雇员没有类似的工作经验，他们必须接受再培训或自学。然而，人们认识到，高等义务教育的普及，部分地弥补了学校教育的失败，为今后发展现代职业教育奠定了良好的基础。

无论如何，国内经济再工业化是否成功，在很大程度上取决于国家和公司的人力资源政策质量。因此，在员工的培训和再培训中，除了政府的财政政策以外，企业也必须承担相应的费用。然而在现实中，企业家对政府为培训所做出的努力极为不满，也未能积极地培训工人。根据俄罗斯联邦国家统计局（Росстат）的数据，在过去20年中，公司内部培训投入占总劳动力成本的比例一直处于极低的水平，为0.3%～0.4%。普华永道会计师事务所（Pricewaterhouse Coopers）对俄罗斯劳动力市场进行的年度人力资源管理绩效研究仅涵盖了最成功的大型公司，根据该研究结果，俄罗斯的相关成本仅约为欧盟国家的一半。

俄罗斯职业教育与工业企业需求日益脱节，这促使雇主们变得更加积极。今天，他们（至少在俄罗斯工业家和企业家联盟及全俄社会组织“商业俄罗斯”的倡议层面）愿意与国家机构合作，从各个阶段参与上述制度改革：从为教育和专业制定标准到为大学提供额外的资金、教室、实验室和车间设备、企业模块化学习方法（现在是在岗培训）以及个体参与学习的机会。显然，在培训能够实现俄罗斯经济再工业化的人员方面，应该更积极地发展公私伙伴关系。

建立现代技术基础不仅需要高素质的员工，而且需要创造性的（建设性的）员工。这些员工对生活质量提出了相应的要求，满足这些要求意味着教育、文化、卫生和物质条件的蓬勃发展。在这种背景下，为了下一代人的利益而“勒紧腰带”的呼吁似乎不合时宜。“勒紧腰带”的人既不能成为创新的源泉，也不能成为创新的推动者。

如果不发展可以保障国家劳动力再生产的领域（这些劳动力应符合新工业发展的目标），不仅经济不平衡，而且将不可避免地加剧社会政治不平衡，从而导致经济停滞和社会冲突产生。

13.5 侧重于技术优先事项

今天，人们日益认识到，要实现经济大规模的现代化发展，是实现可持续增长的关键条件，然而现实越来越明显地表现出无法真正“启动”这种现代化进程。国内经济陷入了结构性和体制性的“陷阱”：无法通过增加投资活动有效应对国内需求的增长。造成这一局面的原因是经济政策缺乏目标性——缺乏对俄罗斯经济前景结构的全面了解，因此在俄罗斯经济主要领域中缺乏现代化前沿项目。

制定再工业化政策需要解决三个问题：一是确定优先事项；二是确定实现既定优先事项的算法；三是将资源集中在优先事项方向，确保实现既定目标。

确定再工业化的优先事项方向需要不同学科的专家共同努力。近年来，这些优先事项发生了多次变化，如表13－7所示。

表 13－7 科学技术发展优先方向的变化

优先事项方向	1996 年	2002 年	2006 年	2009 年	技术进退
基础研究	+	－	－	－	－
信息通信技术	+	+	+	+	+
生产技术	+	+	－	－	－
新材料和化学技术	+	+	－	－	－
生命系统、医学（生命科学）	+	+	+	+	+
运输技术	+	+	－	+	－
能源和节能	+	+	+	+	+
环境与环境管理	+	+	+	+	－
空间技术和系统	－	+	－	+	+
纳米系统工业	－	－	+	+	+
国防工业综合体、核技术	－	+	+	+	+
安全与反恐	－	－	+	+	－

资料来源：中长期国家科技政策纲要。

俄罗斯联邦工业和科学部报告，莫斯科，2000 年。

2000 年 10 月 27 日俄罗斯联邦政府指令（IR－P 829269）；俄罗斯联邦科学、工艺和技术发展的优先方向（2006 年 5 月 21 日第 843 号总统令）和俄罗斯联邦关键技术清单（2006 年 5 月 21 日第 844 号总统令）；俄罗斯联邦科学、工艺和技术发展的优先方向（2011 年 7 月 7 日第 899 号总统令）。

由于现代经济的特点是技术具有高度动态性，调整优先次序是必要的。然而这种频繁的变化表明国家经济政策缺乏针对性。所选择的优先事项不仅应在宏观层面确定，而且应在各个经济部门一级确定，并在结构项目清单中具体说明，这些项目的实施将产生大规模的技术和部门间乘数效应。

今天俄罗斯的再工业化政策的实际内容应该是建立国家投资项目，以提高优先工业生产的能力，作为可持续经济增长的引擎。反过来，实施已有的投资项目的步骤意味着为这些项目确定“支点”，需要对技术实力进行大规模的清点才能确定这些支点，明确实现既定优先事项的可能性，并确定资源，以便逐步实现既定目标。

俄罗斯工业组织结构的特点是燃料和能源综合体（主要是天然气、电力、石油）的资本高度集中和集聚，制造业特别是机械和仪器制造业的资本过度分散。事实上，俄罗斯没有能够在国际市场上运营的国际级大型机械制造公司。在这种组织结构下，一个国家的制造业无法与融入了跨国金融工业集团的外国企业竞争。

如前所述，直到 2005 年后政府才开始采取措施，集中资产，重组国有和国家控股的机械制造行业（航空制造业、造船业、军工行业、俄罗斯国家技术集团），以适应贸易全球化的条件。可控制的机床制造资产开始被合并到俄罗斯机床产业公司（Росстанкопром）中。然而，国有企业内部工业生产力重组的空间相对狭窄，主要与保持国家军工实力有关，因此全系统（全工业）的效率相当低。此外，与苏联时期一样，俄罗斯军工行业在组织和经营范围上与技术密集型民用机械制造业分离，这限制了技术转让。与出口比例高的原材料公司不同，国内机械制造业（除了某些国防工业部门会出口其产品）无法通过外部金融市场（长期贷款、IPO）扩大投资资金，从而导致竞争力低下的状况得不到改善。为了改变这种情况，必须认真考虑恢复已经消失的应用科学、研发和工程设计，有必要制定一项振兴应用科学和实验设计研制的特别方案，或者建立一系列国家研究型大学，同时这些大学不应该与俄罗斯科学院的研究所冲突。

值得注意的是，在俄罗斯新版“2020 年战略”中，在关于国家工业发展愿景和任务一章中，甚至没有提到国家工业发展优先事项。显然，俄罗斯政府对工业政策内容还缺乏现实认知。政府经济部门似乎正在采取激进的、自由主义的旧方法，即国家应只积极发展交通基础设施，并最大限度地减少对工业实力的现代化和多样化项目的参与。《2020 年远景规划》将重点放在体制整体结构的形成上，而不是放在积极的工业政策的内容和方法上，这绝非偶然。也没有从最重要的工业综合体角度对国内机械制造业的长期转型方向提出具体设想。

俄罗斯至今都没能有一个可以对国家工业实力多样化的优先领域和国家资助优先项目的挑选做出独立评估的体系。工业和贸易部负责为特定工业领域的发展明确概念和制定方案；经济发展部负责确定预算的投资部分和目标发展方案的选择，即为实现这些方案创造经济条件；财政部负责制定总体预算分配计划。这三个部门之间的分工至今仍然不明确。

俄罗斯加入世贸组织（经过十八年的谈判）并不是一件容易的事情，因为当时俄罗斯的工业不具备完善的结构以及竞争力。政府不得不紧急制定特别方案，以支持国内工业各个部门，这些部门的效率令人怀疑。加入世贸组织增加了对国内生产商的竞争挑战，但并没有为提高竞争力提供更多的机会，因为加入世贸组织获得最大好处的是竞争激烈的制造业国家，世贸组织为这些国家提供了更有利的出口待遇。

俄罗斯还面临其他外部经济挑战。世界经验表明，通过购买外国设备向国民经济“溢入”外国先进技术是工业跃进的必要条件；选择性进口包含技术创新信息的产品和服务；根据购买的样品（逆向工程）模仿他人的技术和设计；采购软技术（工业设计、专利、许可证、专有技术）。这包括将复杂制成品的全部或部分生产环节从国外转移，跨国公司在接受外国直接投资的国家建立研究和设计中心，以及培训在跨国公司子公司工作的当地工人。

在这方面，苏联时期的经验也很重要。为了加速工业化，20 世纪 20—30 年代，苏联机械和设备的进口份额不断增加。1930 年生产设备占进口总额的 46.8%。在此期间，苏联成为最大的机械制造产品进口国。1931 年占世界机械和设备（不包括汽车）进口总量的 30%，1932 年已经大约为 50%。1938 年，当国内重工业基础基本形成时，机械技术进口在其总量中的比重略有下降，但仍然很高，为 34.5%。

在从国外进口设备的基础上，苏联大规模建设了新的工业企业。特别是在俄罗斯，建立了机床制造业基地，包括一些行业的专业生产厂家——“铣刀”刃具厂、“量规”量具厂、莫斯科“红色无产者”机床厂等。伏尔加格勒和车里雅宾斯克的大型拖拉机制造企业配备了进口设备，莫斯科和高尔基的汽车厂是苏联第一批汽车工业企业。进口发电机和蒸汽发电厂满足了在建发电厂 90% 的设备需求。当时建造的冶金企业，包括马格尼托戈尔斯克、库兹涅茨克和车里雅宾斯克的联合冶金企业，都从国外引进了必要的设备。

进口在俄罗斯制造业复兴中的特殊作用在于，由于俄罗斯机械制造业的退化，许多类型的机械和设备要么没有生产，要么质量和需求量都很低。根据俄罗斯科学院国民经济预测研究所专家的计算，俄罗斯经济中由国内生产提供的固定资产更新仅占 44%①。

与此同时，俄罗斯现代进口产品的潜力很少被用于调整国内经济，其

---

① 伊万特. 俄罗斯经济的创新与技术发展[M]. 莫斯科：Макс Пресс 出版社，2006.

主要是为了满足当前的消费者需求。2011 年，根据俄罗斯统计局的数据，消费品在进口中的份额为 36.7%，而投资品仅为 21.3%。与面对同类问题的其他国家相比，俄罗斯进口品的消费性质尤为明显。根据联合国贸易数据库统计（2007 年），包括食品和饮料在内的消费品占进口的份额：中国为 5.6%、巴西为 10.6%、印度为 5.2%、墨西哥为 11.3%；生产用机械和设备的进口份额四国分别为 43.8%、26.6%、19.1% 和 31.8%[①]。

简而言之，进口对于俄罗斯来说，还没有起到加快科技进步、实现国家生产和技术实力现代化的作用。要做到这一点，用于投资的机械和设备在进口中所占的比例必须增加 0.5 ~1 倍。

俄罗斯从国外购买的无实体技术很少，这表明对进口机会的利用不足。2011 年国家为此花费了约 19 亿美元（占俄罗斯商品和服务进口总额的 0.5%）[②]。相比之下，在技术发展方面处于领先地位的美国在同一年花费 348 亿美元购买外国技术，日本为 192 亿美元，新加坡为 194 亿美元，瑞士为 16 亿美元，中国为 150 亿美元。

还有一个更值得关注的问题，那就是所购技术结构不合理。其中占主导地位的是工程服务（37%）和商标（22%），这些都属于利润相对较低的成熟技术类别。与新工艺和新产品相关的专利、专利权许可和专有技术仅占 9%。

为了提高生产技术水平，俄罗斯企业家更喜欢购买机械和设备等外国实体技术。这使我们能够简化和加快生产更新，而无须采用最先进的技术。然而，世界经验表明，在某些情况下，进口专利权许可和专有技术更为有利。专利权使用协议除了能节省外汇外，通常还可从卖方获得宝贵的专有技术并帮助改进专利产品，有时还可以出口到国外市场。此外，这种协议可以为俄罗斯国内新技术的研发奠定基础。据专家估计，大约在 2005 年，

---

① 从 2009 年开始联合国贸易数据库（UN Comtrade）便不再公布此类数据。我们很难将俄罗斯统计局的数据和国际统计数据进行比较，因为俄罗斯和国际统计中对商品的分类有天壤之别。根据联合国贸易和发展会议的数据，2011 年机械和设备（不包括汽车设备）在下列国家进口额中的比重分别为：俄罗斯 27.1%、中国 31.4%、巴西 26.8%、印度 16%、墨西哥 36.9%。如果将办公和电信设备排除在机械和设备组之外，则这些国家进口的机械和设备份额将分别为：俄罗斯20.8%、中国 25.2%、巴西 20%、印度 11.9%、墨西哥 24%。很难根据国际统计数字来计算消费品的份额。

② 世贸组织则用另一种方法来评估俄罗斯的技术进口额（2011 年为 61 亿美元），但没有显示其结构。参见：WTO 国际贸易统计 2012。

全世界有一半以上的机械制造产品是根据许可证协议生产的[①]。回顾一下，日本、韩国、新加坡和其他国家正是通过专利权许可和专有技术缩小了与发达国家的技术和经济差距。因此，在俄罗斯，进口的一个重要方向应该是鼓励先进技术以无实体的形式流入。

俄罗斯技术进口量相对较小（纯技术和实体技术），主要是由于大多数俄罗斯企业对技术的需求较低，在国内市场竞争激烈的情况下，这些企业不需要对产品和设备进行系统更新。国内投资环境不好，缺乏创新发展的激励措施，也影响了外国技术的进口量。

在俄罗斯，清洁技术使用不足也与缺乏经验和其体制结构有关，丰富的经验和完善的体制结构可确保将专利中的理念以材料、设备或工艺的形式变成最终产品。在此情况下，建设和完善国家创新体系应成为一项重要任务。这里最要紧的是处于各类行业中的研究所、设计中心和资深企业的复兴，这些单位在系统转型期间受到了严重的影响。众所周知，资深企业的职能不仅包括进行科学研究和开发，还包括研究外国先进技术，这使我们能够“紧扣”世界科技进步的脉搏。

无论如何，类似于直接购买投资设备、许可证、专有技术，以及更复杂的合作形式，包括建造工厂的总承包、与外国公司合作生产产品、联合开展研发和建立合资企业等俄罗斯进口技术的方式，必须得到国家的系统性支持。

为了改善投资环境，必须恢复投资税收优惠。应采取合理措施，便利非本国制造工业设备进口。特别是，可以在5～7年内将此类设备的进口关税降至零，即使对世贸组织没有义务这样做。这种税率的降低在危机发生前是很常见的。然而，作为海关联盟成员国的俄罗斯无权自行决定关税，因为这是欧亚经济委员会的特权。

为了掌握现代技术，可以采取国家和企业在背地里都会使用的“工业情报”手段，尽管官方从来都没有承认过这一点。利用所获得的产品设计或样品，可以在短时间内改变某一领域的技术落后状态。

鼓励进口投资设备和引进技术应当成为国家总体科技和工业政策的一

---

① 普莱德. NBIC 趋同现象：现实与期望[C/OL]//俄罗斯超人类主义运动网媒. 俄罗斯科技潜力有效融入世界经济的问题. 莫斯科：ЛКИ 出版社，2008：35.

部分。在这项政策框架内，根据国内开发商的现有能力和全球科技创新的总体前景，一方面确定国内开发的优先技术和设备类型，另一方面确定应采取特别措施鼓励技术和设备的进口。在制定这种政策时，应考虑俄罗斯技术的使用者和创造者的意见，以维护国内研发部门、工业或整个国家的技术安全。

13.6　经济和体制发展新模式

实施经济再工业化战略的关键取决于国家是否具有将能解决上述所有问题的措施纳入工业政策体系中的能力。工业政策体系的质量和效率取决于国家机构的质量，以及该政策制定和落实过程的质量（现代化优先事项的选择、投资项目可行性的说服力、信贷方案和对专款专用原则的监管）。

俄罗斯缺乏制定国民经济和工业主要部门发展前景规划文件的有效机制。《2020 年远景规划》未在国民经济和工业各个部门的发展文件中得到进一步具体化。行业规划仅为少数行业制定，还未能为关键行业的现代化和发展做出长期的计划，相互关联性很低。因此，还没有可以对致力于行业现代化和发展的系统性项目做出选择及评估的系统。这些工作没有系统性，在跨行业层面上其资源没有相关性，这些工作与中期预算的周期也不挂钩。

因此，还没有建立一个透明和可理解的系统来开发关键行业的技术支持，目前尚不清楚明确技术发展优先事项（关键技术）的负责人和方法，也不清楚这些优先事项如何与国家工业和经济相关部门的发展前景相联系。工业和技术政策的零散部分似乎都只是利益相关者游说的结果，主要是获得联邦预算资金的工具。俄罗斯企业在其所有者、成本和利润总体上的不透明加剧了这种情况。后一种情况使国家和企业难以为优先发展项目融资建立有效关系。

在我们讨论俄罗斯国家机构的低效时，重要的是不要混淆因果关系。事实上，各机构运作的质量是这些机构在执行任务过程中积累经验的结果。现代俄罗斯体制是在苏联计划体系解体和“资本原始积累”的条件下形成的，国家参与经济的程度急剧下降。这些情况在很大程度上决定了许多公务员的心态和专业水平。

可见，国家机构无法通过自我提升，也无法通过专门的“整顿和改善”

运动来提高管理效率。当任务性质发生变化时，国家机构的质量将真正发生变化，从授权分配职能转变为创造性职能。

我们认为，只有在现代化的体制环境中才能实现再工业化。大多数专家认为，糟糕的制度环境是俄罗斯经济增长的主要制约因素。体制变革的影响与财政和货币刺激措施的影响相当，甚至可能超过。

要想将投资额增加到所需的水平——目前仅到一半——改变企业家对再工业化投资的动机非常重要。众所周知，在现代俄罗斯，成功创业的关键是与政府机构的密切合作。这不是一个国家与企业之间的伙伴关系问题，而是一个权力机构代表发号施令的能力问题。在这种情况下，无论官员是出于“公共利益”还是出于私利，都不重要。最重要的是，有一个机构（通常不是正式的）允许这样做。这是俄罗斯实施国有化的具体表现形式。如果不改变这种相当稳定的现象，就不可能实现有效的现代化。企业家①和经济当局的领导人②也证实了这一点。俄罗斯总统说：“商业成本可能会波动——你可能会支付更多或更少，这取决于国家机制内某些人对你的‘同情程度’。在这种情况下，企业家的理性行为——不是遵守法律，而是找到赞助人，然后达成协议。但这种‘达成协议’的企业反过来会试图压制竞争对手，利用绑定官员的能力清理市场…… 而不是提高企业的经济效率。”③

因此，经济现代化不仅需要发展竞争，还需要创造条件，迫使俄罗斯企业家将技术现代化作为竞争的主要工具。消除垄断以促进竞争也是必要的，但还不够。必须改变经济活动的归属性质。今天的主要问题是突袭，其本质是剥夺企业家活动的结果，不公平地分配结果：在商业过程中剥夺商业收入，商业成功后剥夺商业本身，最终便剥夺人的希望。

直到产权再分配活动不比其发展活动更具吸引力时，打击突袭和呼吁创新行为才不会失败。补偿措施（信贷、投资和税收优惠或公私共同融资

---

① 资料来源:“商业俄罗斯”政党副总裁 A. 加卢什科在“现代化”经济实体部门企业商业论坛上的发言,2010－09－14。

② 资料来源:俄罗斯经济发展和贸易部部长 Э. 纳比乌林娜在“俄罗斯的竞争:如何为企业发展创造有利环境”会议上的发言提纲,莫斯科,2010－11－26;俄罗斯联邦政府副主席兼财政部部长 A. Л. 库德林在第八届克拉斯诺亚尔斯克经济论坛上的发言,2011－02－18。

③ 普京. 我们需要一种新的经济[N]. 公报,2012－01－30.

机制）并不是减少创新风险的重要因素。其他（非创新）竞争手段伴随的风险越大，其所处的体系就越有效。

20 世纪 90 年代国有财产私有化机制预先确定了生产工具和其产出物的所有权制度，其低合法性决定了俄罗斯经济目前的国有化情况。当时，在非国有化的呼吁下，以及在完全没有科学理论和对世界经验分析的支撑下，俄罗斯对财产关系进行了非常简陋的“革新”。结果是出现了“无效的”（在国民经济意义上）所有者①。事实上，它是一种俄罗斯 20 世纪初历史遗产的表现。罗扎诺夫（В. В. Розанов）提出：“在俄罗斯，所有的财产都是从‘乞求’或‘赠送’到‘抢走’的。很少有财产劳动。这就是为什么它既不强大，也不受尊重。”②

因此，国家（其代表）旨在限制“企业自由”的任何行动，即使违反了法律，也会得到大众的支持，特别是在保护“普通人”利益的口号下。因此，俄罗斯社会经济生活中的法律和执法实践之间存在着深刻的差异。

私有化本身并不等同于非国有化。历史经验表明，真正实现经济非国家化的唯一可靠机制是民间社会机构的持续积极活动。正是这些机构既可以限制企业家的自私利益，又可以约束国家持续对经济过度干涉的渴望。在所谓的以社会为导向的经济体系中，这些机构是调节社会经济生活机制的重要组成部分。因此，在摆脱“社会主义”社会生产组织后果的国家中，人们对这些制度的发展给予关注是不足为奇的。

民间社会机构产生于人们思想和行为的变化。因此，不能将建立民间社会体制制度的政策与旨在建立各种非国家（社会）结构的国家行动制度等同起来。这种“政策”可能导致准民事关系的出现。国家的任务是创造一种社会经济和政治氛围，在这种氛围下，消除实现公民社会活动的障碍（行政、经济、社会等），为这种活动建立物质（经济）基础。

如果在我们社会的现代化过程中能够解决这个制度问题，如果企业家对自己的未来充满信心，那么他将发展自己的事业，并将其成果留给后代，

---

① 类似的情况也发生在后苏联的大部分地区。详见：金泽尔斯基. 乌克兰财产制度的变形以及在低效状态下形成高效业主的问题[J/OL]. 经济学问题，2010(7).

② 罗赞诺夫. 僻静[M]. 莫斯科，1990：37.

留给社会——我们的国家，而非“境外”。如此，投资和创新都会到来。用数学的语言来说，这是一组必要和充分条件的基础。企业家是现代化的主要动力，国家和社会的主要任务是积极激励其活动。我将坚持这样的观点：企业家若有兴趣在我们的土地上开展活动——我们将实现经济现代化。必须通过所有因素来促进这一点：经济因素、非经济因素和任何其他因素。

最后要指出的是，我们所设想的再工业化只有在鼓励产品和生产技术的适当体制环境中才能实现。大多数专家认为，不良的体制环境是俄罗斯经济增长和现代化的主要制约因素，制度变革的影响可以与财政和货币刺激措施的影响相媲美或超越它们。

这是我们不仅在实现工业化方面，而且在实现整个经济发展方面的巨大潜力。与此同时，体制环境保持现状（尤其糟糕）或恶化会系统地限制工业化的实现以及经济的发展。

第 14 章

振兴生产、科研和教育
——现代工业政策的首要任务

正如人们一再指出的那样，如果没有生产与教育和科学的结合，就不可能成功地实现再工业化。如果生产不与教育和科学领域深度融合，就不可能成功地发展生产，这一想法本身并不是一个新的想法。然而，现在很少有人提出这一问题，而且不仅仅作为一种愿望，而是作为当今的迫切需要，作为一项需要切实解决的具体任务。这种问题的提出常常引起争议，甚至引起直接反对。我们认为，将科学、生产和教育纳入一个统一系统是实现俄罗斯经济现代化的先决条件。为了实现生产、科研和教育的融合，需要一种系统方法，不仅可以突出研究对象的本质，而且可以突出系统元素之间的复杂联系及其与外部因素的相互作用。这种方法在国内外都得到了认可①。

让我们回顾 20 世纪 50—70 年代初这段历史，从中获取历史经验。

14.1　俄罗斯历史的教训：合理借鉴苏联经验的困难

苏联在解决高技术生产、科研和教育一体化发展问题方面积累了丰富的经验。苏联实施了大规模的高科技项目，这些项目都不是孤立的。它们促进了以新工业生产（辅助生产、科研和教育领域组织等）为核心的“集群化”发展，提高了国家整体文化、技术水平和地方性发展水平等。

---

①　科尔奈. 体制范式[J/OL]. 经济学问题,2002(4);克莱纳. 作为现代经济理论发展平台的系统经济学[J/OL]. 经济学问题,2013(6);克莱纳. 俄罗斯需要什么样的经济以及为什么？[J]. 经济学问题,2013(10):4－27.

实施大型科技项目（原子能、航天、计算机生产等）的结果是加快了社会经济发展，俄罗斯在多个领域处于世界领先地位，提高了整个社会经济体系的可持续性，降低了发展风险。所有成功的项目都是在基础科学和应用科学、教育和材料生产的密切合作下完成的（俄罗斯仍然利用苏联时期在这些领域创造的生产和技术储备）。

通过在微观一级将教育与生产组织起来，解决了加速工业发展所需的人力资源短缺问题（这与苏联新工业的发展有关）。为此，在 20 世纪 20 年代，建立了工厂学校，后来又建立了职业技术学校和中等专业学校。这些培训机构为特定的工业企业提供服务，并利用其物质和技术基础进行培训，从而将职业培训和工业生产过程结合起来。

将高等教育纳入教育系统是合乎逻辑的。1959 年以来在技术领先的大型工业企业中，正在积极建立高等技术学校，以将核心企业和类似企业中的员工培养成高级专家。因此，高等教育与生产工艺密切结合。在培训期间，学生通常获得三四个职业资格认证：最初，他们会成为技工、技术员，在高级课程中成为工程师、设计师、工厂实验室研究人员。值得注意的是，在整个培训期间，这些大型企业附设的高等技术学校中的学生都是企业的在职员工，他们从进入这些高等技术学校起就接受了公司的企业文化。

苏联原子能项目的发展史在这方面具有说明性。为了完成这一项目，建立了专门的高等教育机构和相应的研究所，著名物理学家卡皮察（P. Капица）、兰道（Л. Ландау）和斯科别利钦（Д. Скобельцын）等参与了项目的组织和落实。20 世纪 40 年代末，莫斯科国立大学物理技术学院（1951 年改名为莫斯科物理技术学院）成立。莫斯科国立大学物理系建立了一个核物理研究所（最初称为 NIFI－2）。1949 年，在物质结构教研室的基础上成立了物质结构系（后来的核物理系），由五个教研室组成[①]。为了实施空间火箭方案、建立和发展电子计算机设备等项目，也采取了类似的措施。

这种融合在具有全国性地位的重大科技项目框架内得以实现。典型案

① 帕纳修克. 莫斯科国立大学培养核物理学家的初始阶段(30—50 年代)[C]//苏联原子弹计划的历史. 第 2 辑. 莫斯科：俄罗斯基督教人文科学学院出版社，2002：491.

例如将铁路改为热电联产项目、进行大规模大型住宅建设、在无线电电子产品中引进半导体元件技术等。资源高度集中并为国家所有，有助于实现这些目标。

然而在融合过程中，也出现了一些不利因素：在很多情况下，物质资源利用效率低、人力资源过度紧张、难以克服部门障碍和部门利益冲突、决策过度集中、信息过度保密等问题都阻碍了现代科技解决方案在国防以外领域的扩散。

随着苏联官僚管理机构的膨胀和复杂化，这些缺陷变得越来越严重，其破坏了生产、教育和科研之间的有效的相互作用。此外，这种融合没有考虑参与者足够的经济利益。

参与者足够的经济利益的缺乏严重影响到科学和技术在生产中的应用，苏联试图通过在微观一级组织科学研究和生产来克服这种缺陷。科学生产协会的成立取得了实质性的进展。1969 年 3 月在彼得格勒成立了苏联第一个科学生产协会——“正电子”，它负责为国防部生产电子元件和专用设备，并成为苏联第一个批量生产彩色小型电视机和录像机的公司。

为了将科学研究所实验工厂中的实验性（或小批量）生产过渡到企业中的大规模生产，花了大量时间在科学和技术问题的解决上。通常，为了解决这些问题他们不得不求助于仲裁员，也就是那些相关部门的官员。“正电子”科学生产协会是由一个研究所及其附属实验工厂所领导的。该协会由中央技术和设备设计局（CTEDB）及其附属实验工厂与那些在彼得格勒市以外设有分支机构的批量生产企业组成。该协会的总干事兼任研究所所长及实验工厂厂长。首席副总干事是协会的科学负责人和研究所总工程师。负责生产的副总干事同时担任实验工厂的总工程师，负责机械化的副总干事是 CTEDB 及其附属实验工厂主任。

在“科西金改革”的背景下，科学生产协会在内部经济核算的原则下运作，逐渐开展货币交易。“正电子”经济计算的一个显著特点是排除了相互供应的流通，这导致产量指标减少，但同时增加最终产品又是它的目标之一。科学生产协会的产出速度因此大幅提高。在前半年，部分产品的产量增加了三倍①。

然而，尽管取得了显著的积极成果，科学生产协会未能克服苏联计划经济模式所造成的体制和经济障碍，也未能确保科学和技术的迅速进步。苏联计划经济制度的问题在20世纪七八十年代严重恶化，这表明整个经济体系需要质的变化。

总结苏联的经验，我们注意到，在实施再工业化的过程中可能需要注意以下几个问题：

——发展大型综合机构，在组织上统一科学、教育和高科技生产②。这些机构应该比苏联时期的更灵活，层次化和官僚化程度应该更小。同样重要的是要考虑到建立和运作大型综合机构的市场标准、激励措施和动机（降低成本、货币激励等）。

——制定长期的大规模国家计划，与苏联时期的政策计划不同的是，这些计划应该是指示性的，以灵活的间接激励和调控（税收、信贷等）为基础，将私人和公共资源相结合③。

——为方案提供意识形态和政治上的支持，在社会和专业界形成对再工业化的意愿，为实施方案创造额外动力。

苏联实施现代化项目的体制环境的特点在于其高度集中的资源以及在国有基础上对其进行明确管理。今天，这些重要的先决条件都不存在，需结合俄罗斯当前体制环境建立新的经济政策机制。

苏联经验的弊端在于试图通过直接的行政手段来解决最重要的问题（不幸的是，现代官员利用“有形的手”也犯了这种错误）。这种方法效率低下，不能解决决策的成本效益问题。此外，如果不建立一些可持续的机构来为其提供横向联系，通过直接参与者的头脑将所有决策传递给高层，那么就很难想象生产、科研和教育一体化的前景。

然而，在1991年苏联解体后这些经验和教训都没有得到利用和借鉴。

---

① 来源于《社会主义工业日报》,1970－05－12,109(234).

② 瓦图蒂娜．建立产业一体化结构,提高产业的投资吸引力[J].微观经济学,2010(1):174－180.

③ Gruchy A. G. Uncertainity, indicative planning and industrial policy [J]. Journal of Economic Issues, 1984, 18(1): 159－180.

14.2　苏联解体后俄罗斯的正面和负面经验

让我们来了解一下20世纪90年代市场“原教旨主义”意识形态过分发展而导致的失败。这一时期所发生的事件清楚地表明，没有物质、体制和宏观经济这样的先决条件，是不可能实现市场的自我调节。试图摆脱政府对经济的积极监管和规划导致科研、教育和制造业中的重大失败。

例如，在改革的第一个时期，人们对科学尤其是基础科学的态度发生了巨大变化，它被视为只是一项非生产性的支出。科学资金减少，研究人员的绝对工资和相对工资下降（与其他经济部门相比）。研究和开发领域的合格人才开始大规模外流，在21世纪初，赴美国工作的苏联博士人数与留在俄罗斯的人数接近。

受影响的不仅是基础科学。在私有化过程中，公司内部研究机构的数量急剧减少。基础科学和应用科学脱节，生产失去了应用科学的支持[①]。

教育与生产关系割裂。在预算削减的情况下，将纯商业标准强加于高等职业教育，引起了市场反应。高等教育机构在没有足够师资团队的情况下迅速增加了针对徒有虚名的律师、经济学家和管理人员的培训。理科类专业不再受青睐。为了获得进入劳动力市场的文凭而进入大学的学生人数大幅增加[②]。与此同时，对技术工人的培训严重萎缩，因为私营企业急于摆脱职业学校（现在的中专）的培训负担，技术工人的工资也被降低。目前企业对合格员工短缺的抱怨也是该战略的后果。

主要问题是生产本身的退化。实体经济中的生产萎缩和技术水平的下降导致对研发和培训的需求减少。这种退化的生产不会产生对创新和受过高等教育的劳动力的需求。

生产、教育和科研体系的解体，市场改革的“原教旨主义”旨在市场经济的自发性的自我调节，对俄罗斯工业产生了负面影响（见表14－1）。机床

---

① 例如，美国和加拿大研究所所长也曾经提到过这一点。详见：罗戈夫. 对科学的需求不足威胁国家安全[N]. 独立报，2010－02－08.

② 科尔加诺夫. 俄罗斯大学参与创新过程的体制和组织问题[C]//大学是国家创新体系中体系内环节. 莫斯科：Макс Пресс 出版社，2011.

制造业、民用航空制造业、仪器制造业、高科技轧制业、其他钢结构材料业等行业现状清楚地表明了工业停滞的情况。

因此，俄罗斯实体经济部门对改革的适应只限于减少产量和技术原始化。俄罗斯机床产量从1991年的近7万台下降到2012年的3000台。要知道，苏联机床制造水平与世界相当：1984—1990年，仅向德国就出口了45000多台机床和锻压设备①。

表14－1 俄罗斯部分机械和设备的生产量 单位：台

项目	1990年	1995年	2000年	2005年	2006年	2007年	2008年	2009年
电动桥式起重机（包括专用起重机）	2943	370	638	729	554	936	748	442
金属切削机	74171	18033	8885	4867	5149	5104	4847	1882
木工机械	25439	11192	10232	4489	4412	5102	4130	1800
锻压机	27302	2184	1246	1533	2106	2700	2747	1266
纺纱机	1509	133	8	16	13	25	31	12
织机	18341	1890	95	95	173	89	43	13

民用航空等高科技行业产量也出现了明显的下降，如表14－2所示。

表14－2 1991—2013年俄罗斯和其他独联体国家民用飞机的生产量 单位：架

国家	1991年	1992年	1993年	1994年	1995年	1996年	1997年	1998年
俄罗斯	66	83	72	25	19	11	12	9
其他独联体国家	114	124	45	32	19	12	21	4
国家	1999年	2000年	2001年	2002年	2003年	2004年	2005年	2006年
俄罗斯	10	10	7	7	10	11	10	14
其他独联体国家	3	1	3	3	6	9	10	3
国家	2007年	2008年	2009年	2010年	2011年	2012年	2013年	
俄罗斯	12	17	12	13	19	22	32	
其他独联体国家	3	5	3	7	8	8	4	

资料来源：Sukhoi Superjet100型客机网站，http：//superjet100. info/wiki：prod－by－type。

2012年俄罗斯售出307台工业机器人（德国14500台）。每万名产业工人使用的机器人数量韩国为396台，日本为332台，德国为273台，俄罗斯

① 梅哈尼克. 适应新制度的机床制造业[J]. 专家,2013(7):839.

只有 2 台①。

经济的原始化也影响了农业等看似保守的领域。大型经济组织被摧毁，大部分生产转移到私人家庭农场。1990—1999 年私人家庭土地使用面积从 325 万公顷增加到 614 万公顷，土地平均面积从 20 公顷增加到 40 公顷。私人农场的农产品生产份额急剧增加。1990 年，企业生产了 73.7% 的农业产品（按实际价格计算），私人农场生产了 26.3%；1998 年分别为 38.7% 和 59.2%；1999 年分别为 40.3% 和 57.2%。1999 年，私人农场种植了 92% 的土豆，2000 年为 92.4%。通过低技术设备来增加私人农场的产量是崩溃的征兆之一②。以上过程是在俄罗斯农业全面衰落的背景下发生的，如表 14－3 所示，播种面积减少，牲畜数量减少，谷物、土豆、肉类和牛奶产量下降。

表 14－3　俄罗斯农业生产发展指标

项目	1990 年	1999 年	2000 年
年底企业数量（千家）	25.8	27.3	27.6
农业生产中的就业人数（百万家）	7.5	4.4	4.7
农业用地（百万公顷）	202.4	152.7	149.7
种植面积（百万公顷）	112.1	73.0	69.1
牲畜总数（年底）（百万头）：			
牛	45.3	17.3	16.4
猪	27.1	9.5	8.2
农产品产量（百万吨）：			
谷物（去皮后重量）	113.5	47.8	55.7
土豆	10.1	2.0	1.9
牲畜和家禽（屠宰重量）	7.0	1.6	1.7
牛奶	41.4	15.8	15.5
鸡蛋（10 亿个）	36.6	23.2	24.1
羊毛（千吨）	169.0	15.0	15.0

① http://www.robotforum.ru/novosti－texnogologij/svezhaya－statistika－mirovyieprodazhi－robotov.html.

② 格拉泽夫. 白皮书:1991—2001 年俄罗斯的经济改革[M]. 莫斯科:Эксмо 出版社,2004.

续表

项目	1990 年	1999 年	2000 年
企业平均拥有：			
员工（位）	322	188	170
所有栽植播种面积（千公顷）	4.3	2.7	2.5
牲畜（头）	1756	615	574
猪（头）	1050	325	273

如表 14 -4 所示，尽管粮食进口大幅增加，但农业衰退导致人均粮食消费下降。

表 14 -4　美国和俄罗斯年人均食品消费量

项目	美国（1989 年）	俄罗斯苏维埃联邦社会主义共和国（1989 年）	美国（1997 年）	俄罗斯联邦（1997 年）
肉类和肉类产品（千克）	113	69	114	46
牛奶和奶制品（换算成牛奶）（千克）	263	396	305	229
鸡蛋（个）	229	309	239	210
鱼类和鱼类产品（千克）	12.2	21.3	10	9.3
糖（千克）	28	45.2	30	33
粮食（千克）	100	115	112	118
土豆（千克）	57	106	57	130

20 世纪 90 年代，服务业的情况好坏参半。虽然对高技术通信和信息技术服务的需求有所增加（包括对贸易和金融业务的需求增加），但对航空服务的需求急剧下降，这也在很大程度上导致俄罗斯民用航空工业的衰落。独联体理事会跨国反垄断委员会在《关于独联体成员国航空运输市场竞争状况的报告》中指出："在 20 世纪 90 年代初之前，苏联的航空运输发展非常迅速，1989 年达到了发达国家的水平。20 世纪 90 年代的经济和政治危机导致航空运输量急剧下降。在此期间，乘客数量和客运量都减少了 75%。下降主要发生在 20 世纪 90 年代初。自 20 世纪 90 年代末以来，航空运输稳步增长。然而，到 2005 年，与 1990 年相比，航空运输的积压仍然很大，约

为1.5倍。①”

与原材料生产商和加工水平低的产品生产商遭受的损失相比，20世纪90年代高科技生产商面临的严重衰退是显而易见的。如表14－5所示，在钢产量下降相对较小的情况下，高技术轧钢和其他钢结构材料的产量大幅下降。

表14－5　工业企业产能利用率　（%）

项目	1980年	1990年	1993年	1997年	2000年
钢	95	94	69	68	77
金属切削机	87	81	54	16	17
拖拉机	98	81	42	8	19
水泥	91	93	62	36	44
鞋	89	87	48	17	29
洗衣机	88	87	51	12	—

如表14－6、表14－7所示，在物质生产下降的同时，运输和公共基础设施也受到严重破坏。

表14－6　俄罗斯联邦不同地区投入使用的铺装道路　单位：千米

地区	1990年	1994年	1995年	1996年	1997年
莫斯科州	641.1	207.9	226.6	64.5	5.4
中央黑土区	2419.4	581.8	532.9	379.4	167.8
奥廖尔州	539.9	80.7	55.9	1.3	3.0
西北区	2200.1	150.5	109.0	40.7	57.9
加里宁格勒州	140.5	14.0	15.6	6.9	—
布里亚特共和国	279.9	17.9	27.6	8.9	3.9
滨海边疆区	230.7	51.7	70.8	18.2	10.9

因此可以说，各项经济数据对20世纪90年代的改革做出了反应：产量减少，技术原始化。如表14－8所示，企业不想增加研发支出和开展技能培训，专业工人和职员人数大幅减少。在很长一段时间内，没有看到任何旨在以符合市场经济条件的新机构代替计划体系中被破坏的科研、生产和教育一体化体系的努力。

① 联邦反垄断局网站，http://www.fas.gov.ru/analytical－materials/analytical－materials_21436.html.

表 14－7　俄罗斯联邦自来水管网投产　　单位：千米

项目	1990 年	1995 年	1996 年	1997 年	2001 年
俄罗斯联邦合计	7524.3	2647.3	1330.1	1513.6	1076.9
中央区	883.2	143.3	95.0	81.4	
中央黑土区	1229.2	223.3	136.8	97.9	
沃罗涅日州	227.5	32.4	38.1	3.7	
坦波夫州	151.4	45.7	24.2	2.4	

表 14－8　俄罗斯专业工人和职员人数　　单位：千人

项目	2005 年	2006 年	2007 年	2008 年	2009 年	2010 年	2011 年	2012 年	2013 年
总人数	702.5	679.7	656.0	604.7	537.6	580.5	516.7	483.5	436.0
其中工业	214.0	206.3	202.7	189.4	168.1	174.8	160.0	152.6	138.3

总之，市场“原教旨主义”意识形态阻碍了俄罗斯完成进口替代、再工业化和现代化等紧迫任务。我们同意俄罗斯科学院经济研究所所长格林伯格的结论：“市场转型的负面结果更加显而易见。这些负面结果显然取得了压倒性成功。这不仅仅是因为在改革期间，俄罗斯失去了一半的实力，更是因为迄今都未能阻止生产原始化、劳动非智能化和社会领域退化的进程。除此之外，还有大规模贫困的出现，这种贫困在激进变革的年代里迅速扩大。”① 然而，在随后的几年中人们并没有充分认识到这一点。

不幸的是，21 世纪初期经济的恢复性增长几乎没有带来任何改变。一些行业（包括一些高科技行业）的生产增长并没有拯救 20 世纪 90 年代的崩溃，而机械和设备的生产情况即使没有进一步恶化，也同样糟糕。

我们要认识到俄罗斯除了创新之外没有其他可靠的经济增长来源，面临着 20 世纪 90 年代所形成的一系列问题，例如经济体制的惯性、传统的宏观经济政策以及与此相关的经济利益平衡。这就是为什么在生产、科研和教育之间为建立有效互动所做出的努力缺乏成效的原因。

21 世纪初期，俄罗斯试图通过专门为此目的而成立的国有集团（斯科尔科沃、罗斯纳诺、俄罗斯国家技术集团等）所实施的雄心勃勃的官僚项目来解决这一问题，这受到了许多合理的指责，因为大量预算支出明显效

① 格林伯格. 俄罗斯：没有进展和民主的经济成功？[J/OL]. 俄罗斯经济复兴，2005(2)：11.

率低下且存在滥用情况[①]。

令人难以置信的是，外国在生产、科研和教育领域中的相互作用中形成的成功经验（例如，美国军工业跨国集团在知识密集型生产领域的运营，北欧国家大学的基础科学和教育与应用科学的结合）与苏联时期的计划经济制度更相似，与苏联解体后20年中俄罗斯所实行的“市场经济”机制却没有那么多相似点。在俄罗斯，不仅苏联，甚至外国在这一领域的经验都很少被借鉴。

坚持生产、科研和教育融合是一些主要工业化国家进行经济监管的原则之一。例如，在日本，推动工业、科研和国家机构之间的科技合作多年来一直是政府创新政策的战略方向。自 20 世纪 90 年代中期以来，日本通过了一系列立法，促进并加强了私营企业、科研和国家机构之间的联系。1995 年《科学技术法》生效，规定国家为大学研究提供财政支持；1998 年《技术许可组织发展法》生效，允许公司利用大学研究活动的成果，为此成立了大学和工业企业之间的中介组织。《支持生产技术发展法》（2000 年）允许公立大学的教职员工成立私营公司，以确保科学研究成果在工业生产中得到实际应用。此外，大学的主要任务之一是支持生产技术发展。最终，为了实现利用研究成果促进国家经济的发展，2002 年通过了《知识产权基本法》，确定了工业、科研和国家机构之间的合作方案。

此外，根据目前的立法，日本正在积极实施促进工业、科研和国家机构之间科技合作的方案[②]。美国的成功经验推动了日本的这些计划，这些计划大大提高了日本在生物技术和信息通信技术领域的竞争力。

另一个例子是德国。德国政府的主要倡议和措施包括：

①科研、教育和工业一体化。

——国家支持中小企业和科学组织参与的创新集（德国工业联会项目）。

——在新的联邦州实施有针对性的创新项目。

——为有前景的创新集群开发新的融资工具。

---

① 索科洛夫. 寻租行为对俄罗斯国有企业投资的影响：经济科学副博士学位论文摘要[D]. 莫斯科：俄罗斯科学院中央经济数学研究所，2013.

② Gruchy A. G. Uncertainity, indicative planning and industrial policy [J]. Journal of Economic Issues, 1984, 18(1): 159 – 180.

——在大学和高等学院的参与下，组织“德国最佳创新集群”联邦竞赛。

——完善创新活动发展中的公私伙伴关系模式。

②完善科研人员培训体系。

——吸引他们参与科研活动。

需补充一下，生产、科研和教育的一体化是现代世界工业发展的强大趋势：美国和欧洲工业化国家早在20世纪80年代中期至90年代初就开始实施各种项目，以建立和强化商业和科学技术合作体系。在美国，著名的“Buy－Dowel”和其他立法在这方面发挥了重要作用。

应合理借鉴上述的苏联和国外经验，以在再工业化战略框架内实施进口替代政策。

我们注意到，近年来，俄罗斯在生产、科研和教育一体化领域出现了积极趋势，例如，在赫鲁尼切夫国家航天研究和生产中心联邦国有单一制企业、航空航天设备集团等机构中成功实施了一些项目。根据俄罗斯联邦政府2001年10月11日第713号决议批准的火箭航天工业发展战略以及国防工业综合体改革和发展联邦计划（2002—2006年），在赫鲁尼切夫国家航天研究和生产中心联邦国有单一制企业的基础上，成立了一个大型一体化的部门，用于开发和制造重型运载火箭。整合的最重要任务是保持企业的生产和科技潜力，确保国家订单执行。2007年2月3日俄罗斯联邦总统普京签署了一项题为“关于赫鲁尼切夫国家航天研究和生产中心联邦国有单一制企业”的法令。目前，该部门主动与俄罗斯一些领先的技术大学整合，为那些代培生提供企业和设计中心的岗位。

在创建创新集群、建立技术转让网络①和技术枢纽等方面也有类似的微观层面上的项目。然而，不幸的是，在这方面更多的是负面例子。从宏观层面上看，俄罗斯既没有一个体系，也没有一个长期的真正有效的战略能够整合生产、科研和教育。主要是在“有形的手”模式下解决问题，普遍存在腐败行为。

---

① 奥西片科．创新发展体系中的技术转让[J]．俄罗斯经济复兴，2014(1)：83－88．

14.3　生产、科研和教育的重新融合：寻找可能的解决方案

发展新的高技术材料生产需要将新的理论思想引入大规模生产的具体技术。即需要：①基础科学和应用科学；②有能力运用新技术的人。如果没有提供高质量的全民终身教育，以上是不可能实现的。以上两点是众所周知的（俄罗斯科学院院士卡申和俄罗斯教育学院通讯员斯莫林不断强调这一点[①]），但并非所有经济学家都认同这一观点。

但是，仅靠这两个必要事项是不够的。为了解决生产、科研和教育重新融合的问题，必须考虑这些领域在当今环境中起到的新作用。需强调三个关键信息：

（1）在 21 世纪经济中，形成关键生产资源的领域培养和发展了人类的创造力。在经济学中，众所周知，人是生产的主要因素之一，或者按照马克思主义的观点，是主要生产力。然而，现代经济的特殊性在于，在现代经济中人不仅是一个有一定技能的劳动力，在机床或传送带上进行流水线操作，而且是一个新的劳动力。人类的创造力是 21 世纪经济体系发展的中心。它的形成意味着必须发展一个所有人一生中任何时间都能获得的教育体系。在斯莫林的文献中，这种教育的形成是经济复苏的先决条件，我们都认同这一点[②]。

（2）没有基础研究，就不可能创造新技术，进行创新的创造和推广——世界经济中最昂贵且最具竞争力的产品，该产品的生产决定了国家经济和安全的竞争力。

（3）现代条件下的生产不仅是不断向教育和科研下“订单”的经济体

---

① “首先，有必要为俄罗斯科学制定目标定位‘路线图’，以使后者得到明确的解决方案。其次，有必要提高俄罗斯科学家的地位，而不是遵循虚假的西方专家开发的科学工作质量指标。”卡申继续说道：“当局似乎对专业经济学家的意见不感兴趣。显然，来自‘专家社区’的亲信只需要使已经做出的决定合法化。事实证明，科学是分开的，管理决策的范围也是分开的。此外，它们有时会互相敌视。我们可以说，这是一种反科学的社会政治和经济领域决策方法。”（卡申. 寄生于创新的原理[N]. 自由媒体，2011 - 12 - 13）斯莫林强调：“只要俄罗斯的教育系统一天没被恢复，它仍将是一个第三世界国家……要么我们改变经济路线，不然我们国家的安全、完整性和未来都将处于危险之中。”（斯莫林. 2014 年莫斯科经济论坛上的发言 2014 [R/OL]. [2016 - 01 - 10]. http://me - forum. ru/ media/events/ plenary_ discuss_I/）

② 斯莫林. 全民教育[M]. 莫斯科，2006.

系的基础，而且逐渐体现应用教育和科研实力。对于21世纪的经济体系来说，优先事项的对立性与统一性变得格外重要：一方面是科研、教育和文化；另一方面是物质生产。如果经济政策效率低下，这种矛盾就会加剧，任何的生产投资都会导致对科学和教育投资的减少。当教育、科研和文化都在为促进物质生产而相互配合时，这种矛盾将得以解决，物质生产并不依靠增加社会预算发展壮大，而是通过吸引更为专业的人才，并使用新技术来实现。

我们在一个整体的、可规划的、面向长期发展的框架内研究为什么这些领域的一体化如此重要，以及可以采取哪些措施来完善这条道路。

根据国内外经验教训，以及上述的论点，建议从以下几个方面实现生产、科研和教育重建：

第一，在生产—科研—教育一体化项目的框架内，创新的物质技术基础应该依靠已经被大众所熟知的方案来解决：

——在教育系统中培养有创作力的人才、技术人员和专家。

——依靠基础科学成果来发展科研和试验设计。

——将新技术引入工业样品创作中。

——在国内企业中组织大规模批量产品生产。

但在目前的情况下，以上措施最初只能在有限的领域内开展。

第二，俄罗斯当前应首先恢复已保留下来的高科技制品储备（主要在国防领域），而新技术的综合创造与全新产品的研发计划只能在限定范围内开展，并且只限于对国民经济影响较大的领域中。

第三，该项目实现的经济机制可依赖市场激励（通过国家命令、长期贷款、担保进行融资），以及公司伙伴关系、长期国家计划和积极的工业政策，这些手段将市场机制与国家投资、国企的发展计划相关联（包括教育和科研领域）。

第四，这些优先项目的组织法律保障包括长期发展的特殊机制（负责战略计划的制定和实施，采用积极的工业和结构性政策等）。为了保证其正常运作，必须降低财务贷款、税收、关税系统中的行政壁垒，加大国家对专利申报、技术流程与产品认证领域的支持力度等。

不同组织法律形式下的生产—科研—教育一体化集群在此发挥了重要

的作用，从开放的网络到拥有统一发展计划的复合体，这些综合体实现统一的融资和协调管理，以保证共同的长远目标的达成。采用的具体形式取决于所面临任务的特点和现有的先决条件。

第 15 章

NIS 2.0 是一种社会制度

迄今为止，我们主要从技术发展、物质生产的知识密集度增长角度来审视第二代新型工业社会（NIS 2.0），它们是结构性技术改进所必需的，是获得再工业化政策的保障。我们的任务不是全面、详细地展现未来过渡到 NIS 2.0 的场景，描绘第二代新型工业社会的壮丽蓝图。但是，不能忽略技术进步、影响经济与上层建筑关系演变的关键点。只有这样，这些建立在过渡到 NIS 2.0 的科学预测基础上的观点才会被完善。

对于俄罗斯来说，进入 NIS 2.0 的可能性与再工业的概念密不可分，这是一种以工业现代化为基础的经济战略，依靠先进的技术秩序，确保知识密集型物质生产的增长。这种再工业化引发的改变不仅仅体现在经济政策中。这种战略的实现不可避免地导致经济关系、制度、公共利益体系、意识形态、社会心理等方面的变化。

提出这一问题是正确的，且不仅是从俄罗斯再工业化结果的角度来分析。世界正处于一场新技术革命的边缘，不可避免的变化将影响全球经济，并首先从最发达和最有活力的发展中国家开始。这些转变的结合，恰恰引起了本书中提到的第二代新型工业社会（NIS 2.0）的出现。社会的全新性不仅体现在技术基础方面，而且体现在社会体系的其他方面，社会的变化客观上必然导致技术和生产关系发生转变。

遗憾的是，“后工业社会”的许多理论家轻易将这种相互依赖性的研究粗浅地归结为原始的技术决定论。“后工业社会”专家常常将复杂的社会关系与组织综合体的技术转变的预测性投射的详细重新设计偷换为粗浅的自动变化概念，技术领域中的创新会导致人类社会关系的性质自动出现变化。

例如，拥有个人电脑的可能性消除了生产资料所有权的全部意义，因为现在每个人都可以成为所有者，因此所有之前以生产资本论和资本集中为基础的所有权不平等分配的关系都会烟消云散。从这种争论出现以来，至少已经过去了 30 年，但它们从始至终就是一种空洞的幻想。

技术进步的改变绝不是自发的，绝不是不与旧的经济和社会形式进行斗争，尽管新的生产条件有迫切要求，但这些形式设法将自己“永久保留”下来。同时应该考虑到社会结构的相对惯性。

尽管如此，唯物主义历史方法的旧原则绝不是过时的，社会技术和经济基础的变化将以某种方式“迫使”社会生活领域的其他方面按照经济需求得以完善。与个人电脑的例子相同，更深入的研究表明，拥有这样的电脑，并且电脑可以访问信息和通信网站，潜在性地带来深刻的社会变革。然而，为了产生这些变化，仅拥有一台个人电脑和互联网是不够的。为此，信息和通信革命必须深入骨髓地成为大部分人生产活动的基础，成为知识密集型物质生产和知识密集型产品强烈增长的基础。随着电脑和互联网功能的不断扩展，它成为大部分人娱乐、购物、日常交流的手段，而在工作中，是商业交流时常规文件传递的机械化手段。即便是吸引人们参与知识密集型生产过程的水平发生了巨大的变革（包括借助个人电脑），也需要随着时间的推移调整经济、体制、社会和其他结构，不是没有斗争的，需要寻找全新的、更适合的社会形式，而这些社会形式不会以现成的方式落入我们手中。

这并不意味着变革会被推迟到某个无限期的未来。不，它们已经在路上了。这种变化的最初迹象，以及对未来前景的预感已经反映在经济学家的著作中。在经过几十年的遗忘后，“一体化”或“趋同”社会的概念开辟出一条新的道路，再次流行起来。但这些思想的支持者并没有超越两种体系趋同的最初概念，他们将这些体系的最佳特征进行融合，并去其糟粕，获得了这种融合的可取性。

在趋同（以及“一体化社会”）观念的支持者中，最著名的是俄裔美国社会学家皮特里姆·索罗金（Pitirim Sorokin），美国科学界的知名代表，如华尔特·罗斯托（W. Rostow）和加尔布雷思，法国的雷蒙·阿隆（R. Aron）、弗朗索瓦·佩鲁（F. Perroux），以及荷兰的简·丁伯根（Jan Tinbergen）。趋同理论也引起了美国政治学家兹比格纽夫·布热津斯基（Zbigniew Brzezinski）的兴趣，在俄罗斯，安德烈·德米特里耶维奇·萨哈罗夫（Андрей Дмитриевич Сахаров）院士也是趋同思想的宣扬者。

索罗金认为，资本主义和社会主义体系结合在“人类宇宙中的统一社会、文化和个人系统中，其中包括大部分积极的价值观，并剔除了每种类型的严重缺陷”①。他解释道：“在未来，社会和文化的主导形式不是资本主义，也不是社会主义，而是中间主义——资本主义和社会主义秩序与生活方式之间的整体类型。这种新型的具有综合文化价值、社会制度和人格类型的单一系统，与资本主义和共产主义模式截然不同。”②

加尔布雷思的趋同概念基础更为复杂，它解释了在同一个社会中资本主义和社会主义元素相结合的可能性，因为这些对立的社会系统依赖于类似的工业生产方式。除此之外，加尔布雷思的理想动机是，避免这些体系之间发生严重对抗的风险。他写道：“趋同首先与大规模的现代生产、大规模的资本投资、现代技术、复杂的组织相联系，它们是所提及因素最重要的结果…… 两个看似不同的工业体系的趋同正发生在所有最重要的领域中。这是一个令人欣慰的情况。随着时间的推移（甚至以难以想象的速度），它会反驳因不可调和的差异而即将发生碰撞的概念……明白这样一个事实，在两种工业系统发展的过程中，想必将有助于对隐藏在军备竞赛中的共同威胁达成一致性，有可能结束这种危险，或在更有利的条件下开始竞争。”③

萨哈罗夫也拥有类似的理由，但他将重点放在合作解决人类最尖锐的全球性问题：“简而言之，趋同是资本主义和社会主义世界体系融合的真正历史进程，是经济、政治、社会、意识形态领域中所发生的多元化改变的结果。趋同是解决和平、生态、社会和地缘政治正确性等全球性问题的必要条件。”④

---

① Sorokin P. A. Mutual convergence of the United States and the U. S. S. R. to the mixed sociocultural type[M]// International Journal of Comparative Sociology. 1960,1(2):143. 索罗金. 当今时代的主要趋势[M]. 莫斯科:Наука 出版社,1997:115 - 116.

② 蒂里亚基安. 彼蒂里姆索罗金:我的老师和当代先知[J]. 社会和社会人类学杂志,1999(1):23.

③ Galbraith J. K. The new industrial state [M]. Boston: Houghton Miffl., 1967: 453 - 454.

④ 资料来源:萨哈罗夫 A. Д 的《趋同,和平共处》。

这种趋同方法以资本主义和社会主义体系的共同工业基础为出发点，涉及融合与合作的道德义务，这种思想在“将每种制度中的精华进行融合”的精神口号中得到诠释。

现在我们因提出这样一个问题而满足。旧有的趋同概念是站不住脚的。虽然它的预测建立在社会主义和资本主义体系趋同的一些实际迹象上（在发达的资本主义国家建立福利国家，国家调节经济的方式呈现多样性发展；在社会主义国家出现市场化改革），但这些迹象和许多不同国家存在的共同工业基础都不会促进“一体化社会”的形成。在社会主义制度崩溃后，旧的趋同思想被“历史终结”的声音和自由资本主义制度的最终胜利所取代。甚至出现了关于“消极趋同”的观点——后苏联并不是汲取了资本主义和社会主义特征的优点，而是综合了它们最大的缺点。“现代的趋同理论首先引起了美国和苏联的相互吸引、非理性融合和功能失调的结构”，社会学家尼古拉·波克罗夫斯基（Н. В. Покровский）在 1993 年这样说道[①]。察戈洛夫现在才提出了这种观点[②]。

然而，现代社会对趋同概念的关注并非从零开始。当前关于“一体化”或“趋同”社会论点的猜测（“把握”）引领了社会进化的大方向，但没有解释在现代条件下向“一体化社会”过渡的客观理由（就像已经表明的那样，我们对旧的解释并不满意）。这些条件已经与索罗金或加尔布雷思提出趋同概念时的条件大不相同，即将到来的 NIS 2.0 带给我们新的挑战。

一体化现代社会拥护者的主要论点是，这样的社会能够表现出更高的经济效率和人类发展成果，总的来说，是正确的。因此，察戈洛夫不断提醒人们注意这样一个事实，即社会主义制度的解体并不意味着拒绝尝试将计划（社会主义的）调节与市场（资本主义的）调节进行结合，确保它们以最佳方式结合，获得良好的经济成效。他提出：“这两种形式，以其众多不可否认的优势，都是极其‘客观’的，它们在人类历史上的出现也不是

---

① 莫斯科大学社会学系副教授 Н. Б. 波克罗夫斯基 1993 年在范德比尔特大学美国哲学学会周年大会上的报告[R/OL].[2016 - 01 - 10]. http://ecsocman.hse.ru/data/106/202/1217/006_Pokrovskij - brauning.pdf.

② 察戈洛夫. 新整体社会为第七种社会形态[C]//新整体社会：基本理论与世界实践. 莫斯科：Ленанд 出版社，2016：126.

毫无道理。但这两者的内部都是矛盾的、不稳定的，需要相互配合与支持。这就是为什么世界上发展最快、最和谐的发展中国家采用一体化系统作为其生活方式的基础。”①

将一体化社会的前景与新技术革命紧密地联系起来的立场也是正确的。格拉济耶夫强调了这一观点：“过渡到新的技术秩序，其特点是广泛使用纳米、生物工程和信息通信技术。”依靠大幅度提高资源效率、降低生产能耗的新技术的快速发展，使先进国家将步入漫长的经济增长浪潮中。为了不落后，俄罗斯不仅需要在科学、技术和工业领域寻找解决方案，还需要在确定新的发展战略和社会经济结构模式方面寻找解决方案②。

但这两个正确的前提都没有揭示生产技术的进步与经济和社会制度“一体化”趋势之间的必然联系。这些前提不足以说明为何这些“更美好的未来”是社会生产基础上产生的变化的自然结果。

NIS 2.0 不是仅包括资本主义和社会主义（“一体化社会”）经济实践的“最佳”特征——这样的解决方案是在仁爱领域，而非科学方法。其形成也不仅是资本主义元素渗透到社会主义的结果。是的，中国给我们树立了一个成功典型，但同样的经验也显示了社会经济发展所面临的局限性，如果它仅仅是过去历史经验中所熟知的各种社会经济调节类型的结合。将计划调控与市场经济和自由创业的刺激因素相结合，使中国经济得到了长足的发展。但现在中国正面临着技术突破和获得科技独立的问题，而这一任务单靠计划和市场结合是难以实现的。

斯堪的纳维亚国家将社会主义要素融入资本主义制度的经验同样成功，但也存在局限性。“斯堪的纳维亚模式”通过依靠具有高度社会保障的高技能和高薪酬劳动来缓解资本主义的矛盾，这很好地推动了发展。但早已发现，单靠这种整合并不能为未来提供任何额外的发展潜力。以芬兰为例，在20世纪90年代，成功地将这一经验应用于加速创新发展中，但到2010年这种模式无法再开辟新的前景。这个例子也有力地证明了这一点。

---

① 察戈洛夫．新整体社会为第七种社会形态[C]//新整体社会：基本理论与世界实践．莫斯科：Ленанд 出版社，2016：126－128，130.

② 格拉泽夫．从市场原教旨主义到趋同模型的转变[C]//新整体社会：基本理论与世界实践．莫斯科：Ленанд 出版社，2016：69.

那么，“趋同”——社会主义和资本主义元素的相互渗透是否没有历史前景呢？相反，是有的。但只有在一个条件下，即不仅限于只借用过去经验中的元素进行结合。这种结合和相互渗透是有前景的，如果在物质生产知识强度增加的道路上，它根植于工业技术秩序结构的演变，这就决定了出现新的经济社会关系及制度，以及相应的政治文化形式的必要性和可能性。正是这一过程迫使社会不仅将从前的资本主义和社会主义的要素嵌入生产关系的结构中，而且形成了新的关系，“消除”（辩证地否认，但也有发展）过去的成就，产生新的经济和社会关系，这种关系不是资本主义和社会主义的机械混合体，而是发展成就，从而以最佳形式满足知识密集型物质生产发展的要求。

换句话说，新的社会在“消除”之前社会结构的矛盾时，不仅从当前的社会结构类型中（包括资本主义和社会主义）提取出 NIS 2.0 的最佳社会结构类型，同时也建立了新的关系，远远超出旧有形式的结合，进而推动了这个社会的快速进步。

这里关系到我们同时对术语混乱问题的态度，几十年来（很快就一百年了）试图人为地将“游蛇”和“刺猬”进行杂交。笔者指的是所谓的趋同——一体化社会。很明显，可能指的是笔者在本书中描述的同一类型的社会结构。但术语“趋同”在此并不合适。趋同是指外部特征的接近。例如，哺乳动物迁移到水生环境后，诞生了鲸鱼和海豚，致使它们的外表与鱼类相似，但在类型上，在内部结构和生理学方面，它们依然是哺乳动物。当两栖动物从水生环境迁移到陆地时，观察到同样的现象，它们像陆地上的哺乳动物一样，获得了在地面上用四肢行走的能力。这两种情况中的趋同都是显而易见的。受到外部条件的制约，也就是受栖息地环境的制约。受到环境压力的影响，必须让“身体”的某一部分适应这种类型。在 NIS 2.0 方向的发展中，不是趋同，而是对自身环境基础的改变，不可避免地导致所有“动物”，即不同类型的社会体系的变形，变为“同类”。基础是相同的，上层建筑类似于“双胞胎”（当然，某些时候分歧将受到文明差异、民族特点等的影响）。因此，我们观察的不是趋同，而是统一的新型社会透过旧社会的交互共生，基于地基统一的发展道路，依靠科技进步和工业生产方式的高质量重新格式化。这里没有，也不可能有任何不同的路径。科技和科学的发展是单行的，不可能有基于它们的不同的科技解决方案。

可能会出现这样的问题：为什么在20世纪技术进步的单一途径中，会出现不同类型的社会结构？这正是技术和生产方式发展不足的结果，造成资源和产品短缺，而NIS 2.0恰好消除了竞争、斗争和占有的相应方式。

至于“一体化”“一体化社会”，术语情况更糟糕。整合是一种联系。整体是一个整体各部分的总和（全部至无穷小）。难道未来社会只是将当今的各个部分、特征和特点（包括弊端）结合起来吗？绝非如此。然而，令人惊讶的是，忽视术语的不仅是上述提到的专家，还有一些当代非常严谨的专家，他们（笔者肯定认识）掌握着现代数学方法，在方法论方面也是超前的。如果说“趋同”一词至少反映了与新社会形成过程有关的外部事物，那么“一体化”这个术语就与该过程的本质相矛盾。当然，可以不去关注术语差别，但毕竟名正言顺。术语混淆导致了混乱，使理论失去了严谨性；在这种情况下，使用这些术语并不能阐明过程的本质，只会误导人们，并使研究人员在新社会的认知和概念构建中迷失方向，而重要的是，无法寻找到实现这一概念的适当机制。

因此，“一体化社会”这个术语并不准确，因为我们不是在谈论不同元素的简单结合。“趋同社会”这一术语也不准确，因为不是在谈论进入新环境的机体的适应问题，并在新环境中借用一些特征来保全自己。不仅是在谈论某些新附加属性的出现，而且是一个全新机体的形成。在这个意义上，在所有的假定中，NIS 2.0的术语是绝对正确的，因为它反映了正在进行的过程的本质。

这里提出了一个复杂而实际的问题，政治经济学应该给出一个原则性的理论回应。是否真的有可能在同一个机体中结合不同的社会经济生活调节基础——市场与计划基础、社会主义与资本主义基础？时间已经给出了答案：在某些情况下，这种组合会给社会带来破坏性后果（苏联“改革”），但在另一些情况下，可以获得非凡的经济成就（如新经济政策时期的苏维埃俄罗斯、1950—1970年的南斯拉夫、1979年至今的中国）。因此，没有从根本上禁止两个完全不同的经济调节进行有效相互作用的可能性。这个问题的答案已经在政治经济学理论中得到了确立：“市场与计划不是不可调和的对立面，而是不同的经济调节方式。当只有其中一个在起作用时，便产生了问题与失衡。”[1]然而，必须更详细地研究政治经济学理论：依据哪些标准可以将社会主义和资本主义结合起来，确保其后果不是破坏性的，而是创造性的。

实际上，上面已经指出了应对这个问题的办法。当结合的元素由知识密集型物质生产进步的需要决定时，不同基本原理的结合就会产生积极的效果。更具体地说，这意味着什么？

整个资本主义制度现在背负着“市场原教旨主义”的保守遗产和当时形成的经济关系与制度（及其各自的意识形态），在当时，自由竞争的市场是经济进步的阿尔法和欧米茄。“自由市场”统治的日子早已过去，这种保守的遗产阻止了新方法的开发和应用。但是，它被那些有影响力的社会力量牢牢把控，保存这些方法对他们极为有利，例如，金融投机者的“自由之手”。不可思议的是，即便是最成功的投机商，乔治·索罗斯也在“市场原教旨主义”中看到了他所谓的资本主义制度未来的威胁[2]。

然而，在取得重大成果时，个人主动性和物质成功原则恰好是在市场关系基础上运行的，在创新进程的连续性条件下，显示出了其必要性。

社会主义制度在其发展过程中面临着中央规划的过度官僚化[3]及个人利益和需求退居其次去迎合“公共利益”的问题[4]。但它预见了经济活动中国家（甚至是全球）协调的必要性，并注重人才潜力的发展，这是知识密集型工业现代发展的必要条件。

在战后的几十年里，已经开始感受到各种“混合”经济形式，以最奇特的方式将个人主义和社会方法的原理结合在一起：从基层的自治队到[5]国

---

① 察戈洛夫．新整体社会为第七种社会形态[C]//新整体社会：基本理论与世界实践．莫斯科：Ленанд 出版社，2016：127.

② 索罗斯．全球资本主义危机：岌岌可危的开放社会[M]．莫斯科：ИНФРА－М 出版社，1999.

③ 例如，参见集中规划系统的矛盾分析：科尔加诺夫 А. И. “苏联”项目：我们无法完成什么？[C]//苏联.未完成的项目．莫斯科：Ленанд 出版社，2012：171－179.

④ 察戈洛夫 Г. Н. 新整体社会为第七种社会形态[C]//新整体社会：基本理论与世界实践.莫斯科：Ленанд 出版社，2016：180－181.

⑤ 罗季奥诺夫．生产队在工人社会活动展开中的作用：社会学副博士学位论文摘要[D]．莫斯科，1990；鲁迪克．产业民主：理论、实践及其在俄罗斯建立的问题[M]．莫斯科：“提高经济素养”基金会，1998；进入 21 世纪门槛的社会：信息社会中的人、市场与企业[M]．莫斯科：ТЕИС 出版社，1998：66－73.

家层面的指示性规划和大规模国家科技计划①。

让我们回到上面的问题，即旧的不会自动消失，通往新社会关系的道路建立在与旧有经济和社会形式有关的利益矛盾中。在早期，技术和经济进步所产生的社会矛盾往往通过革命来解决。问题在于，能否预见这种紧张局势的加剧，并确保平稳解决这些不可避免的矛盾。

NIS 2.0 具有成为“无冲突”社会的潜力（如果不考虑个人观点冲突或思想冲突）。为什么？因为任何冲突都是建立在竞争基础之上，特别是对资源、产品、劳动成果及其组成部分的竞争。在迈向 NIS 2.0 的过程中对资源的需求将降低，产品的可用性和满足需求的能力将增加。正是这种客观规律性决定了随着 NIS 2.0 的发展，竞争的水平和强度都将下降……这是第二代新型工业社会形成过程中两种稳定的规律。冲突的基础将消失。

这种可能性随着工业的技术进步而出现。随着新一代技术的发展，人类不会远离工业过程，而是将一个受控的具有引导性的自然过程置于其基础上。

利用信息技术能力，可以综合控制各种工业技术（机械、物理、化学、生物等），将它们结合起来解决日益复杂的问题，满足日益多样化的需求。几十年前（甚至更低水平时），人们通过电视、收音机、电话、电脑和巨大的信息存储器来满足需求，而现在只需要一部小小的手机。这仅仅是一个例子。增材技术和纳米技术提供了更多的机会，以满足本质上资源消耗最小及不断减少的任何需求。

斯大林的论题揭露出在我们走向社会主义的过程中，阶级冲突增加具有合理性：“在阶级社会中，工人阶级向社会主义前进时，斗争与焦虑从未曾避免，也将无法避免。相反，走向社会主义只会导致剥削者对这一进步的抵抗，而剥削者的抵抗只会导致阶级斗争的必然加剧。这就是为什么不

---

① 科尔加诺夫.“苏联”项目：我们无法完成什么？[C]//苏联.未完成的项目. 莫斯科：Ленанд 出版社，2012：170－172；韦杜塔. 国家经济战略[M]. 莫斯科：Академический проект 出版社，Деловая книга 出版社，1998；列别杰娃. 国家在经济现代化中的作用[C]//日本：进行现代化的经验. 莫斯科：AIRO－XXI 出版社，2011；Aghion P. Some thoughts on industrial policy and growth [R]//OFCE Working Paper. 2009－09(April). Paris：Observatoire Francais des Conjonctures Economiques.

能通过谈论阶级斗争次要作用来麻痹工人阶级……”① 1937 年他以更尖锐的形式重复这一论题：“我们越向前迈进，取得的成功越多，被打败的剥削阶级的参与势力就会越痛苦，他们就会越早开始更激烈的斗争，就会越多地损害苏维埃国家，越是执着于最绝望的斗争手段，这是注定失败的终极手段……”②

然而，对当前社会进步趋势的分析表明，社会对抗的加剧很可能有着另外一种前景：不是加剧，而是衰减。这将会完全按照众所周知的哲学范式发生（NIS 2.0 正是以技术的进步为基础）。

社会制度结构中的哪些变化符合知识密集型物质生产发展的需求，可以确保降低冲突程度？当然，我们现在无法在所有细节上想象出 NIS 2.0 的社会结构面貌，但一些趋势，其根源在今天已经初见端倪，可以了解。首先，社会关系中的转变来源于物质生产中知识作用的增加和技术创新节奏的加快。这意味着，越来越多人的教育水平和专业能力不断提高，将不可避免地参与到技术和社会创造过程中。

各类致力于研究、设计、生产、经济、经营、管理、培训、教育、环境和解决其他任务的自愿社团和联盟的角色增长将与社会关系领域中的这一趋势相匹配。实际上，我们在谈论包括生产、人类活动在内的基础领域中公民社会结构“共生”趋势的显著深化。在文化领域，这将与人口教育潜力的增长、其基本基础的扩大、古典文化遗产的广泛发展相匹配。最终，人们的普遍能力得以提升，能够理解，并创造性地解决各种生产和社会问题。

在政治制度领域，这种变化迟早会导致从目前的形式上的民主（主要限于定期参加代表机构的代表选举投票）过渡到有能力参与解决社会管理日常问题的民主中。这将是一种以吸引民间团体结构为基础的精英政治，这些团体将由一定专长的人联合起来，制定社会生活各领域的解决方案，并对政府各分支（包括“第四政府”）所做的决定（及其后果）做出专业

① 斯大林．论工业化和粮食问题：1928 年 7 月 9 日在全俄布尔什维克共产党中央委员会全体会议上演说[G]//选集，第 11 卷．莫斯科：Госполитиздат 出版社，1949：171 - 172.

② 斯大林．论党的工作缺点和消灭托洛茨基两面派及其他两面派的办法[M]//让斯大林同志发言．莫斯科，1995：121 - 122.

评估。

必须指定一项尚不明确的研究任务：在高质量过渡前夕，应该提出哪些先决条件，以便过渡是可控的，并且不会出现自发性分歧而导致民怨爆发。在这方面，应该重点研究北欧在没有发生大规模革命动荡的情况下（像其他欧洲国家发生的那样）向资本主义过渡的经验，以及这些国家在创新发展领域中的后续成就。

在向社会发展新阶段过渡时，是什么决定了北欧国家发展中的低冲突水平？当然，这种过渡根本不能称为无冲突：这些国家的历史中存在农民起义、城市暴动和上层阴谋……但是，瑞士、挪威、丹麦、芬兰和冰岛始终没有陷入革命的旋涡中。尽管伴随着非常痛苦的社会动荡，但争取社会进步的斗争是通过改革完成的。

重要的是，在研究这些国家的历史道路时发现，阶级间的冲突水平低于欧洲其他地区。这主要表现在自由农民的比重很高，农奴制的比例很低（甚至完全不存在农奴制）。最终，农民保留了传统的社区自治机构，并在立法和司法系统中拥有法律代表权。因此，农民可以合法地保护自己的利益。它并不总是奏效，但却产生了社会妥协的历史传统，作为暴力行动的替代方案。

北欧国家社会结构特殊性的另一个更为深远的结果是，形成并出现了已经处于资本主义发展阶段的各类社会联盟和保护其成员利益的运动。文化传统在此发挥了自己的作用，也与自由居民的高比重有关，即较高的文化程度，最初归功于家庭教育，而后获得了相当早的义务教育的支持（例如，瑞典在1842年就开办了民校，1889年在民校学习变为强制性）。

这些国家不仅是在过去的几十年内才向创新经济过渡。早在20世纪，在世界经济地位争夺中，他们既不能依靠丰富的自然资源，也不能依靠掠夺殖民地，而是选择了技术进步和劳动技能增长这条路。这种方法与依靠民间团体发达结构的高度劳动社会保护有机地结合起来。

从对这一历史经验的简要回顾中可以得出如下结论：政治、经济、社会、文化越是发达，在社会变革过程中，调和人们冲突利益的制度就越具管控性，这些变革所引发的痛苦程度就越低。这一趋势完全符合以最新技术为基础的知识密集型物质生产的发展前景，培养出具有创造性、主动性、文化性，并能够积极参与社会活动的人。此外，在相对降低资源负荷的条件下，可控地克服社会紧张局势的潜力与消除现代社会矛盾的可能性直接相关，现代社会矛盾包含在知识密集型物质生产的发展中，包含在满足人们多种需求水平的不断提高中。这种生产是工业生产基本性质的直接延续和发展。

可以说，工业生产方式的“发明”是人类完美的（可能是最完美的）发明。正是工业生产方式使满足不同质量特点的需求成为可能。正是它普遍地解决了物质资源积压和投资（不仅是消费）使用的问题，马克思的“用于获得剩余价值的价值”，即将这些额外的资源转化为资本，转化为“自我增加的价值”。正是在这个基础上，资本主义诞生了，如果我们用结构语言来谈论人类发展史，曾几何时出现的基础——工业生产方式产生了资本主义关系、资本主义上层结构，将资本主义创造成社会经济关系体系。正是新生成的工业生产方式产生了新的关系，建立了新的上层结构，成为新型社会形成的基础（被笔者称为 NIS 2.0）。

就社会经济关系性质而言，第二代新型工业社会的确将是全新的。由于在 NIS 2.0 中满足非仿真人类需求的根本不同的、几乎无限广泛的可用性/可能性，基本关系——产品开发的价值将急剧下降。在马克思主义者看来，资本主义的基本矛盾也就是生产的社会性和生产资料的私人占有形式之间的矛盾：生产将与人“分离”，而“占有”将成为一种行为，在不影响其他人的情况下，简单且极其容易地满足需求。

很多人说，根据世界统计数据，过去 20 年世界经济增长一直在持续放缓，但某些地区除外，例如中国，其发展与其说是集约化，不如说是由于经济增长的扩大，生产大批量的工业产品。然而，从满足人类需求的角度来看，与传统的、完全不符合真实研究需求的统计数据相比，情况似乎恰恰相反：也许人类刚刚进入这个“黄金时代”。

让我们考虑一些旨在满足人们特定需求的使用价值，以手表为例，手表满足了人们了解时间的需求。例如，20 年前一块手表 100 美元，假设手机也是在那个时候问世的。比如，最早的手机价值 1000 美元。买了这个手机的人满足了自己对移动通信的需求，就这样，这个人满足两种需求的同时创造了 1100 美元的需求（买手表和手机）。但是，技术的发展引起了技术协同。一段时间后，新设备具备了两种功能：显示时间和移动通信。同时，技术的发展使这种可满足两种需求/功能的“一体化”设备的造价降低。比如，这样的设备价格变成了300美元。此后，期望满足两种需求的人创造了300美元的需求。从统计角度看，我们看到的是需求的降低，因为从1100美元降至300美元。从标准的统计方法角度，这导致GDP降低。这里可能有人反对说，愿意用300美元同时满足两种指定需求的人数明显多于能用1100美元满足这两种需求的人数。毫无疑问，这是对的。但是，想要同时满足这两种需求的人数是有限的，随着新形势下人们对这两种需求创造的总需求的变化趋势，迟早会比那些可以花1100美元就能满足两种需求的人数少。这意味着由于消费者的数量有限，这种趋势的发展迟早会导致指标统计量下降。因此，我们看到“统计”图景与现实之间的根本差异，这反映了需求的实际满足情况。如果我们考虑到在新的知识密集型产品中可以满足人们不断增长的需求的大量组合功能，那么我们的经济增长不会放缓，而是会急剧提高，满足人们需求。可以说，目前我们正在不知不觉中进入NIS 2.0，其特点就是通过技术进步更加充分地满足人们不断增长的需求。

因此，知识密集型产品正在进化：它满足更广泛的人类需求的能力正在增强（如上述随着从手表和电话到智能手机的进化，功能范围大幅增加）。技术的进步使得在NIS 2.0时代用一种知识密集型工业产品来满足以前由不同/几种工业产品满足的多种人类需求成为可能。人们的需求更加饱和的可能性甚至超过了他们需求的增长。一个有趣的问题是关于新产品实际未使用的潜力——如何利用这些机会并且避免造成浪费？

可见，在NIS 2.0的知识密集型生产中，每单位“旧”需求的物质资源消耗显著减少，同时保持/增加知识密集型产品中的知识份额。因此，基本上，每满足一个“旧”需求的传统单位，知识密集型产品的生产成本就会降低。这导致对现在传统材料、资源等的需求协同下降，原材料对即将到来的全球新产业的重要性也相应降低。因此，俄罗斯对资源型经济持续的颂扬（同时口头谴责）导致发展战略进入了死胡同。

因此，随着知识强度的增长而发生的生产资源强度的相对降低，为调节与自然环境的平衡和克服环境问题创造了平台。同时，需求的载体从生命支持转变为个人发展的需要。毕竟，如果有可能满足对生活资料的需求，那么与一个人的主要劳动活动相关的需求就会脱颖而出，其中，尽管非常不平衡，但创造性功能会有所增加。因此，对于未来的经济，广义上的“文化人”的形成变得越来越重要。这一点在迈向 NIS 2.0 的过程中起到了非常重要的作用。

产科教融合发展在 NIS 2.0 发展中的作用明确了。但是一个人会为这样的事件做好准备吗？当然，对物质和其他利益需求的竞争的减少促进了“新的人类历史共同体”的形成，但这是远远不够的……人性是无法快速改变的。这毕竟是事实，不是吗？确实如此，但这并不是全部，人类正在发展，随着时间的推移或在环境和教养的影响下，即使是个人也会发生相当大的变化。从广义上讲，一个人的主要“教育者”是文化。此外，是文化——连同物质生产——创造了人类。它将与新型工业生产一同创造 NIS 2.0 人，这个 NIS 2.0 人将“站在生产上方或旁边”且主要致力于积极智力活动。

在这个愉快的结论中，我们的讨论可以结束了，但在这里还需要搞懂一个与人类在新型工业未来命运有关的顾虑。

在产业集约化发展的过程中，新技术的快速引进，释放出数量巨大的人才。经常有人问这个问题 —— 如何安置这些释放出的劳动力？他们谈论社会矛盾、社会紧张局势的迅速增长，因为据称技术进步将使数百万人失业。但是，没有巨大的社会冲突，也不会真正发生社会爆炸。向 NIS 2.0 的过渡意味着所谓“加速之加速”的出现，即在产品中，新型工业生产，即知识集约化生产中的所有组成部分的知识含量加速提升，这需要大量的劳动力资源来支持这个过程——不断加速的知识生产。回想 19 世纪至 20 世纪初，很大一部分专家担心工业生产的进步，特别是农业工业技术的引进，会导致农村失业，使数以百万计的农民失业，但这并没有发生，因为解放的农村劳动力进入了快速发展的工业部门。因此，在 NIS 2.0 中，从“旧”工业劳动力领域释放出来的、之前受雇于上一个工业周期技术行业的人员将进入“知识生产”领域（其份额将在知识密集型生产的所有组成部分中迅速且不断地提升）。经济的 NIS 2.0 产业“加速之加速”发展时，将吸纳大部分被释放的劳动力。另外，需要对人们进行更深入的培训，对他们进行大规模的再培训（事实上，这是在工业化时代）。因此，与以往一样，在“新型工业化”框架下，人才培养教育体系也需要“重构”。怎样重构呢？考虑到现如今向 NIS 2.0 发展的过程中，员工应该不断更新知识，那么就需要对人员进行持续的再培训，即需要创建一个持续的学习系统过程——即奥·尼·斯莫林所说的“终身教育”①。

由此可见，物质生产知识强度的不断增长，对新知识的技术应用需求无穷无尽，这为被传统工业生产和服务业挤出的劳动力开辟了广阔的天地，随着劳动生产率的提升，工业生产中释放的工人不一定会导致“后工业”部门的增加，但可能而且必须满足对人员不断增长的需求，以确保新工业生产进步的知识成分的开发和应用。事实上，有机会在新知识的生产和技术应用以及提供这一过程的行业（教育、良好生活条件的保障、文化等行业）的发展中开辟一个潜力无限增长的就业领域。

然而，解决这个问题不会一帆风顺。解决技术进步所需的大量研究问题的潜在需求让金融精英担心他们将失去对经济的部分控制。拉拢科技精英的必要性，对他们的让利，限制了该社会阶级人数的增加。金融资本准备牺牲技术进步，以便与技术创造力领域的尽可能小的专家圈子分享经济权力，阻止他们转变为庞大而有影响力的社会阶层。只有当金融资本和技术官僚之间的力量平衡向有利于后者的方向转变时，这种矛盾才能被克服，在这种情况下，技术官僚可以调动足够的社会资源来实现自身的指数增长。

① “以精英教育理念为源头，为富人和统治者建立单独的教育体系，为我们其他人建立单独的教育体系，我们必须转向全民教育和终身教育的理念。”（斯莫林．终身教育：教育活动的立法和发展问题[R]//俄罗斯国家杜马教育委员会会议上的报告记录，2012－07－05）

结　论

NIS 2.0 幻象实体物化

现代经济体系——不仅在俄罗斯——正处于十字路口。追寻“后工业社会”的幽灵，只能催生出海市蜃楼，让人想起摩西带领的旅行者穿越沙漠时的梦想。但是，如果海市蜃楼背后没有真正的以满足需求为目的 、通过工业方法生产出来的物质对象，那么海市蜃楼仍然是海市蜃楼。

因此，我们正在进入的第二代新型工业社会（NIS 2.0）不仅保留了物质工业基础，而且还发展了工业基础——事实上，工业没有在任何地方消失，也不可能消失，存在于不同的世界经济的空间。只有工业产能从一个国家“流动”到另一个国家，而那些观察到工业生产结果的经济体系最终面临加速再工业化的需要。即使是最强大的国民经济——美国经济——也是受去工业化有害影响的一个例子。

追求“后工业社会”和没有危机的“新经济”的幻想变成了全球经济危机，以及对去工业化风险的认识和对金融体系不稳定威胁的理解，这个金融体系主要被与物质生产发展背道而驰的金融投机者、“虚拟现实”的创造者和虚假需求泡沫的利益相关者所支配。

经济需要重组，基于工业生产方式的重启：在即将到来的时代中，技术领先者才是经济领先者。俄罗斯也开始朝这个方向转变；然而，只要没有足够的理论基础，以及在其基础上制定的长期经济战略和适当的实际行动计划，它仍然无法得到足够的重视，也不会太有目的性。据估计，如今俄罗斯作为一个整体落后于“技术前沿”（先进工业技术水平）15 ~ 30 年，在其他一些领域甚至落后更多。因此，如果想在全球经济中占据强势地位，俄罗斯向 NIS 2.0 迈进的步伐必须比世界其他经济体更快。而且，重要的是要确保步骤实施的顺序和规律性，以便稳妥地向前迈进，避免因冒险的跳跃而摔得粉身碎骨。

我们必须拥有适用于 NIS 2.0 的技术生产新质量，这将使我们能够越来越快地满足人类不断增长的需求，因为除了工业化外社会还没有找到另一种方法来解决这个问题。

马克思的“超越物质生产”和“从必然王国到自由王国的飞跃”的论断是一种哲学范式，而不是发展经济实践的良方。想要满足人类的任何需求，甚至是达成人类想要成为造物主的意愿，都离不开物质基础。因此，正如马克思所说的“自由王国只有建立在必然王国的基础上才能繁荣起来”。一个“纯粹的”“自由王国”是不可能的，但可以通过在知识密集型工业生产的基础上解放和发展人的创造力来实现这一目标。

正是知识密集型工业生产的技术进步促进了真实而非模拟的人类需求的发展，并且增加了用真实商品（而不是“拟像”）来满足这些需求的机会。科学知识技术应用领域的扩大、物质生产知识强度的增加决定了变化的速度，即寻找生产中新机会的加速度。这种加速不是基于工业产品数量的简单增加，而是基于工业产品加工程度的逐渐提高，这些产品中的知识越来越密集，而材料、能源和劳动消耗越来越小。

人类对天然物质、材料和能源每单位需求及消耗的减少会缓解自然资源的压力，由此全球生态平衡遭到破坏的风险也会降低，知识在生产中应用的增长扩大了这些可能性。

人类社会正处在新技术革命的门槛上，与以往的革命一样，它将不可避免地带来深刻的变化，不仅是物质生产和知识探索方面，而且是整个社会和经济体系正在向新型的定性状态过渡，我们将其称为“第二代新型工业社会”（NIS 2.0）。

但是，未来即将出现的东西并不一定会在我们想要的地点和时间段中出现。想要取得这种质量上的改变，需要付出巨大且精心协调的努力，以确保技术突破；加速必要的创新进程；恢复生产、科研和教育的一体化；改善社会经济和制度体系，实施积极的工业政策，旨在最先进的技术基础上实现俄罗斯的再工业化。在完成了这些任务后才可以开始讨论向 NIS 2.0 的过渡。

该如何进行这一过渡呢？这不会引起巨大的社会紧张局势，以至于会在技术领域，而且在社会政治领域都会变成一场革命性的爆炸吗？在了解了过渡的所有弊端之后，人们应该特别注意用于预测和管理社会经济发展的方式，以使那些不可避免的变化拥有演变能力。为先进的技术解决方案和有效的经济和社会政策的实施打下坚实的科学基础，以跨入新的发展阶段，正成为一项日益紧迫的任务。

如果本书能让我们在这个问题的解决上迈出至少一小步，我们的工作便没有白费。

参考文献

[1]阿巴尔金．俄罗斯:寻找自决[M].莫斯科,2005.

[2]阿巴奇耶夫．机器和无机器技术:本质、历史、前景[J/OL].科学学,2012(3).[2016-01-10].http://naukovedenie.ru/sbornik12/12-34.pdf.

[3]阿甘别吉扬．关于促进俄罗斯经济社会发展[J].经济与管理当前问题,2014(4).

[4]阿甘别吉扬．俄罗斯当前的经济形势:发展轨迹和经济政策[J].货币与信贷,2014(11).

[5]阿甘别吉扬．处于十字路口的俄罗斯经济…抉择危机后的空间[M].莫斯科:ACT 出版社; 弗拉基米尔:BKT 出版社,2010.

[6]阿莫索夫．论实现现代工业发展目标指标的可能性[J].俄罗斯科学院经济研究所通报,2014(4).

[7]奥赞．优政府监管体系的替代策略[J].经济新协会杂志,2014(3).

[8]奥赞．我们正在接近我们文明的关键时刻 [J].自由世界,2011.

[9]奥赞．万物经济学:制度如何塑造我们的生活[M].莫斯科:Манн, Иванов и Фербер 出版社,2013.

[10]奥赞．万物经济学:制度如何塑造我们的生活[M].莫斯科:Манн, Иванов и Фербер 出版社,2014.

[11]巴布金．合理的工业政策,或我们如何走出危机[M].莫斯科:Манн, Иванов и Фербер 出版社,2008.

[12]巴拉巴涅尔．全球化和全球多体制危机背景下高等教育生态社会经济新范式的形成[J].经济学和管理,2011(3).

[13]贝尔．即将到来的后工业社会:社会预测实验[M].莫斯科:Логос 出版社,2000.

［14］贝尔．后工业社会［M］//沙赫纳扎罗夫．“美国模式”：与未来爆发冲突．莫斯科：Прогресс 出版社，1984.

［15］贝尔．信息社会的社会框架［M］//西方新一轮技术统治浪潮．莫斯科：Прогресс 出版社，1986.

［16］伯姆－巴韦尔克．资本与利息（1884—1889 年）：价值、利息与资本文论．莫斯科：Эксмо 出版社，2009.

［17］贝尔纳．经济学辞典：共 2 卷．第 2 卷［M］．莫斯科：Международные отношения 出版社，1994.

［18］比列夫斯卡娅．克里姆林宫将进行风险评估［N］．独立报，2010－08－11.

［19］布劳格，熊彼特．凯恩斯以前的 100 位著名经济学家［M］．圣彼得堡：Экономикус 出版社，2008.

［20］布利诺夫．俄罗斯工业的创新和技术现代化——国家安全的基础［J］．可持续发展经济学，2013（13）．

［21］鲍德里亚．符号政治经济学批判［M］．莫斯科：Академический проект 出版社，2007.

［22］博德鲁诺夫．二十一世纪之交的俄罗斯航空工业综合体：有效管理问题（共 2 卷）［M］．圣彼得堡：“航天设备”总公司出版社，2002.

［23］博德鲁诺夫．航空业的行政系统和行政管理：教程［M］．圣彼得堡：圣彼得堡国立航空航天仪器大学出版社，2001.

［24］博德鲁诺夫．国产机械制造业现状分析及新工业发展必要性［M］．圣彼得堡：С. Ю. 维特新工业发展研究所出版社，2012.

［25］博德鲁诺夫．创新经济学的二元论［C］//俄罗斯航空航天仪表制造业（论文集），第一系列（10）：航空仪表制造业经济．圣彼得堡：全国飞机仪表制造商协会出版社，2010：55－59.

［26］博德鲁诺夫．工业创新发展是俄罗斯技术领先和国家安全的基础［M］．圣彼得堡：С. Ю. 维特新工业发展研究所出版社，2015.

［27］博德鲁诺夫．在世贸组织背景下俄罗斯工业的制度现代化［M］．圣彼得堡：С. Ю. 维特新工业发展研究所出版社，2012.

［28］博德鲁诺夫．在世贸组织背景下俄罗斯新工业发展概念的体制机制［J］．俄罗斯经济复兴，2013（2）．

[29]博德鲁诺夫．生产、科学和教育一体化与俄罗斯的新型工业化[N]．公报，2014-11-19(17)．

[30]博德鲁诺夫．生产、科学和教育的一体化与俄罗斯经济的再工业化[C]//“俄罗斯生产、科学和教育的复兴：挑战与解决方案”国际代表大会论文集．莫斯科：Ленанд 出版社，2015．

[31]博德鲁诺夫．生产、科学和教育一体化是俄罗斯经济再工业化的基础[J]．俄罗斯经济复兴，2015(1)．

[32]博德鲁诺夫．知识产权．有关获得在研究、开发、技术和生产工作中创建和/或使用的受保护的智力活动结果知识产权在客户、承包商和作者之间分配的问题[M]．圣彼得堡：维特新工业发展研究所出版社，2014．

[33]博德鲁诺夫．信息营销[M]．莫斯科：戈梅利白俄罗斯科技和商业信息局出版社，1995．

[34]博德鲁诺夫．教研室工作中的信息技术[M]．圣彼得堡：圣彼得堡国立航空航天仪器大学出版社，2014．

[35]博德鲁诺夫．关于在世贸组织背景下俄罗斯经济再工业化的问题[J]．俄罗斯经济复兴，2012(3)．

[36]博德鲁诺夫．关于俄罗斯经济再工业化的问题[J]．俄罗斯经济复兴，2013(4)．

[37]博德鲁诺夫．俄罗斯需要什么样的工业化？[J]．俄罗斯经济复兴，2015(2)．

[38]博德鲁诺夫．公共机构全面现代化——俄罗斯社会经济发展战略[C]// 博德鲁诺夫 С. Д. 文章集．圣彼得堡：С. Ю. 维特新工业发展研究所出版社，2014．

[39]博德鲁诺夫．现代条件下机械制造企业活动的概念[C]//俄罗斯航空航天仪表制造业（论文集），第一系列(9)：航空仪表制造业经济．圣彼得堡：全国飞机仪表制造商协会出版社，2009：30-64．

[40]博德鲁诺夫．城市工业战略发展理念：科学供给与开发经验[M]．圣彼得堡：圣彼得堡国立经济大学出版社，2011．

[41]博德鲁诺夫．知识密集型产业的公司结构[J]．管理理论与实践的问题，1999(6)：88-91．

[42]博德鲁诺夫．信息服务营销：管理模式[M]．莫斯科：Экономика 出版

社,1993.

[43]博德鲁诺夫．国际制裁:俄罗斯经济现代化的威胁、挑战和机遇［C］//文章集．圣彼得堡:圣彼得堡彼得大帝理工大学出版社,2014.

[44]博德鲁诺夫．俄罗斯现代化模式——从国家支持需求到刺激供给［G］//联邦指南:国防工业综合体．第 7 卷．莫斯科:Центр стратегических программ 出版社,2011.

[45]博德鲁诺夫．作为俄罗斯经济现代化基本战略的公共机构现代化［C］//俄罗斯自由经济协会周年纪念大会代表资料文集（自由经济协会 250 周年)．莫斯科,2010.

[46]博德鲁诺夫．公共机构现代化:俄罗斯反危机基本战略[C]//俄罗斯航空航天仪表制造业（论文集),第一系列(9):航空仪表制造业经济．圣彼得堡:全国飞机仪表制造商协会出版社,2009.

[47]博德鲁诺夫．俄罗斯现代化:需求模式还是供给模式?［J].航空电子界,2011(1):14－18.

[48]博德鲁诺夫．俄罗斯现代化:新型工业化、新经济增长模式、新社会发展模式、新意识形态[C]//现代俄罗斯经济的当前问题:文章集，第 9 辑．圣彼得堡:圣彼得堡国立航空航天仪器大学出版社,2013.

[49]博德鲁诺夫．俄罗斯现代化:历史经验和公共行政管理目标[M]//经营与工商管理．莫斯科:Экономическая газета 出版社,2011.

[50]博德鲁诺夫．俄罗斯现代化:通过新型工业化——迈向新的经济增长模式和新的社会发展模式[R].圣彼得堡:С. Ю. 维特新工业发展研究所出版社,2012.

[51]博德鲁诺夫．俄罗斯经济现代化:从支持需求到刺激供给[C]//现代经济社会发展:问题与前景．科学论文集,第 15 集．圣彼得堡:СПАН 出版社,2011.

[52]博德鲁诺夫．经济现代化与财政政策[J].俄罗斯经济复兴,2015(4).

[53]博德鲁诺夫．新工业社会:新工业时代的面貌[R]//学术报告．圣彼得堡:С. Ю. 维特新工业发展研究所出版社,2015.

[54]博德鲁诺夫．新工业社会:社会生产的结构和内容、经济关系、制度[J].俄罗斯经济复兴,2015(4).

[55]博德鲁诺夫．世贸组织背景下的俄罗斯新工业发展:俄罗斯创新发展公

认概念的审视[R].圣彼得堡:新工业发展研究所出版社,2012.

[56]博德鲁诺夫.关于俄罗斯形成进口替代产业政策的基本原则[C]//博德鲁诺夫，罗戈娃.当前经济问题,第4辑(2014).圣彼得堡:圣彼得堡国立航空航天仪器大学出版社,2014.

[57]博德鲁诺夫.关于俄罗斯经济再工业化的必要性和可能性[R].圣彼得堡:C. Ю. 维特新工业发展研究所出版社,2014.

[58]博德鲁诺夫.对集成企业进行估值:教程[M].圣彼得堡:圣彼得堡管理与经济学院出版社,2009.

[59]博德鲁诺夫.俄罗斯现代化理念的轮回:模式选择[J].经济策略,2011(3):24－31.

[60]博德鲁诺夫.俄罗斯航空仪器综合企业的创业与商业活动:教程[M].圣彼得堡:圣彼得堡国立航空航天仪器大学出版社,2001.

[61]博德鲁诺夫 C. Д. 新经济模式形成原则[G]//关于联邦委员会执行俄罗斯联邦总统致联邦会议咨文规定的任务:俄罗斯联邦会议联邦委员会分析部举办的科学方法讨论会分析公报(“发展”系列).莫斯科:2015(9):10－17.

[62]博德鲁诺夫.军事技术合作主体间开展合作存在的问题[C]//第六届圣彼得堡经济论坛资料文集,第2辑.圣彼得堡:2002.

[63]博德鲁诺夫.劳动生产率是俄罗斯发展的关键因素[G]//劳动生产率作为俄罗斯发展的关键因素:法律和区域观点.俄罗斯联邦会议联邦委员会分析公报,2014(22).

[64]博德鲁诺夫.劳动生产率是俄罗斯发展的关键因素:在俄罗斯联邦会议联邦委员会专家委员会会议上发言[G]//俄罗斯地区经济再工业化是实施进口替代政策的基本条件:议员听证会资料集.莫斯科,2015.

[65]博德鲁诺夫.生产、科学、教育:重返社会问题[G]//2014年6月10日俄罗斯联邦会议国家杜马举办的科学研讨会纪要.圣彼得堡:新工业发展研究所出版社,2014.

[66]博德鲁诺夫.方案留在纸面上.国内生产商对国内市场的控制力弱[N].俄罗斯商业报纸,创新,经济周刊,2015－01－13(10－11).

[67]博德鲁诺夫.再工业化与现代产业政策[C]//C. Ю. 维特新工业发展研究所学术报告文集(工业现代化集).圣彼得堡:C. Ю. 维特新工业发展研究所出版社,2015.

[68]博德鲁诺夫 C. Д. 再工业化作为俄罗斯经济现代化的基本方向[C]//C. Ю. 维特新工业发展研究所学术研讨会论文集. 圣彼得堡:C. Ю. 维特新工业发展研究所出版社,2014.

[69]博德鲁诺夫. 俄罗斯的再工业化:完善公共行政、法律和技术监管[M]. 圣彼得堡:新工业发展研究所出版社,2013.

[70]博德鲁诺夫. 俄罗斯经济的再工业化:机遇、目标、准则、限制和风险[M]. 圣彼得堡:新工业发展研究所出版社,2013.

[71]博德鲁诺夫. 基于生产、科教一体化的俄罗斯经济再工业化和进口替代[C]//"现代发展问题"学术研讨会论文集. 圣彼得堡:C. Ю. 维特新工业发展研究所出版社,2015.

[72]博德鲁诺夫. 俄罗斯经济再工业化:准则、潜力、风险[J]. 俄罗斯经济复兴,2013(1).

[73]博德鲁诺夫. 俄罗斯经济再工业化:准则、潜力、风险[R]. 莫斯科:俄罗斯科学院经济研究所出版社,2013.

[74]博德鲁诺夫. 俄罗斯政府的经济再工业化、进口替代和反危机措施:调整俄罗斯联邦政府反危机计划的建议[R]. 圣彼得堡:C. Ю. 维特新工业发展研究所出版社,2015.

[75]博德鲁诺夫. 再工业化:俄罗斯自由经济协会圆桌会议[J]. 新经济世界,2014(1).

[76]博德鲁诺夫. 重组:解决旧问题的新方法[J]. 航空电子界,1998(4):8 - 11.

[77]博德鲁诺夫. 俄罗斯工业再工业化框架内进口替代中的知识产权风险[M]. 圣彼得堡:C. Ю. 维特新工业发展研究所出版社,2014.

[78]博德鲁诺夫. 区域集群在俄罗斯再工业化中的作用[M]. 圣彼得堡:C. Ю. 维特新工业发展研究所出版社,2013.

[79]博德鲁诺夫. 俄罗斯悲剧——国内经济去工业化[M]. 圣彼得堡:C. Ю. 维特新工业发展研究所出版社,2013.

[80]博德鲁诺夫. 俄罗斯经济体系:高科技物质生产的未来[R]//莫斯科国立大学科学委员会关于制定现代经济理论及俄罗斯社会经济发展模式的会议材料(2014 年 6 月 5 日). 圣彼得堡:C. Ю. 维特新工业发展研究所出版社,2014.

[81]博德鲁诺夫. 俄罗斯经济体系:高科技材料生产的未来[J]. 俄罗斯经

济复兴,2014(2).

[82]博德鲁诺夫．现代经济和社会发展:问题与前景[C]//新工业发展研究所论文集．第13辑．圣彼得堡:新工业发展研究所出版社,2015.

[83]博德鲁诺夫．俄罗斯创新发展再工业化战略与政策[C]//新工业发展研究所论文集．第13辑．圣彼得堡:新工业发展研究所出版社,2014.

[84]博德鲁诺夫．对与企业有关的管理决策执行的后果进行结构性评估[M].莫斯科:Гном и Д 出版社,2003.

[85]博德鲁诺夫．进口替代的理论与实践:经验与问题[M].莫斯科:新工业发展研究所出版社,2015.

[86]博德鲁诺夫．技术平台:俄罗斯再工业化的机遇[M].圣彼得堡:新工业发展研究所出版社,2014.

[87]博德鲁诺夫．创新成果转移——企业实施机制[C]//研究文章集．圣彼得堡:新工业发展研究所出版社,2012.

[88]博德鲁诺夫．关于制定俄罗斯再工业化战略[R].圣彼得堡:新工业发展研究所出版社,2013.

[89]博德鲁诺夫．制定俄罗斯再工业化战略(共2卷)[M].圣彼得堡:新工业发展研究所出版社,2015.

[90]博德鲁诺夫．怎么办？再工业化的准则、机遇与挑战[C]//“再工业化:机遇与限制”:俄罗斯联邦会议联邦委员会专家委员会会议资料集．莫斯科,2013.

[91]博德鲁诺夫．俄罗斯飞机制造的经济与组织[R].“航天设备”总公司出版社,2001.

[92]勃兰特 B. 谢尔盖·尤里耶维奇·维特．文章补充[M]//布罗克豪斯,埃夫隆．百科词典．圣彼得堡:布罗克豪斯—埃夫隆出版社,1890—1907.

[93]布兹加林．经济学和“经济帝国主义”:还有其他选择[J].政治经济学问题,2012(1).

[94]布兹加林．关于俄罗斯经济体系革新和再工业化问题的讨论[J/OL].现代经济问题,2014(3).

[95]布兹加林．俄罗斯经济体系的革新:必须摒弃市场原教旨主义[J/OL].现代经济问题,2014(3).

[96]布兹加林．规划在21世纪市场经济中的潜力和作用[J/OL].经济学问

题,2016(1).

[97]布兹加林. 再工业化是怀旧吗?理论论述[J]. 社会学研究,2014(1).

[98]布兹加林. 俄罗斯经济体系:产权关系和内部公司治理的特殊性[J]. 管理理论与实践的问题,2014(10).

[99]布兹加林. 拟像市场:从古典政治经济学的角度看问题[J]. 经营哲学,2012(2).

[100]布尔缅科. 现代社会中的服务业:经济学、管理学、营销学(讲座课程)[M]. 伊尔库茨克:贝加尔国立大学出版社,2004.

[101]瓦图蒂娜. 建立产业一体化结构,提高产业的投资吸引力[J]. 微观经济学,2010(1).

[102]维特. 1900—1902 年给米哈伊尔·亚历山德罗维奇大公殿下所作的关于国民经济和国家经济的讲座提纲[M]. 圣彼得堡,1912.

[103]沃拉瑟可. 关于"服务营销理论"的现状[J]. 管理理论与实践的问题,2002(1).

[104]沃罗尼娜. 戒瘾良方[N]. 俄罗斯报,2014-08-05.

[105]世界历史百科全书. 第 5 卷[M]. 莫斯科:社会经济科学文献出版社,1958.

[106]哈桑诺夫. 信息经济的结构及其主要功能[J/OL]. 哈巴罗夫斯克国立经济与法律学院学报,2005(1).

[107]格拉西莫夫. 俄罗斯国家原子能公司机械制造部门在世贸组织条件下的创新发展(以"AEM-科技"封闭式股份公司为例)[J]. 圣彼得堡国立经济大学学报,2014(3).

[108]格拉泽夫. 白皮书:1991—2001 年俄罗斯的经济改革[M]. 莫斯科:Эксмо 出版社,2004.

[109]格拉泽夫. 新方针:突破性战略[J]. 经济策略,2014,16(1).

[110]格拉泽夫. 论美国侵略背景下俄罗斯经济安全面临的内外威胁:研究报告[R]. 莫斯科,2014.

[111]格拉泽夫. 向新的以人道主义为导向技术模式过渡[C]//俄罗斯经济的现代化:过去的教训、机遇、风险. 莫斯科,2012.

[112]格拉泽夫. 全球危机背景下俄罗斯的率先发展战略[M]. 莫斯科:Экономика 出版社,2010.

[113]全球就业趋势. 2009 年 1 月[R]. 国际劳工组织. 日内瓦:ILO, 2009.

[114]俄罗斯创新经济的前景:法律、制度、模式[M]. 莫斯科:Ленанд 出版社,2010.

[115]格拉日丹金. 俄罗斯的白皮书:建设、重组和改革(1950—2012 年)[M]. 莫斯科:Либроком 出版社,2013.

[116]格林伯格. 俄罗斯:没有进展和民主的经济成功? [J/OL]. 俄罗斯经济复兴,2005(2).

[117]格林伯格. 经济社会动力学[M]. 莫斯科,2000.

[118]格林伯格. 大危机:该摆脱激进自由主义的时间[C]//关于危机的主大书. 莫斯科:Эксмо 出版社,2009.

[119]格林伯格. 个人与国家:经济困境[M]. 莫斯科:Весь Мир 出版社,2013.

[120]格林伯格. 关于自由市场的神话必须成为过去[C]//以经济实体部门进步为基础的面向社会的发展:莫斯科经济论坛资料文集. 莫斯科:Культурная революция 出版社,2014.

[121]格林伯格. 再工业化与产业政策[C]//俄罗斯自由经济协会科学公报,2014(180):66－70.

[122]格林伯格. 自由与正义:俄罗斯面临的假两难的诱惑[M]. 莫斯科:ИНФРА－М 出版社,2012.

[123]格林伯格. 现代俄罗斯经济:现状、问题、前景[J]. 俄罗斯科学院经济研究所通报,2015(1):10－29.

[124]古巴诺夫. 强国的突破. 俄罗斯的新工业化和垂直一体化[M]. 莫斯科:Книжный мир 出版社,2012.

[125]古巴诺夫. 俄罗斯的系统性选择和生活水平[J/OL]. 经济学家,2011(11).

[126]古里耶娃. 技术经济范式的概念[J/OL]. 创新经济,2004(10).

[127]加尔布雷思. 新工业国[M]. 莫斯科:Эксмо 出版社,2008.

[128]波罗霍夫斯基. 作为二十一世纪现象的债务问题[M]. 莫斯科:Макс Пресс 出版社,2014.

[129]日德 Ш. 经济思想史[M]. 莫斯科:Экономика 出版社,1995.

[130]日尔诺夫. 思想绝望、恐慌的时刻[N]. 生意人报——政治(49),2015－

12 – 14:35. [2016 – 01 – 10]. http://www.kommersant.ru/doc/2861286.

[131]扎多里娜. 运输工业服务企业的组织与经济发展管理:经济科学副博士学位论文摘要[D]. 科斯特罗马:科斯特罗马国立 H. A. 涅克拉索夫大学,2010.

[132]伊万特. 新经济政策[J]. 俄罗斯经济复兴,2013(2):7 – 12.

[133]伊万特. 俄罗斯经济发展的主要趋势和宏观经济动态预测[J]. 经济学和管理,2014(1):4 – 9.

[134]伊万特. 作为主要反危机措施的经济增长政策[J]. 俄罗斯自由经济协会科学公报,2015(190,1):46 – 52.

[135]伊万特. 俄罗斯经济的创新与技术发展[M]. 莫斯科:Макс Пресс 出版社,2006.

[136]伊诺泽姆采夫. 俄罗斯制造[N]. 公报,2010 – 07 – 12.

[137]伊诺泽姆采夫. 超脱经济社会[M]. 莫斯科,1998.

[138]伊诺泽姆采夫. 两个时代之交:经济趋势及其非经济后果[M]. 莫斯科:Экономика 出版社,2003.

[139]伊诺泽姆采夫. 后工业经济与“后工业”社会(论 21 世纪社会趋势的问题)[J/OL]. 社会科学与现代性,2001(3).

[140]伊诺泽姆采夫. 现代后工业社会:本质、矛盾、前景[M]. 莫斯科:Логос 出版社,2000.

[141]企业管理的信息技术. 圣彼得堡:“航天设备”总公司出版社,2006.

[142]供应运营研究:共 4 卷[C]. 圣彼得堡:“航天设备”跨国金融和工业集团出版社,2004.

[143]卡尔马茨基. 不正确投资气候[N]. 新消息报,2010 – 09 – 15.

[144]卡尔利克. 在经济增长理论的背景下考虑到危机现象的俄罗斯宏观经济发展状态和前景[J]. 经济科学,2009(57).

[145]卡斯特尔. 信息时代:经济、社会和文化[M]. 莫斯科:高等经济大学出版社,2000.

[146]卡斯特尔. 网络社会[M]. 莫斯科:2001.

[147]卡斯特尔. 网络结构社会的形成:西方新的后工业浪潮[M]. 莫斯科:Академия 出版社,1999.

[148]卡申. 寄生于创新的原理[N]. 自由媒体,2011 – 12 – 13.

[149]科文特．商业与战略管理[M].圣彼得堡:圣彼得堡工会人文大学出版社,2010.

[150]科文特．俄罗斯和世界的战略管理:以人为本[J].经济学和管理,2011(11).

[151]科文特．现代世界的战略管理[M].圣彼得堡:俄罗斯联邦总统国民经济与国家行政学院出版社,2014.

[152]金泽尔斯基．乌克兰财产制度的变形以及在低效状态下形成高效业主的问题[J/OL].经济学问题,2010(7).

[153]克莱纳．演化经济学的节奏[J].经济学问题,2014(4).

[154]克莱纳．俄罗斯需要什么样的经济以及为什么？[J].经济学问题,2013(10).

[155]克莱纳．关于提高俄罗斯企业的效率[J].现代俄罗斯经济科学,2014(1).

[156]克莱纳．作为现代经济理论发展平台的系统经济学[J/OL].经济学问题,2013(6).

[157]克莱纳．经济转型中的系统管理[J].有效的危机管理,2014(5):54－59.

[158]克莱纳．战略规划:系统方法的基础[M]//经济现代化与社会发展(共3册),第2册.莫斯科:高等经济大学出版社,2008.

[159]科科申．全球政治经济动态背景下东西伯利亚和俄罗斯远东地区的长期发展问题[M].莫斯科:Логос 出版社,2012.

[160]科科申．基于俄罗斯国家安全利益的预测方法论问题[M].莫斯科,2014.

[161]科尔加诺夫．俄罗斯大学参与创新过程的体制和组织问题[C]//大学是国家创新体系中体系内环节．莫斯科:Макс Пресс 出版社,2011.

[162]科尔加诺夫．再工业化是怀旧吗？关于替代性社会经济战略中的目标重点争论[J/OL].社会学研究,2014(3).

[163]科尔加诺夫．再工业化是怀旧吗？理论论述[J].社会学研究,2014(1).

[164]科尔加诺夫．比较经济学:经济制度比较分析[M].莫斯科:ИНФРА－М 出版社,2005.

[165]科尔奈 Я. 体制范式[J/OL]. 经济学问题,2002(4).

[166]科罗尔. 服务:定义与分类[J]. 太平洋国立大学学报,2014(5/4).

[167]后工业社会的企业管理[M]. 圣彼得堡:“航天设备”总公司出版社,2005.

[168]克拉西利希科夫. 现代化与21世纪前夕的俄罗斯[J/OL]. 哲学问题,1993(7).

[169]库德莫夫. 仪器制造和机器制造企业中的外包认定标准[J]. 俄罗斯企业经营,2009(10),第2册(145).

[170]库兹克. 关于俄罗斯经济现代化与发展战略管理体系的形成[J]. 经济策略,2014(2).

[171]库兹克. 预测、战略规划和国家级发展项目:教程[M]. 莫斯科:Экономика 出版社,2011.

[172]库尔科夫. 俄罗斯经济体系的主导部分[M]. 伏尔加格勒:Актуальная Россия 出版社,2000.

[173]政治经济学课程[M]. 莫斯科:Экономика 出版社,1973.

[174]洛帕特尼科夫. 经济数学辞典[M]. 莫斯科:Наука 出版社,1993.

[175]卢卡什. 生产性质劳务(服务):企业经理人参考手册[M]. 莫斯科:Книжный мир 出版社,2004.

[176]利沃夫. 科技进展管理的理论与应用[J]. 经济学和数学方法,1986(5).

[177]马卡洛夫. 社会聚类主义:俄罗斯面临的挑战[M]. 莫斯科:Бизнес Атлас 出版社,2010.

[178]马米舍夫. 奥格利. 经济现代化背景下工业服务业的发展:经济科学副博士学位论文摘要[D]. 圣彼得堡:圣彼得堡国立经济大学,2013.

[179]马克思. 政治经济学批判大纲[G]//著作集46(2). 莫斯科:Политиздат 出版社,1962.

[180]马克思. 资本论. 第1卷[G]//著作集23. 莫斯科:Политиздат 出版社,1962.

[181]马克思. 资本论. 第3卷,第1部分[G]//著作集25. 莫斯科:Политиздат 出版社,1962.

[182]马克思. 剩余价值理论[G]//著作集26(1). 莫斯科:Политиздат 出

版社,1962.

[183]马赫卢普．美国的知识生产和传播[M].莫斯科:Прогресс 出版社,1966.

[184]姆戈扬．国家支持高新技术产业的金融工具[J].圣彼得堡国立经济大学公报,2013(6).

[185]俄罗斯科学院中央经济数学研究所．发展过程的综观经济学[M].莫斯科:Наука 出版社,2011.

[186]缅希科夫．经济长波:当社会变革时[M].莫斯科:Ленанд 出版社,2014.

[187]复杂技术系统安全管理中的风险分析和评估方法[M].圣彼得堡:“航天设备”总公司出版社,2007.

[188]梅哈尼克．适应新制度的机床制造业[J].专家,2013(7).

[189]米纳基尔．空间经济学论文集[M].哈巴罗夫斯克:俄罗斯科学院远东分院经济研究所出版社,2014.

[190]米纳基尔．关于俄罗斯经济发展的关键任务(根据俄罗斯联邦总统致联邦会议的咨文结果整理)[J].经济和社会变化:事实、趋势、预测,2014(1):22－25.

[191]纳米技术是新经济技术模式的关键因素[M].莫斯科:Тровант 出版社,2009.

[192]俄罗斯科学院经济研究所.科技预测——俄罗斯发展战略最重要的要素[C]//俄罗斯科学院全体大会科学分会议资料文集,2009.

[193]国家创新体系[M].彼得格勒:Пинтер 出版社,1992.

[194]涅基佩洛夫．俄罗斯的再工业化[C]//俄罗斯自由经济协会科学公报,2014(180).

[195]涅奇沃洛多夫．从破败走向繁荣[M].圣彼得堡,1906.

[196]努里耶夫．科学生产联合体与加速科技进展的问题[J].经济学问题,1985(1).

[197]奥克列皮洛夫．质量经济学[M].圣彼得堡:Наука 出版社,2011.

[198]奥西片科．创新发展体系中的技术转让[J].俄罗斯经济复兴,2014(1).

[199]奥西波夫 C. H. 布尔加科夫的“经济哲学”一百周年——经济哲学的

百年历史[J]. 经营哲学,2012(3).

[200]国家中长期科技政策的主要方向:俄罗斯联邦工业、科学和技术部的报告[R]. 莫斯科,2000.

[201]帕纳修克. 莫斯科国立大学培养核物理学家的初始阶段(30—50 年代)[C]//苏联原子弹计划的历史. 第 2 辑. 莫斯科:俄罗斯基督教人文科学学院出版社,2002.

[202]重新思考未来:美国主要经济学家和社会学家论现代发展的前景与矛盾[R]. 世界经济与国际关系,1998(11).

[203]佩列佩尔金. 经济理论中的"服务"概念[J]. 萨马拉国立大学学报,2009(69). [2016 - 01 - 10]. http://cyberleninka.ru/article/n/ponyatie - usluga - v - ekonomicheskoy - teorii.

[204]佩雷斯. 技术革命和金融资本:泡沫动力和繁荣时期[M]. 莫斯科:Дело 出版社,2011.

[205]俄罗斯经济的发展前景:至 2030 年的预测[C]. 莫斯科:Анкил 出版社,2013.

[206]普洛特尼科夫. 作为经济安全因素的俄罗斯工业企业创新活动[J]. 别尔哥罗德国立大学科学公报(历史、政治学、经济、计算机科学系列),2012(13),23/1.

[207]波沃里娜. 确定向给企业和组织提供服务的市场地位和结构的方法[J]. 服务 + ,2011(2).

[208]政治经济学:经济百科全书[M]. 莫斯科:Советская энциклопедия 出版社,1980(4).

[209]波尔特罗维奇. 产业政策:措施还是制度?[J]. 经济新协会杂志,2014(2):190 - 195.

[210]波尔特罗维奇. 改革理论的部件[M]. 莫斯科:Экономика 出版社,2007.

[211]波波夫. 选择新的发展模式和现代化:向创新经济转型的基础[J]. 圣彼得堡国立经济大学公报,2012(2).

[212]波波夫. 俄罗斯经济的新工业化是可持续发展的条件[J]. 圣彼得堡国立经济大学公报,2014(3).

[213]波波夫. 创建新的发展模式:现代化和向创新型经济转型的条件[J].

圣彼得堡国立经济大学公报,2012(4):18－26.

[214]波罗霍夫斯基. 俄罗斯经济体制更新和再工业化探讨[J/OL]. 现代经济问题,2014(3).

[215]波罗霍夫斯基. 世纪之交的政治经济学[J/OL]. 政治经济学问题,2012(1).

[216]波罗霍夫斯基. 俄罗斯市场模式:实现途径[J/OL]. 经济学问题,2007(10).

[217]波罗霍夫斯基. 现代发展与经济利益[J/OL]. 政治经济学问题,2013(2).

[218]波罗霍夫斯基. 现代俄罗斯经济体系:发展道路与目标[M/CD]. 莫斯科:莫斯科国立大学经济系,2015.

[219]波尔菲里耶夫. 新经济政策:现代俄罗斯金融政策当务之急[J]. 经济学和管理,2014(2).

[220]波尔菲里耶夫. 自然与经济. 接触的风险[M]. 莫斯科:Анкил 出版社,2011.

[221]波索什科夫. 贫穷和财富之书[M]. 莫斯科:Экономическая газета 出版社,2001.

[222]普莱德. NBIC 趋同现象:现实与期望[C/OL]//俄罗斯超人类主义运动网媒. 俄罗斯科技潜力有效融入世界经济的问题. 莫斯科:ЛКИ 出版社,2008.

[223]俄罗斯航空工业公司化过程中的问题、原则和方法[M]. 圣彼得堡:Петроградский и Ко 出版社,2000.

[224]普罗斯维尔诺夫. 新技术革命与我们擦肩而过[EB/OL]. (2012－12－11)[2016－01－10]. ПроАтом 网媒. www. proatom. ru/modules. php? name = News&file = article&sid = 4189.

[225]财政部部长. 维特和外交部长 M. H. 穆拉维约夫在皇帝尼古拉二世主席的关于俄罗斯现行贸易和工业政策基础的部长会议上的发言记录[R]. 圣彼得堡,1899－03－17.

[226]普京. 我们需要一种新的经济[N]. 公报,2012－01－30.

[227]普舍妮奇尼科娃. 欧亚国家的投资与经济增长[J]. 圣彼得堡国立经济大学公报,2013(5):14－26.

[228]拉达耶夫. 过渡时期的经济[M]. 莫斯科,1995.

［229］赖兹伯格，洛佐夫斯基，斯塔罗杜布采娃．现代经济辞典［G］．莫斯科：ИНФРА－M 出版社，1999.

［230］罗戈夫．对科学的需求不足威胁国家安全［N］．独立报，2010－02－08.

［231］罗赞诺夫．僻静［M］．莫斯科，1990.

［232］俄罗斯经济体系：高科技物质生产的未来［R］//莫斯科国立大学科学委员会关于制定现代经济理论及俄罗斯社会经济发展模式的会议材料（2014 年 6 月 5 日）．圣彼得堡：C. Ю. 维特新工业发展研究所出版社，2014.

［233］梁赞诺夫．俄罗斯新工业化与克服经济停滞的可能性［J］．俄罗斯经济复兴，2015（4）．

［234］梁赞诺夫．俄罗斯新工业化作为现实目标和后工业化理想［J］．现代经济问题，2014（4）．

［235］梁赞诺夫．俄罗斯新工业化：战略目标和当前优先事项［J］．俄罗斯经济复兴，2014（2）．

［236］萨卡亚．知识创造的价值或未来的历史［C］//西方新的后工业浪潮：选集．莫斯科：Academia 出版社，1999.

［237］谢苗诺夫．服务行业及其工人［M］．莫斯科，1966.

［238］谢尔盖耶娃．劳动动机的物质和非物质因素［J］．人与劳动，2019（9）．

［239］西特蒂科娃．根据俄罗斯联邦法律规定的服务理论基础［J］．法学教育与科学，2008（1）．

［240］2014 年俄罗斯经济形势及 2015—2016 年发展预测：分析报告［R］．莫斯科：俄罗斯科学院经济研究所出版社，2015.

［241］斯密．国民财富的性质和原因的研究［M］．莫斯科：Соцэкгиз 出版社，1962.

［242］斯莫林．全民教育［M］．莫斯科，2006.

［243］斯莫林．人类发展是 21 世纪现代化的基础［J］．俄罗斯经济复兴，2015（2）：34－37.

［244］索科洛夫．寻租行为对俄罗斯国有企业投资的影响：经济科学副博士学位论文摘要［D］．莫斯科：俄罗斯科学院中央经济数学研究所，2013.

［245］索洛德科夫．在社会主义制度下非生产领域服务的理论问题［M］．莫斯科，1972.

[246]索罗金．国家应成为创业倡议发展的驱动力[J].变化的世界,2014(1):79－81.

[247]索罗金．体制转型的政治和经济指导方针:中国与俄罗斯[M].莫斯科,2003.

[248]索罗金．俄罗斯经济体制转型[J].现代经济问题,2014(3):46－49.

[249]俄罗斯经济发展战略:根据国家杜马经济政策和创业委员会、俄罗斯科学院经济学系、俄罗斯贸易和金融联盟以及《俄罗斯经济杂志》举行的全俄讨论资料编写的报告[R/OL].俄罗斯经济杂志,2000(7).

[250]圣彼得堡科学工业综合体的长期发展设想[M]//俄罗斯航空航天仪表制造业（论文集),第一系列(10):航空仪表制造业经济．圣彼得堡:全国飞机仪表制造商协会出版社,2010.

[251]萨伊．政治经济学概论[M/OL].[2016－01－10].http://udik.com.ua/books/book－1310/chapter－44991/

[252]塔塔尔金．市场亢奋后的清醒虽已推迟,但仍在发生:访谈[N].城市812,2014(32):21－23.

[253]泰里．俄罗斯的经济转型[M].莫斯科:РОССПЭН 出版社,2008.

[254]技术进步与经济理论[M].莫斯科,1988.

[255]媞托娃．经济学史:教程[M].莫斯科:ВЛАДОС 出版社,1997.

[256]汤因比．等待历史审判的文明[M].莫斯科:Айрис－Пресс 出版社,2006.

[257]托尔卡乔夫．新工业化对供应链管理变革的影响[J].物流,2015(10).

[258]托尔库什金．生产性工务和服务:俄罗斯和国际税收百科全书[M].莫斯科:Юристъ 出版社,2003.

[259]托夫勒．第三波[M].莫斯科,1999.

[260]第三世界:半个世纪后[M].莫斯科:俄罗斯科学院世界经济和国际关系研究所出版社,2013.

[261]“俄罗斯前瞻:新工业政策的设计”圣彼得堡国际经济大会资料文集[C].莫斯科:Культурная революция 出版社,2015.

[262]弗罗洛娃．社会文化服务和旅游领域的经济学和管理:课程提要[M].塔甘罗格:南部联邦大学工程技术学院出版社,2010.

[263]哈斯布拉托夫. 世界经济与国际经济关系[M]. 莫斯科:Гардарики 出版社,2006.

[264]哈斯布拉托夫. 俄罗斯经济:增长为何未达预期? [J]. 俄罗斯 H. A. 普列汉诺夫经济大学学报,2014(1):3 - 14.

[265]察戈洛夫. 哪种经济会带来幸福? [J]. 俄罗斯自由经济协会科学公报,2014(181).

[266]察戈洛夫. 俄罗斯的当务之急:从官僚寡头资本主义到新的一体化社会[J]. 经济学和财产管理,2015(4).

[267]察苏林. 综合创新活动的经济分析方法[J]. 圣彼得堡国立经济大学公报,2013(2):12 - 21.

[268]茨维特科夫. 独联体一体化进程与国际经济政治合作经验[J]. 地区经济,2014(3):64 - 73.

[269]茨维特科夫. 资本的治外法权:区域方面[J]. 管理,2014(2/1).

[270]熊彼特. 经济发展理论[M]. 莫斯科,1983.

[271]波利扬斯基,扎明. 资本主义国家经济史:教程[M]. 莫斯科:莫斯科国立大学出版社,1986.

[272]博德鲁诺夫. 现代俄罗斯的经济体系:现状剖析和未来选择[M]. 莫斯科:Ленанд 出版社,2015.

[273]埃斯金达罗夫. 全球动荡背景下的俄罗斯经济政策:首届财经大学国际论坛[J]. 财经大学学报,2014(6):6 - 9.

[274]Amin S. Accumulation on a world scale: A critique of the theory of underdevelopment [M]. New York, 1974.

[275]Amin S. Capitalism in the age of globalization[M]. New York:The Management of Contemporary Society,1997.

[276]Bell D. The coming of post - industrial society: A venture of social forecasting [M]. New York: Basic Books, 1973.

[277]Berle A. A. The modern corporation and private property [M]. New York: The Macmillan Company, 1932.

[278]Bneynski Zb. Between two ages [M]. New York, 1970.

[279]Cairncross A. What is deindustrialization? [R]// Deindustrialization. London: Pergamon, 1982:5 - 17.

[280] Callinicos A. Against postmodernism [M]. A Marxist Critique L., 1989.

[281] Chase St. A new deal [M]. New York: The Macmillan Company, 1932.

[282] Chiesa G. Time of change: An insider's view of Russia's transformation [M]. New York: Pantheon Books, 1989.

[283] Chiesa G. Transition to democracy: political change in the soviet union, 1987 – 1991 [M]. Hanover: Dartmouth College, University Press of New England, 1993.

[284] Clark C. The conditions of economic progress [M]. London: Macmillan, 1940.

[285] Cooper P. D. Applying a services marketing orientation to the industrial services sector [J]. Journal of Business & Industrial Marketing, 1988, 3 (2): 51 – 54.

[286] Crawford R. In the era of human capital [M]. N. Y., 1991.

[287] Delaunay J. – C. Services in economic Thought. three centuries of debate [M]. Boston – Dordrecht – London, 1992.

[288] Drucker P. The age of discontinuity: Guidelines to our changing society [M]. New York: Harper and Row, 1969.

[289] Dworczak H. Creating an alternative [J/OL]. Extract of International Viewpoint – online socialist magazine. Autumn 2004. URL: http://internationalview-point.org/spip.php? article21.

[290] Eick, Chr. Instandhaltung des Kapitalstocks in Deutschland [R]. Chr. Eick, J. Reichel, P. Schmidt. Rolle und volkswirtschaftliche Bedeutung, VDI Forum IH, 2011: 5.

[291] Fine B. Economics imperialism and the new development economics as kuhnian paradigm shift? [J/OL]. World Development, 30(12).

[292] Fisher A. The clash of progress and security [M]. London: Macmillan, 1935.

[293] Fisher A. Production, primary, secondary and tertiary [J]. Economic Record, 1939, 15(1): 24 – 38.

[294] Fölster S. J. Gr. Göran. Industri och tjänster – båda behövs för tillväxt, Svenskt Näringsliv (The Confederation of Swedish Enterprise) 2005 [J]. The Economist. London: The Economist Newspaper Ltd., 2005(8446): 69 – 70.

[295] Galbraith J. K. The new industrial state [M]. Boston: Houghton Mifflin Co., 1967.

[296] Gitzel R. ABB corporate research [R]. Service Solutions, 2014 – 06 – 06.

Industrial Service as a Research Discipline. Slide 7. http://cbi2014. unige. ch/documents/CBI2014. IndustrialServiceAsAResearchDiscipline. RalfGitzel. pdf.

[297]Gruchy A. G. Uncertainity, indicative planning and industrial policy [J]. Journal of Economic Issues,1984(18/1):159 - 180.

[298]Harvey D. The "new" imperialism: Accumulation by dispossession socialist register [J]. 2004(40).

[299]Heilbroner R. An inquiry into the human prospect [M]. New York: Norton, 1974.

[300]Heilbroner R. Business civilization in decline [M]. New York: Norton, 1976.

[301]Heilbroner R. Economic problems of postindustrial society [M]. London: Ed. by D. Potter and Ph. Sarre Dimensions of Society,1974.

[302]Herbert R. The business services sector: Calculating the market size [R]. Lloyds Bank, 2012.

[303]Hill T. P. On goods and services [J]. Review of Income and Wealth, 1977, 23 (4):315 - 338.

[304] Homburg C. Towards an improved understanding of industrial services: Quality dimensions and their impact on buyer - seller relationships [J]. Journal of Business - to - Business Marketing,1999(6):39 - 71.

[305]IHS Global Insight [R]. Mckinsey Global Institute Analysis.

[306]Industrial metamorphosis: Factory jobs are becoming scarce. It's nothing to worry about [J]. The Economist, 2005,377 (8446):69 - 70.

[307]Industrial Services Strategies. The quest for faster growth and higher margins [R]. Research Study Monitor Group, Zürich, 2004. [2016 - 01 - 10]. http://skyadvisory. ch/wp - content/uploads/2015/03/2004 - Monitor - Group_Industrial - Services - Strategies. pdf.

[308]International Trade Statistics 2012 [DB]. WTO.

[309]Judy R. W. , C. D'Amico. Workforce 2000:Work and workers in the 21st century [M]. Indianapolis (In.), 1997.

[310]Kotz D. M. Contemporary capitalism and its crises: Social structure of accumulation theory for the twenty - first century [M]. Cambridge and New York: Cambridge University Press, 2010.

[311]Kotz D. , Wier F. Russia's path from gorbachev to Putin: The demise of the soviet system and the new Russia (A revised and updated version of revolution from Above: The demise of the soviet system, 1997) [M]. London – New York: Routledge, 2007.

[312]Kowalkowski Ch. Enhancing the industrial service offering: New requirements on content and processes [D]. Dissertations from the International Graduate School of Management and Industrial Engineering, IMIE №. 104, Licentiate Thesis. Linköping Studies in Science and Technology. Thesis №. 1261. LiU – TEK – LIC 2006:42. Department of Management and Economics, Linköping University, SE – 581 83 Linköping. Printed by: LiU – Tryck, Linköping 2006. [2016 – 01 – 10]. http://www.diva – portal.org/smash/get/diva2:22258/FULLTEXT01.pdf.

[313]Lane D. Russia in transition: Politics and inequalities [M]. Longman, 1995.

[314]Lane D. Soviet society under perestroika [M]. Routledge, 1991.

[315]Lapavitsas C. Financial profit: Profit from production and profit upon alienation [J]. Research on Money and Finance, 2010(11).

[316] Malakooti B. Operations and production systems with multiple objectives [M]. New York, 2013.

[317]Masuda Y. The information society as postindustrial society [M]. Washington: World Future Soc. , 1983.

[318]Mulgan G. J. Communication and control: Networks and the new economics of communication [M]. Oxford: Polity, 1991.

[319] Mapping the structure and evolution of science [Z]// K. Borner et al. Knowledge in service to health: Leveraging knowledge for modern science management. http://grants.nih.gov/grants/km/oerrm/oer_km_ events/borner.pdf.

[320]Naisb M. J. Megatrends. The new directions, transforming our lives [M]. New York, 1984.

[321] Ohno T. Just – in – time for today and tomorrow [M]. Productivity Press, 1988.

[322]Oliva R. Managing the transition from products to services [J]. International Journal of Service Industry Management, 2003, 14 (2): 160 – 172.

[323]Portal R. The industrialization of Russia [M]. Cambridge: Cambridge Eco-

nomic History of Europe,1965(2).

[324]Quinn J. B. Beyond products: Services - based strategy [J]. Harvard Business Review, 1990, 68 (2):58 -60.

[325]Rifkin J. The end of work: The decline of the global labor force and the down of the post - market era [M]. New York: G. P. Putnam's Sons, 1995.

[326]Roco M. Converging technologies for improving human performance: Nanotechnology, biotechnology, information technology and cognitive science [R]. M. Roco, W. Bainbridge (eds). - Arlington, 2004.

[327]Sakaya T. The knowledge - value revolution or a history of the future [M]. Tokyo - New York, 1991.

[328]Schulze P. W. The end of transformation and the reshaping of european security: Challenges, contradictions and prospects [R]. Bulletin 2010, World Public Forum, Dialogue of Civilizations, 2010.

[329]Schulze P. W. Russische und ueropaische energiepolitik im zeichen der Krise [R]// Die neue Rolle Russlanda im Osten der EU, in Internationales Institut Liberale Politik Wien, Sozialwissenschaftliche Schriftenreihe, Reihe Studien. Wien, 2009: 3 -29.

[330]Siddharth (Montu) Saxena, Asiatic roots and rootedness of the Eurasian project [R]// The Eurasian project and Europe. Palgrave Macmillan UK, 2009.

[331]Smith K. What is the "knowledge economy"? Knowledgeintensive industries and distributed knowledge bases [M]. Oslo, 2000.

[332]Sneider E. Das politische system der russischen föderation. Eine einführung (wv studium)[M]. Taschenbuch, 2011.

[333]Spulber N. The American economy. The struggle for supremacy in the 21st Century [M]. Cambridge, 1997.

[334]Tillema S., Steen M. Co - existing concepts of management control: The containment of tensions due to the implementation of lean production [J]. Management Accounting Research, 2015(27).

[335]Toffler A. The third wave [M]. L: Pan Books Ltd in Association with William Collins Sons & Co. Ltd, 1980.

[336]Truel J. -L. Soutien aux PME innovantes : Le problème de l'accès ὰ un fi-

nancement pérenne / J. – L. Truel [J]. Vie & Sciences De l'entreprise, 2007(3): 176 – 177.

[337] Veblen T. The engineers and the price system, 1921 [M]. Kitchener: Batoche Books, 2001.

[338] Wadell W. The rebirth of american industry [M]. PCS Press, 2005.

[339] Woll A. Wirtwschaftslexikon [M]. München; Wien: Oldenbourg, 1994.

[340] Woodside A. G. Testing market segment acceptance of new designs of industrial services [J]. Journal of Product Innovation Management, 1989, 6 (3): 185 – 201.

[341] World employment and social outlook 2015: The changing nature of jobs [R]. International Labour Office. Geneva: ILO, 2015: 25.

官方网站

[342] http://economy. gov. ru/minec/main/ 俄罗斯联邦经济发展部网站.

[343] 2030 年前俄罗斯联邦科技发展长期预测相关资料[EB/OL]. 高等经济大学网站. http://prognoz2030. hse. ru/.

[344] http://ras. ru/ 俄罗斯科学院网站.

[345] http://superjet100. info/ 专门介绍 Sukhoi Superjet100 飞机的网站.

[346] http://tass. ru/ 塔斯社网站.

[347] http://www. bea. gov/ 美国商务部经济分析局网站.

[348] http://www. cbr. ru/ 俄罗斯联邦中央银行网站.

[349] http://www. fas. gov. ru/ 联邦反垄断局网站.

[350] http://www. ft. com/ 金融时报网站.

[351] http://www. gks. ru/ 俄罗斯统计局网站.

[352] http://www. hse. ru/高等经济大学网站.

[353] http://www. minfi n. ru/俄罗斯联邦财政部网站.

[354] http://www. oanda. com Oanda 公司网站.

[355] http://www. raskruting. ru/ "产业营销：营销和营销研究"公司网站.

[356] ttp://www. robotforum. ru/novosti – texnogologij/svezhayastatistika – mirovyie – prodazhi – robotov. html. 专用于工业机器人的公共门户网站.

[357] http://www. worldbank. org/. 世界银行网站.

[358] http://минобрнауки. рф/. 俄罗斯联邦教育和科学部网站.

[359]巴布金 K. A. 2014 年莫斯科经济论坛上的演讲[R/OL][2016 - 01 - 10]. http://me - forum. ru/media/events/rt_4/.

[360]邓肯 A. A. 2012—2020 年全球经济中的俄罗斯 [EB/OL]. http://russiancouncil. ru/inner/? id_4 = 1377#topcontent.

[361]俄罗斯联邦关键技术清单(2016 年 5 月 21 日第 842 号法令) — 访问模式:http://ispu. ru/node/2680.

[362]普里马科夫 E. M. 国家的新型工业化:2012 年 6 月 8 日在“水星俱乐部”会议上的报告—访问模式:http://www. tpp - inform. ru/offi cial/2393. html.

[363]俄罗斯联邦科学、技术和工程发展的优先方向(2006 年 5 月 21 日第 843 号法令) — 访问模式:http://ispu. ru/node/2680.

[364]俄罗斯联邦科学、技术和工程发展的优先方向(2011 年 7 月 7 日第 899 号总统令)— 访问模式:http://static. kremlin. ru/media/events/files/41d38565372 e1dc1d506. pdf.

[365]普京 . 2008 年 2 月 8 日在国务院扩大会议上《关于至 2020 年俄罗斯发展战略》的讲话 [R/OL]. [2016 - 01 - 10]. http://kremlin. ru/events/president/transcripts/24825.

[366]普京 . 关于我们的经济任务 . 30. 01. 2012. http://pu. virmk. ru/aktual/interview/PUTIN/econom. htm/.

[367]普京 . 在圣彼得堡国际经济论坛全体会议上的讲话:关于第十八届圣彼得堡国际经济论坛全体会议的记录 [R/OL]. [2016 - 01 - 10]. http://kremlin. ru/events/president/news/21080.

[368]斯莫林 . 2014 年莫斯科经济论坛上的演讲 2014 [R/OL]. [2016 - 01 - 10]. http://me - forum. ru/ media/events/ plenary_ discuss_I/.

[369]《2020 战略》专家组第 7 次会议记录, 02. 04. 2011. http://2020strategy. ru.

[370] 俄罗斯联邦创新发展战略(由俄罗斯联邦政府 2011 年 12 月 8 日第 2227 - r. 号法令批准)[DB]. [2016 - 01 - 10]. http://base. garant. ru/70106124/.

[371]“2007—2012 年俄罗斯科技综合体优先发展领域的研究和发展”联邦目标计划[DB]. [2016 - 01 - 10]. http://fcp. economy. gov. ru/cgi - bin/cis/fcp. cgi/Fcp/Title/1/2007.

附　件

附件1　新型工业社会：生产、经济体系、制度[①]

我所代表的维特新工业发展研究院1997年成立，近二十年来（包括在俄罗斯科学院社会科学部方法性的指导下的五年多）一直在研究工业问题，研究其在现代经济体系中的作用和工业生产方式的发展趋势。研究越来越使我们相信，现阶段世界经济实现发展只有一种有效途径，其本质是工业生产。我尝试证实这一点。

首先，为了满足人类的需求，需要一个生产过程，在此过程中，使用特定的理念和物质对象［材料、工具（工艺，包括技术设备）］以及人类劳动，创造出旨在满足人们物质需求的产品。在现代物质生产的每一个基本要素中，除了物质成分之外，还有一些其他共同之处，离了它们生产就无法存在。其中关键的是知识。知识对于组织生产过程及其主体（确定工业产品或服务的内容作为劳动的结果对象）以及创造和合理化实现劳动成果的手段（材料、技术）都是必要的。是的，劳动本身是基于工人的知识、技能、能力等。

对人类将产品作为满足需要的手段的这一现象、对在产品制造（生产产品、零配件）过程中的行为以及对人在有意识的生产活动中日积月累的变化的研究表明：变化随着知识在劳动工具及其组织方法的改进领域的定量积累和掌握而发生，会导致质量以及物质生产方法上的变化，特别是在特定历史时刻中会促进工业化生产方式的过渡，然后再向经济的工业化转型。

工业发展的经验有力地证明，随着过去一个世纪物质生产已经发生和正在

---

① 根据2016年3月9日在俄罗斯科学院社会科学部经济科会议上所作的报告编写。

发生的所有变化（包括其在发达国家GDP中所占份额的减少、“信息革命”等），物质生产仍然是经济存在的基础。同时，物质生产主要是以工业为主的生产；工业是以科技进步为基础，创造了满足不断增长的人类需求的更完整的机会。

同时，不可否认的是，社会所实行的生产方式决定性地影响着社会结构的类型。特别是，科学知识的技术应用的不断增加正在改变以工业生产方式为基础的社会的特征。所有著名专家都注意到了这一点，从亚当·斯密、马克斯·韦伯直到加尔布雷思和贝尔。

加尔布雷思在半个世纪前出版的《新工业社会》一书成为重新审视当代生产经济体系的象征，尤其是美国已形成的体系。在接下来的几十年中，伟大学者的理论似乎被挤到了次要位置，然而最近几年所发生的事使人们对20世纪90年代的结论产生怀疑，当时世界陷入了后工业化思想的困境。在否认主导地位范式的作品中阐述的贝尔和托夫勒开始赢得越来越多的支持者。出现了“信息社会”和“信息经济”理论，这些理论进一步发展为数字经济、数字化经济等概念。在T. 沙加尔、M. 卡斯特尔斯以及伊诺泽姆采夫等的著作中获得了巨大的流行。然而，全球经济危机和金融危机（20世纪90年代末和2007—2009年）降低了这些理论的提出者和支持者的热情。将“物质生产翻个面”的运动并没有带来效率的提升以及生产力和福祉的增长，而是引发了中介机构特别是金融中介机构的扩张，这成为引发2007—2009年世界金融危机的一个重要因素。

然而，实际上，物质生产并没有消失。由于社会需要以工业方式满足需求，我们在新兴工业发展研究所中观察到了所谓的工业流动。尽管在西方似乎存在后工业化进程的增长，但在全球南方和东方却出现了强大的工业化浪潮：工业生产的比重急剧增加，工人和工程师在全球“总体劳动力”中的作用和份额增加，他们主要集中在工业领域。

在西方经济中，被“后工业”理念所困扰，认为对于“后工业时代”来说，最理想的是以服务业为主，资金积累的领域主要是金融交易，而确保平衡和增长的主要机制是贯穿社会生活各个领域的自由市场。这种立场的主导地位不断增强，被许多学者，包括我们尊敬的格林伯格，称为“市场原教旨主义”，伴随着一系列特定的过程：

——金融化过程不仅导致金融机构活动领域的扩大，还成为形成特定经济调控模式、财产关系等的新因素。特别是在投资选择上发生了重大变化（越来越多的资金流向金融交易领域而不是生产领域）；财产所有权和主要产权的控制转移到金融机构；金融领域迅速发展成为国内生产总值增长的主要来源之一，甚至在某些情况下成为主要来源。所有这些导致“金融泡沫”的膨胀，并且通过一系列中介作用不仅诱发了金融危机，还引发了全球经济危机。

——“后工业化浪潮”的结果之一是工业生产能力大规模转移到南方/东方国家，并引发了半边缘国家（后来是边缘国家）的快速工业化，涉及几乎一半的全球人口。随后，中国、印度以及金砖国家的地缘政治和经济影响力迅速增长，成为对“中心国家”构成重要挑战的关键因素。同时，在许多北方国家（尤其是美国），发生了去工业化的过程，这导致全球地缘政治和经济发展的全新构成因素的形成，即中心国家对边缘国家的生产依赖。此外，中国和印度逐渐成为高科技产品生产的现代前沿，这将使它们摆脱对中心经济体技术依赖的局面，这也带来了另一个挑战，迫使发达经济体的理论家和实践者思考如何解决实体生产恢复和新工业经济发展的问题。

对于工业现象的本质、发展主导力量以及过去十年出现的挑战的研究表明，人类社会发展将不可避免地迈向一个新阶段、一个新的工业社会，甚至是一个与20世纪末至21世纪初有着显著差异的新型社会形态。可以说这是一种新型的社会结构，我们称之为第二代新型工业社会（简称NIS 2.0）。同时，NIS 2.0及其经济将成为“否定之否定”，是对加尔布雷思所描述的后工业系统，以及对贝尔和其他“后工业者”们所描述的信息后工业趋势的辩证性“消除”。

为了描述即将到来的NIS 2.0时代的特征，让我们分析现代物质生产发展中的一些重要的真实趋势，这些趋势从质上改变了工业生产过程本身（变化发生在它的所有组成部分——材料、技术、组织、劳动）及其结果——生产的产品。

正如已经提到的，任何通过生产活动获得的产品除了物质基础之外，还包含着非物质元素——知识，它存在于生产过程的所有组成部分中。因此，知识与物质基础一样，是生产产品的不可分割的一部分。

在整个社会发展的历史过程中，知识的相对比重在生产的各个组成部分以及最终产品中不断增加，同时相对减少了最终产品中的“物质”部分的比重。正是这种趋势逐渐引发了生产过程和工业产品本身的质变，产生了“新的现实”，不仅提供了满足人类需求的新可能性，还塑造了新的需求，有时甚至营造出了一种“非物质性”“非生产性”和“去工业化”满足需求的错觉。然而，从这里得出物质生产的决定性角色正在消失的结论是不正确的；相反，可以得出另一个结论，即物质生产中知识密度的持续增长，以及基于此的转型为一种全新的物质生产类型。

从这个角度来看，物质生产技术的知识密集度是“传统工业”和“信息”经济成果的关键综合结果。这种关键综合不是由理论而是由现代高科技生产实践本身完成的。在这种生产中，操作和过程开始起到决定性作用，人不再是机器（机床、生产线）的附属物，而是知识的载体，在这种生产过程中，知识被转化为技术。正如马克思所说，“……人类与生产紧密相连”，“将自己视为生产过程的控制者和调节者”①。

在这一基础上，形成了一种全新的物质生产方式，即知识密集型生产。其主要特点逐渐成为：

——向产品的非物质部分优先发展的转变，信息内容的持续提高和物质成分的降低；产品微型化，趋向能源、材料和资本投入的减少。

——产业生产范式的转变。让我们深入讨论一下：

生产过程“广度”和“深度”的发展，赋予其新的特征，以确保产品最大程度地“接近”消费者的需求，同时降低生产的特定劳动强度和成本（特别是个性化、可选性和其他趋势，弹性、模块化以及统一性的同时快速增长），并且可能几乎是即时交付给消费者，这在 NIS 2.0 中从根本上改变了满足人们不断增长的需求的能力——不是回归个体产品的手工生产（“个体裁缝”），而是建立在发展工业生产方式的基础上。

——网络化模型结构化工业，取代了垂直整合结构。

——以现代生产和管理方法为基础并将其广泛发展（如精益生产、即时生产等）。

——环境友好性和对新能源的取向。

——在物质生产、运输和物流方面发展全新的技术（纳米技术、3D 打印等）。

——工业生产的基础技术范式转变——传统加工工业的角色减弱，因为增材制造技术的推广（这是一种通过逐层构建物体的方法来组合材料，通常是使用 3D 模型，与“减法”生产技术——切削、磨削、锯切等材料去除的方法不

① 马克思 K. 政治经济学批判大纲[G]//著作集 46(2). 莫斯科：Политиздат 出版社，1962：213.

同）。

——工业劳动性质的改变，优先发展知识密集型劳动职能（人员管理、高科技劳动、无人技术的应用、生产自动化、机器人化等）。

——吸收工业知识和劳动技能的技术发生了根本性变化，以适应新型工业生产的高效实施（小型电子设备普及、芯片化、互联网化、虚拟和增强现实技术的应用等）。

——其他。

工业社会发展的新阶段（NIS 2.0）的特点不仅是工业产品水平的提高，还是改进技术的重要性增加、应用知识和信息的比例提升。未来社会的经济系统具有的一个重要特点是技术变革的加速度增长，即“加速度的加速度”。这种趋势成为一个显著特征，并具有重要意义。这一趋势将科学成果迅速引入直接的工业生产过程、工业产品及其零部件中的这一举措具有重要意义。可见，工业生产必须具有持续创新的特征（在某些情况下已经具备）。

所有这些变化也将导致经济的宏观结构发生变化，其中支配地位逐渐被那些形成知识密集型产品的产业所占据，包括生产该产品本身的产业以及创造知识并培养能够掌握将其应用于生产的人才的产业。

这样的社会经济应该基于以下环节的结合（在微观和宏观层面上）：

——知识密集型的高科技物质生产，创造出知识密集型的产品。

——创造知识产权的科学。

——教育和文化，培养人们不仅具备知识和能够将其应用于生产的能力，还能够产生新知识的能力。

在这种新型社会生产的三个基本领域中，基础是实际的物质生产，科学实际上成为直接的生产力，终身教育则是保证生产活动效率的必要条件。在这种情况下，笔者是古典政治经济学传统的继承者。

对社会生产的内容和结构的改变导致新工业经济的主要生产环节成为新一代的工业综合体，它在宏观和微观层面上将生产、科研和教育融合在一个统一的生产过程中。此类综合体可以成为集群型产业结构形成的基础，将这些组成部分结合在一个单一的科学研究和生产过程中，例如所谓的产科教集群，其中包括实际生产企业、研发中心和具有单一基础设施及超微结构但在法律上独立的教育组织。

在新工业经济的起源下，社会生产的新内容和结构的发展促使经济关系和制度的变革。新的工业经济，既要求市场的自我调节和私人所有的发展，又要求国家对经济的干预。

这些任务，包括发展复杂的整合生产单位及生产、科研和教育的宏观经济一体化，解决现代经济结构重组的问题，减少中介机构的过度发展。因此，需要采取积极的国家工业政策和长期投资的公私合作伙伴关系等经济形式。所有其他经济领域都应相应地进行构建（在一些国家，特别是中国已经在解决这些问题），这是国家经济调控的任务。

对经济关系和机构提出了重要的要求，包括向大规模生产和使用知识密集型产品的转变。这种产品的综合（智力和物质）本质决定了经济关系和机构中的许多其他变化。例如，对于工业产品中“非物质”组成部分的优先考虑，导致了近几十年来知识产权等方面的重要性急剧增长。在知识密集型生产中，非物质的、智力的成分的作用将变成主导。

对于俄罗斯经济来说，它在后工业化的市场基础上发展，采用货币自由主义模式，导致国民经济结构的扭曲、原材料部门的过度发展以及过度的金融化和去工业化。上述提到的任务对俄罗斯经济尤为迫切。需要改变经济模式，并恢复工业化发展道路在俄罗斯的优先地位。工业生产发展的趋势表明：全球生产对材料、原材料、矿产资源和能源的需求将减少（无论是对单个产品的比例需求，还是对全球总产品、贸易的需求）。当前许多原材料，尤其是能源的价格下降所带来的问题，预示着从全球经济资源角度看，传统自然资源的重要性将会减弱，而工业知识、技术以及其获取、应用和实施的速度及重要性将会大幅增长。这对于俄罗斯经济而言，其基础主要依赖于传统型自然资源，但随着工业知识、技术以及实际部门的发展等因素的快速增长，新的技术革命即将到来。可见，技术领先的国家将成为 NIS 2.0 的经济领导者。我们应该采取以下行动。

笔者已经多次强调过——我们需要进行经济的再工业化，将工业作为其基本组成部分恢复起来，并将发展的重点放在工业发展上。这种新的工业化被理解为在基于知识密集型生产的最新技术基础上，对工业发展潜力进行密集积累，直到达到转向新的工业经济所需的水平。这需要改变对经济领域的设定、政府的决策、国家计划，以及相关机构的重组等。

高科技物质生产的发展和将知识迅速运用于产品中的必要性，意味着需要重建并进一步发展在改革年代破坏的生产与科学教育融合的体系。应该在新的水平上和采用原则性的新的经济形式来实施，利用不仅仅是国家，还有市场和私人所有的潜力；它们应该致力于不仅解决生产和技术发展的任务，还要解决人类素质发展、社会、环境和其他社会问题的根本任务。

附件2　新型工业社会：生产、经济体系、制度①（10个论点）

1. 对产品现象作为满足人类需求的方式的研究；人类在产品创造过程中的活动（包括产品生产和各个生产要素的生产）以及在人类有意识的生产活中日积月累的变化，这些变化是通过数量上的知识积累和应用来改进劳动工具和组织方式；在物质生产方式方面的质的变化（尤其是转向工业化生产方式），明确证明了在过去一个世纪发生的和正在发生的所有变化中，物质生产仍然是经济存在的基础。同时，这种生产方式主要是工业生产；科技和技术进步为满足不断增长的人类需求创造了越来越多的机会。

2. 不可否认，社会实践中采用的生产方式在很大程度上决定了社会组织的类型。特别是，科学知识的技术应用的不断增加正在改变以工业生产方式为基础的社会的特征。这使我们得出一个结论，即人类社会发展必然进入一个新阶段，一个新一代的工业社会，我们可以称之为第二代新工业社会（简称为NIS 2.0）。同时，NIS 2.0及其经济体系将成为“否定之否定”，是对加尔布雷思所描述的后工业系统及对贝尔和其他的“后工业者”们所描述的信息后工业趋势的辩证性“消除”。

3. 为了描述即将到来的NIS 2.0时代的特征，让我们分析现代物质生产发展中的一些重要的真实趋势，这些趋势从质上改变了工业生产过程本身（变化发生在它的所有组成部分——材料、技术、组织、劳动）及其结果——生产的产品。

3.1　每个由生产活动产生的产品，除了物质基础外，还包含了非物质元素——知识。它存在于生产过程的所有组成部分中——材料、技术（生产工具）、生产组织，以及最后生产过程中的人类劳动中。因此，知识与物质基础一样，是生产产品的不可分割的一部分。

3.2　在社会发展的整个历程中，知识的相对份额在生产的所有组成部分以及产品中持续增加，而最后一部分的“物质”成分的相对份额则相对降低。正

---

①　根据俄罗斯科学院社会科学部经济科会议报告材料编写，2016年3月9日。

是这种趋势使生产过程和作为其结果的工业产品逐渐发生质的变化，产生了满足人类需求的“新现实”的可能性，并形成了新的形式，有时产生了满足这些需求的“非物质”“非生产”“非工业”的错觉。然而，基于这一点错误地得出物质生产的决定性作用正在消失的结论是不正确的。相反，我们应该得出另一个结论：物质生产的产品的知识密集度在不断增长，进而实现对一种全新类型的物质生产的转变。

3.3 从技术的角度来看，它的基础将是在技术领域不断提升的知识水平，这使得我们可以谈论到 NIS 2.0 中的知识密集型生产技术。在这种生产方式中，操作和过程开始发挥决定性作用，人类不再仅仅是“机器的附属品”，而是知识的承载者。“人类置身于生产之中”，并且“以生产过程本身为对象进行控制和调节”①。

3.4 基于这一基础形成的全新类型的物质生产—— 知识密集型生产 ——将成为一系列特征的承载者，构成与以往工业化方式根本不同的满足人类需求的原则范式［强调产品的非物质成分，在其中减少物质成分，以更高的质量水平满足消费者的需求（在内容和速度上），从根本上改变生产技术、生产组织方法、工业劳动的性质、工业知识的应用等］。

3.5 同时，物质生产的技术变革导致其产品的新质变，将其转化为知识密集型的物质产品，这既是新的质量特征，也是新型工业经济的主要资源和成果。从我们的角度来看，任何产品都可以说是人类知识的“物化”。指出知识密集型产品的特点可以通过引入产品的水平（复杂性）概念来实现。工业生产的总体发展趋势是产品水平的持续提高，同时新兴工业具有明显的特点，即在生产产品时减少了对“自然”能源和自然力量的需求，减少了单位原材料和材料的消耗，同时产品中的知识成分比例显著增加。

4. 新型工业社会时代（NIS 2.0）的发展不仅仅体现为工业产品水平的提高，还表现为技术改进的重要性增加、知识的应用比重增加以及信息组成部分的增长。技术变革的速度不断加快，“加速的加速”成为未来社会经济体系的一个显著特征和最重要的特点。由此，将科学成果迅速转化为直接的工业生产、其组成部分和工业产品的速度变得至关重要。可见，由于这一点，工业生产必须具备（在某些情况下已经具备）持续创新的特征。

---

① 马克思 K. 政治经济学批判大纲［G］//著作集 46（2）. 莫斯科：Политиздат 出版社，1962：213.

5. 所有这些变化反过来又需要对经济的宏观结构进行改变。取代经典工业体系（以纯粹工业生产为主导）和“服务社会”（其中服务业领域取代了物质生产），新的第二代工业经济正在兴起。

NIS 2.0 时代的一个趋势是形成不同的主要领域结构。其中，生产知识密集型产品的领域以及创造知识和培养能够掌握并应用这些知识于物质生产的人才的领域将逐渐占据主导地位。

6. NIS 2.0 的经济应该基于以下环节的整合（在微观和宏观层面）：（A）创造知识密集型的高科技物质生产，生产知识密集型产品；（B）科研，创造知识；（C）教育和文化，培养既拥有知识又能在生产中应用知识的人，并具备知识生成的能力。

因此，新的社会生产可以分为三个领域。笔者作为古典政治经济学的继承人，认为这三个领域的基础是实际的物质生产，使科研真正成为直接的生产力，而终身教育则成为生产活动效率提升的必要条件。

7. 考虑到 NIS 2.0 中知识密集度增长速度的持续加快，上述对社会生产内容的改变要求将生产、科学和教育尽可能地紧密结合起来，从而导致物质生产结构的根本变革。新一代工业经济的核心是产科教融合的新型工业综合体，这种综合体在宏观和微观层面上将生产企业、科研机构和教育机构整合在一起，形成统一的基础设施和超级结构。在这种生产方式下，网络化的科研与生产合作成为主要的组织形式。

8. 新型工业经济的发展，以及社会生产的新内容和结构，必然导致经济关系和制度的变革。

技术基础的变革创造了满足全新社会需求的可能性，形成了新的“参与者”、社会阶层和利益。这导致经济系统中的“联系”和元素之间的紧张关系加剧，矛盾日益加剧（由于在满足这些需求的领域中的竞争），并通过革命性的颠覆或渐进的改革周期性地解决，使系统转向新的状态。通过在经济发展管理实践中采用规划和科学预测经济和社会进程的方法，可以缓解由经济系统的根本转变引起的剧烈社会动荡。新的工业经济，以在新的质量上复兴过去的积极特点为前提，既促使市场自我调节和私人所有权的发展，也对国家对经济的管控提出了新的挑战。

这些任务以及发展复杂的综合生产单位和在宏观层面上融合产科教的任务，都需要使用一些经济形式，例如积极的国家工业政策和长期投资的公私合作伙伴关系，以应对现代经济的重大结构性重组问题以及排挤过度发展的中介领域的问题。相应地，在这种情况下，经济国家管控的其他领域都应得到相应的构建（在一些国家，特别是中国已经在解决这些问题）。

9. 对于长期以来在货币自由主义模式的主导下发展的俄罗斯经济来说，转向 NIS 2.0 时代经济面临的任务尤为迫切。这包括扭转经济结构失衡、过度依赖原材料部门、过度金融化和去工业化等问题。需要改变经济模式，恢复工业化发展在俄罗斯的优先地位。工业生产的发展趋势表明：全球生产对材料、原材料、矿产和能源的需求将减少（无论是相对需求还是整体需求）。许多原材料（尤其是能源）价格下降是新时代到来的先兆，不可避免地要重新评估传统类型自然资源在全球经济中的重要性，也就是目前俄罗斯经济所依赖的资源类型，同时，工业知识的获取、技术的掌握、在实际领域中的运用和发展的速度等方面所起到的作用显著增强。新的技术革命即将到来。可见，NIS 2.0 的经济领导者将是那些能够成为其技术领导者的国家。

俄罗斯再工业化旨在恢复以工业为基础的经济体系，并将产业发展作为发展的优先方向。新工业化被理解为在最新技术基础上通过知识密集型生产积极积累工业发展潜力，达到转向新工业经济所需的水平。所有这些都需要改变经济领域的设定、政府决策、经济计划、相关机构的重组等方面。

10. 为了实现俄罗斯经济的所有这些可能的发展方向，必须发生一些本质上的变化。其中包括基于科学预测所制定的长期计划和中期指标计划的有助于经济发展的管理，并实施积极的工业政策，建立保障私营企业长期投资研发和技术改造的制度体系；支持实体部门的税收和信贷，特别是高技术领域；促进这些行业及其创新潜力的发展。这样的体系应该确保适度的社会差异化，其中公民的收入变化主要取决于他们对经济发展的实际贡献。

所有这些参数可以通过一系列经济政策指导方针来具体化，部分已在新工业化研究所（INIR）①、莫斯科经济论坛②专家以及由学院的研究小组领导的研究团队的工作中得到体现。

---

① Bodrunov S. D. 俄罗斯再工业化战略的形成[M]. 圣彼得堡：新工业发展研究所，2013：680.

② 博德鲁诺夫 C. Д. 现代俄罗斯的经济体系：现状剖析和未来选择[M]. 莫斯科：Ленанд 出版社，2015.

附件3　发展物质生产的新质量：俄罗斯在欧亚空间的未来①

全球经济和全球文明即将迎来变革，各国正在争夺在未来世界中的地位，问题是：哪些国家不仅会保持（或获得，或失去）在未来发展阶段的竞争力，而且会成为新的“软实力”中心或“被主导的”国家。为了了解我们是如何看待俄罗斯在这种情况下的地位和所扮演的角色，笔者将提出几个论点和问题。

只有在相互利益和经济潜力接近的情况下，才能实现平等的经济和政治合作。因此，俄罗斯应该摆脱作为原材料供应国的角色。只有通过转向新的发展阶段才能实现这一点。正是这种转变成为俄罗斯更有效地参与全球，特别是欧亚经济合作的条件。

1. 为了实现这个任务，首先需要回答一个问题：当代经济的本质是什么？它走向何方？

笔者将尝试着回答这个问题。研究产品现象作为满足人类需求的一种方式，人在创造产品的过程中的活动（生产产品，生产的个别组成部分）和在有意识的生产活动历史时期中人类持续积累的变化，随着知识在改进劳动工具和组织方式领域的数量积累和掌握而发生质变，特别是在物质生产方式（尤其是工业生产方式）的转变方面的质变，令人信服地证明：尽管物质生产发生了许多变化……但它仍然是经济存在的基础。同时，物质生产仍然以工业生产为主，工业是利用科技进步的成果，满足不断增长的人类需求的基础。

2. 我们的第二个问题是：由此产生了什么结果？

不可否认，社会实践中采用的生产方式在很大程度上决定了社会组织的类型。具体而言，科学知识的技术应用的重要性日益增加，新技术的涌入不仅改变了经济，还改变了社会生活的方方面面，进而改变了基于工业生产方式的社会的特征。这表明人类社会发展进入新阶段是不可避免的。

未来有各种不同的观点和预测。正确评估未来社会的参数和特征对于我们在该社会中取得领导地位的效率至关重要。

3. 这里出现了第三个问题：这个新社会将会是什么样子的？

我们主张应该讨论的是工业社会的新一代，可以称之为第二代新型工业社会（简称为 NIS 2.0）。同时，NIS 2.0 及其经济将成为“否定之否定”，是对加

---

① 根据2016年5月2日参加2016年欧亚经济发展与合作概念研讨会上的发言材料编写。

尔布雷思所描述的后工业系统，以及对贝尔和其他“后工业者”们所描述的信息后工业趋势的辩证性“消除”。

既然我们意识到了一种特定类型的变革即将来临，那么探讨以下问题：是什么导致了这种发展［以评估利用这一因素实现未来新型工业社会（NIS 2.0）中的进步的可能性］？

我们认为，知识是这种基本因素。

3.1　每个通过生产活动获得的产品，除了物质基础外，还包含了“非物质要素”——知识。它存在于生产过程的所有组成部分中—— 材料、技术（生产工具）、生产组织，最后还包括生产过程中的人类劳动。因此，知识与物质基础一样，是生产产品的不可分割的一部分。

3.2　在社会发展的整个历程中，知识的相对份额在生产的各个组成部分以及产品中持续增加，而相对来说，产品中的“物质”部分的份额却在减少。正是这种趋势使生产过程和作为其结果的工业产品逐渐发生质的变化，产生了满足人类需求的“新现实”的可能性，并形成了新的形式，有时产生了满足这些需求的“非物质”“非生产”“非工业”的错觉。然而，错误的结论是认为物质生产的决定性作用正在消亡；相反，可以得出另一个结论——物质生产的产品的知识密度不断增长，并且转向一种全新的质的类型。

3.3　从技术的角度来看，它的基础将是在技术领域不断提升的知识水平，这使得我们可以谈论到 NIS 2.0 中的知识密集型生产技术。在这种生产中，操作和过程开始发挥决定性作用（可以提到马克思）。在这些操作和过程中，人不再是“机器”的附属物（机床、传送带），而是知识的承载者；“人与生产并列”，并将自己视为生产过程的控制者和调节者①。

对现代物质生产发展趋势的分析表明，其中一个基本趋势是在其各个组成部分以及产品中积累知识。这一趋势同时成为基本因素，对这种发展的方向和速度产生根本影响，赋予这个过程新的重要特征，并实现向一种全新的物质（在当今时代为工业）生产类型的转变。

在此基础上形成了一种全新的物质生产类型 —— 知识密集型生产，它将成为具有与之前工业化范式根本区别的一系列特征的载体，用以满足人类需求。

以下是新型工业化时代（NIS 2.0）生产类型的重要特点：

---

①　马克思 K. 政治经济学批判大纲［G］//著作集 46（2）. 莫斯科：Политиздат 出版社，1962：213.

——向产品的非物质部分优先发展的转变，信息内容的持续提高和物质成分的降低；产品微型化，趋向能源、材料和资本投入的减少。

——生产过程的广度和深度发展：NIS 2.0 的生产过程不仅在广度上得到发展，还在深度上得到发展。这使得产品能够最大程度地接近消费者的需求，降低单位成本和劳动成本（包括个性化、可选性等趋势），同时增强了灵活性、模块化、标准化等特点。产品可以在潜在的瞬间交付给消费者，在 NIS 2.0 中，这彻底改变了满足人们不断增长的需求的可能性，不是通过回归手工制作个体化产品（如定制服装），而是通过发展工业生产方式。

——网络化模型结构化工业，取代了垂直整合结构工业。

——以现代生产和管理方法为基础并将其广泛发展（如精益生产、即时生产等）。

——在物质生产、运输和物流中研发全新的高品质技术（纳米技术、3D 打印等）。

——工业生产基本技术范式的转变——传统加工制造业角色的减弱，是由于增材制造技术的普及。增材制造是一种将材料逐层堆叠以创建三维模型的过程，通常是逐层构建，与传统的“减法”制造技术（如切割、磨削、锯断等）有所不同。

——工业劳动性质的变化体现为知识密集型劳动功能的优先，其中包括人员管理、高技术劳动、无人技术的引入、生产的自动化、机器人化等。

——在新型工业生产条件下，工业知识和劳动技能的习得方式发生了根本性变化，这包括使用各种技术来实现高效的生产活动（如依赖各种小型电子设备、芯片化、网络化、利用虚拟和增强现实技术等）。

——其他技术。

4. 对知识密集型生产中知识应用过程的深入考察将使我们得出两个重要的新结论：

在 NIS 2.0 中，技术变革的速度成为一个核心趋势，这种变革以越来越快的速度发生，表现为“加速的加速”，这成为未来社会经济系统的重要特征之一。可见，工业生产必须具有（在某些情况下已经具备）持续创新的特征。由此可见，将创新和科学成果引进工业生产过程、工业产品及其零部件中的速度快慢具有重要意义。

5. 所有这些变化都要求对经济的宏观结构进行改变。取代经典工业体系

（以纯粹工业生产为主导）和“服务社会”（其中服务业领域取代了物质生产），新的第二代工业经济正在兴起。

在 NIS 2.0 时代，占主导地位的将是那些生产知识密集型产品的领域：既包括生产这些产品的领域，也包括知识的创造领域，以及培养具备掌握和应用这些知识的人才，并将其应用于物质生产的领域。

6. NIS 2.0 经济应该基于以下环节的整合（在微观和宏观层面上）：①知识密集型的高技术物质生产，创造知识密集型产品；②科学创造知识和技术；③教育和文化，培养并塑造不仅仅具备知识，并且能够在生产中应用这些知识，以及具备生成新知识的能力的人才。

7. 在 NIS 2.0 的背景下，知识密集型产品的生产、科研和教育之间的紧密结合成为必然。这要求对社会生产的内容进行调整，以适应不断加快的知识密集型生产速度。这导致物质生产结构的根本性变化。

新型工业经济的主要生产环节是新一代工业综合体，它在宏观和微观层面上将生产、科研和教育融合到一个统一的生产过程中。包括生产企业、研发中心和教育机构，具有统一的基础设施和超级结构。生产的主要组织方式是网络化的科研和生产合作。

8. 新型工业经济的产生导致社会生产的内容和结构的变化，进而影响了经济关系和制度体系。

技术基础的变化为全新社会需求、新的“参与者”、社会阶层和利益的出现创造可能性，导致经济体系中紧张局势加剧。将经济和社会进程发展规划与科学预测方法引入管理实践中，有助于减轻由经济系统的根本性转变引起的剧烈社会动荡。新的工业经济，通过在质量上复兴过往的积极特征，对市场自我调节和私人所有权的发展提出了新的挑战，同时，也对国家对经济的干预提出了新的要求。

9. 那么，我们勾勒出了未来社会的一些轮廓和基本特征。在未来的社会中，俄罗斯将占据什么位置？对于俄罗斯来说，未来是否有可能取得成功，并需要采取哪些措施？

对于俄罗斯经济而言，长期以来其在货币自由主义模式的主导下发展，导致国民经济结构扭曲、原材料部门过度扩张、金融化过度和工业化退化。因此，往 NIS 2.0 经济时代的过渡成为俄罗斯的紧迫任务。

需要转变经济模式，恢复俄罗斯的工业化发展优先。工业生产发展的趋势表明：全球生产对材料、原材料、矿产和能源的需求将减少（对于全球经济而言，不仅仅是相对的，而且是整体的），当前许多原料，特别是能源价格的下跌，从传统自然资源在全球经济中重要地位的角度来看，是新时代来临的先兆。即俄罗斯经济迄今所依赖的资源类型，其工业知识的获取、技术的掌握、在实际领域中的运用和发展的速度等方面所起到的作用显著增加。

新的技术革命即将到来。在 NIS 2.0 中，经济领导者将是那些成为技术领导者的国家。

俄罗斯需要“融入”这一全球发展趋势，问题是如何做到呢？我们认为，如果俄罗斯不参与全球经济合作，这是不可能实现的。首先，俄罗斯需要提高其在欧亚经济合作中的参与度。但这只有通过改变物质生产结构才有可能实现——减少原材料份额，增加具有高智力成分的产品生产。

我们需要注意的是，在这个问题上，我们并不孤单，也不是独特的：我们的最近伙伴，例如哈萨克斯坦，也评估了欧亚一体化的方法。英国的同事对这种方法给出了正确的评估。根据悉塔尔特 ·萨克塞纳（Siddharth Saxena）的说法，哈萨克斯坦总统对欧亚一体化的看法是：“纳扎尔巴耶夫的愿景是以创新和技术为驱动的。”① 强调平等伙伴关系的必要性，萨克塞纳教授还指出纳扎尔巴耶夫和普京总统的立场相似，据说欧亚联盟被视为发展、创新和现代化的关键②。

全球高科技市场的竞争非常激烈，没有人欢迎新的强大竞争者进入其中。即使是中国这样经济增长迅猛、在高技术产品产量方面已经远远超过俄罗斯的国家，也在这个市场上面临着坚固的壁垒［正如彼得 · 诺兰（Peter Nolan）教授所指出的③］。

如果俄罗斯能够实现技术飞跃，这将为其在欧亚经济合作找到真正的道路。

---

① Prajakti Kalra, Siddharth S. Saxena. Asiatic roots and rootedness of the eurasian project [C/OL]// The Eurasian Project and Europe: Regional Discontinuities and Geopolitics. Palgrave Macmillan, 2015. [2016 - 04 - 12]. https://www.researchgate.net/publication/281593568_Asiatic_Roots_and_Rootedness_of_the_Eurasian_project.

② Prajakti Kalra, Siddharth S. Saxena. Asiatic roots and rootedness of the eurasian project [C/OL]// The Eurasian Project and Europe: Regional Discontinuities and Geopolitics. Palgrave Macmillan, 2015. [2016 - 04 - 12]. https://www.researchgate.net/publication/281593568_Asiatic_Roots_and_Rootedness_of_the_Eurasian_project.

③ Peter Nolan, Milan Hasecic. China, the WTO and the third industrial revolution [J]. Cambridge Review of International Affairs, 2000, 13(2): 164 - 180.

正是欧亚合作可以成为打开通往全球市场的钥匙：对于拥有高科技经济的合作伙伴来说，俄罗斯将成为技术交流和共同开发新技术项目的有吸引力的合作伙伴；对于没有强大科技基础的国家来说，俄罗斯可以成为他们在基于其生产过程的高科技供应商、工程师和科研人员培养方面的合作伙伴。

这条道路［我们与大卫·莱恩（David Lane）① 的立场一致］将通过形成一个区域经济来克服全球化的负面影响，该区域经济不会与全球经济体系隔离，而是成为有效融入其中的手段。我们同意这个论点，其越来越多地被俄罗斯和国外专家所提及（包括莱恩②教授），即仅仅在欧亚经济联盟范围内进行整合是不够的，需要更广泛的合作，包括金砖国家和上海合作组织的成员国。

然而，要实现这些目标，需要克服俄罗斯经济在过去两个十年中形成的对进口（特别是机械和设备）的高度依赖。这个问题与替代进口的任务密切相关。在当今条件下，正是替代进口的政策可能成为推动俄罗斯经济现代化的出发点。

我们首先谈论的是基于最新技术并且不断更新的生产过程和产品，这些技术便是在生产中运用新知识的成果。俄罗斯经济的再工业化是以工业为基础的恢复，发展的重点是工业发展和新的工业化。新的工业化被理解为在最新的技术基础上，通过知识密集型生产积累工业发展潜力，达到过渡至新型工业经济所需的水平。所有这些都需要改变经济领域的设定、政府决策、政府计划、相关机构的重组等。

要实现俄罗斯经济的所有这些可能发展方向，必须发生系统性的变革。这些变革包括：基于通过科学预测所制定的长期计划和中期指标计划的有助经济发展的管理；实施积极的产业政策，建立一套机制，确保私营企业在长期投资研发和技术改造方面享受国家的保护（通过税收和信贷支持实体部门，尤其是高技术部门，促进这些行业及其创新潜力的发展）。

---

① The proposed Eurasian Union (formed by Russia, Kazakhstan and Belarus) favours a capitalist form of economy which is still part of the world economic system. It seeks to reverse in many ways the effects of globalisation, particularly to ensure the sovereignty of the nation state. The objective is to achieve these goals by forming regional blocs. (Lane D. Report of lecture given at Centre for East European Language Based Area Studies Conference on Eurasia held at Cambridge University, Department of Politics and International Relations, 31 January 2014. http://valdaiclub.com/opinion/highlights/eurasian_integration_as_a_response_to_neo_liberal_globalisation/).

② When combined, Russia, India and China have considerable manufacturing and military capacity and enormous internal markets. They already have considerable capacity for research and development.

可以通过具体化某些经济政策方向来实现所有这些参数，其中部分项目已经在维特新兴工业发展研究所[①]、莫斯科经济论坛上的专家[②]以及在格拉济耶夫指导下的研究组[③]的工作中完成。

附件4　发展物质生产的新质量：新工业经济的政治经济分析[④]

政治经济学是一门科学，它可以证明，在过去一个世纪发生的所有变革以及当前正在发生的变革中（包括发达国家国内生产总值中生产部门份额的减少、“信息革命”等），物质生产仍然是经济存在的基础。

在这种情况下，物质生产仍然主要是工业生产；工业是通过科学技术进步创造机会，以更充分地满足不断增长的人类需求的基础。

不可否认，社会实践中采用的生产方式在很大程度上决定了社会组织的类型。今天，我们目睹了物质生产技术基础的全球性变革，这必然会导致社会组织形式的变化。这个社会将是什么样的？它的基本特征是什么？

我们主张应该谈论新一代工业社会，可以称之为第二代新型工业社会（简称 NIS 2.0）。同时，NIS 2.0 及其经济将成为“否定之否定”，是对加尔布雷思所描述的后工业系统，以及对贝尔和其他“后工业者”们所描述的信息后工业趋势的辩证性“消除”。

让我们停下来思考这个问题——什么是推动这种发展的主要因素？我们认为，知识是这一切的主导因素。笔者将尝试通过一些论据来证实这个观点。

值得注意的是，任何通过生产活动获得的产品除了物质基础之外，还包含了一种“非物质要素”——知识。它存在于生产过程的所有组成部分中。在我们的讨论中，我们将重点考虑四个主要因素——材料、技术（生产工具）、生产组织和劳动力在生产过程中的作用。因此，知识与物质基础一样，是生产产品的不可分割的一部分。

---

① 博德鲁诺夫 С. Д. 制定俄罗斯再工业化战略［M］. 圣彼得堡：新工业发展研究所出版社，2013.

② 博德鲁诺夫 С. Д. 现代俄罗斯的经济体系：现状剖析和未来选择［M］. 莫斯科：Ленанд 出版社，2015.

③ 博德鲁诺夫 С. Д. 现代俄罗斯的经济体系：现状剖析和未来选择［M］. 莫斯科：Ленанд 出版社，2015.

④ 根据在第七届“政治经济学：国际趋势与国家差异”国际会议上的报告材料编写。

值得注意的一个重要方面是，在社会发展的整个历程中，知识的相对比重不断增加，无论是在生产的各个组成部分还是在产品中，相对而言，“物质”部分的比重则相对下降。

然而，从这里我们不能做出错误结论，误以为物质生产所起到的决定性作用正在逐渐消亡；相反，我们可以得出另一个结论，即由于产品的知识密集度不断增加，因此出现了一种全新类型的实际物质生产。在技术领域中不断提升的知识水平将成为其基础，这使我们可以将 NIS 2.0 中的生产技术称为知识密集型技术。

劳动的性质以及其他生产要素都发生了根本性的变化。在这种生产方式下，其操作和流程开始扮演决定性的角色。让我们回想一下马克思的相关观点：人不再是“机器的单纯的附属品”（如机器、传送带），而是知识的载体；人“作为生产过程的监督者和调节者”①。

因此，现代物质生产的基本发展趋势是在其所有组成部分以及产品中积累知识和增加其比重。这种物质生产发展的趋势同时也是对其方向和速度产生重大影响的基本因素，赋予这个过程新的重要特征，并通过这一过程，在质量上实现了向新型物质生产（如今是工业化生产）发展的转变。

在这一基础上，形成了一种全新的物质生产方式——知识密集型生产。它将成为具有与之前的工业方式根本不同的特征的范式，用于满足人类需求的方式。知识密集型生产在 NIS 2.0 中的特征：

——产品中非物质部分的优先权（信息部分的持续增加和物质部分的减少；产品的微型化，能源、材料和资源消耗的降低趋势）。

——消费者与产品之间相互适应性的变化：产品尽可能地适应个体消费者的个性化需求。

——生产中“消耗量”的变化：产品所需的劳动、能源和物质消耗的减少。

——生产过程中组织结构的变化（网络化生产组织模式取代主要的垂直整合模式；在这一过程中，出现了生产组织的全新元素）。

——工业劳动性质的变化，向知识密集型劳动职能的转变。

——生产技术范式的变化：从加工技术转向增材制造技术。

---

① 马克思 K. 政治经济学批判大纲[G]//著作集 46(2). 莫斯科：Политиздат 出版社，1962：213.

——培养工业专家的教育平台的变化：从主要以教学为导向转向主要以用户体验为导向。

—— 其他。

所有这些变化反过来需要经济结构的变革。在传统工业体系（以实际工业生产为绝对主导）和“服务社会”（其中服务行业取代了实际的物质生产）之间，出现了第二代新型工业经济。

在 NIS 2.0 时代，占主导地位的将逐渐是那些生产知识密集型产品的领域，具体包括：①生产特定产品的领域；②可以创造知识的领域；③培养能够掌握和将这种知识应用于生产中的人才的领域。作为结果，NIS 2.0 经济应该基于以下环节的整合（在微观和宏观层面上）：① 高度知识密集型的高科技物质生产，创造知识密集型产品；②科研，创造知识和技术专长；③ 教育和文化，塑造具有知识和创造能力的个体，不仅能将知识应用于生产，而且能够创新。

我们勾勒出了可能的未来社会及其基本特征的轮廓。笔者曾在发表于《俄罗斯经济复兴》期刊的许多文章中多次阐述了一些有时是至关重要，而且在某些情况下则是原则性重要的特征，其中一篇文章以英文呈现。这些细节富有表现力。它们向我们展示了另一个社会画面，一个完全不同的社会，类似于马克思所称的不是“必要王国”而是“自由王国”！

最后允许笔者提两个问题，第一个问题：如果是这样的话，那么俄罗斯在其中将会是什么地位？第二个问题：俄罗斯在未来是否有可能取得成功，如果可能的话，应该如何前进？

长期以来，俄罗斯经济在货币自由主义模式的主导下发展，导致国民经济结构扭曲、原材料部门过度扩张、金融化过度和工业化退化。因此，发展转向 NIS 2.0 时代的经济成为俄罗斯的紧迫任务。

需要转变经济模式，恢复俄罗斯的工业化发展优先。我们需要在新的现代技术基础上对经济进行新型工业化、再工业化，考虑到上述描述的工业生产发展趋势，这些趋势显而易见地表明：全球生产对材料、原材料、能源（无论是单独的企业还是全球经济整体）的需求将减少，对工业知识、技术的需求将急剧增加，获取、应用和实施这些技术将加速提升，工业知识的作用将变得更加重要，对实际部门和其他方面的发展的影响也将加深。

新的技术（甚至是工业的）革命即将到来。可见，NIS 2.0 的经济领导者将是那些成功成为技术领导者的国家。

俄罗斯也需要融入这一全球发展趋势。她能做到吗？我们对俄罗斯的经济进行了广泛而仔细的分析，我们的分析证实了我们在解决这个问题上有一定的潜力。如果能够抓住当下时机，俄罗斯就还有机会。